云南师范大学学术文库

大湄公河次区域货币金融合作：

理论、基础与对策

丁文丽　等著

人民出版社

序　言

亚洲开发银行于1992年发起大湄公河次区域合作（GMS），其宗旨是加强经济联系，消除贫困，促进发展。历经了16年的实践，成效是显著的。国民经济、社会事业发展呈现互补、平等、互利，次区域各国人民的生产、生活水平都有较快的提高。在经济社会事业合作取得成效的同时，促进了次区域人民的友谊和互助，促进了政府间互信、友好，形成了世界经济社会发展最快的地区之一，形成世界少有的和平、睦邻、友好、合作、互助的区域国家关系。而且，GMS的部长级会议、领导人会议一次比一次都在加深互助友好合作的意图和商定合作的重点领域，进一步实施合作，谋求更大的发展，使发展前景更为远大和光明。

GMS第三次领导人会议，我国总理温家宝就合作的八个方面作了发言：1. 进行基础设施建设，加快交通走廊建设；2. 运输、贸易便利化，落实《大湄公河次区域便利客货跨境运输协定》；3. 促进农村发展，中方帮助区域内国家的沼气建设；4. 开展卫生合作，加强边境地区传染病联防，保障人民生命安全；5. 保护环境，执行好“生物多样性走廊项目”；6. 开发人力资源，中方帮助培训人次翻一番；7. 鼓励非政府参与合作，加强政府与商界的伙伴关系；8. 拓宽融资渠道，希望亚洲开发银行进一步发挥融资的带头作用。

经济决定金融，金融又反作用于经济。澜沧江—湄公河次区域合作在云南已经进行多次有关研究，并对政府的决策发挥了参

考作用。但《大湄公河次区域货币金融合作：理论、基础与对策》还是首项专题研究，该专题研究用大量的数据和篇幅分析了中南半岛五国的工业、农业、贸易、货币、汇率、市场需求……及其与中国货币政策、利率机制、汇率机制的联系，进行相互间的比较与衔接，参考了国际区域货币合作的模式和经验，提出大湄公河次区域货币金融合作的许多见解。内容丰富、系统全面，除在金融合作方面具有参考价值外，对国民经济合作、社会事业合作将起到金融反作用于经济的作用。既显示出作者专业理论的功底，又显示出作者宏观经济理论的知识面。从实际出发，运用理论原理解决现实问题是本书的特点之一，也正是我们实践所需要的、所提倡的。目前大湄公河次区域合作，以基础设施、跨境贸易、人力资源开发、环境保护、自然资源可持续利用为重点的合作领域，合作项目多达180余项，项项都涉及金融，事事都涉及金融，足见大湄公河次区域货币金融合作研究的必要性和紧迫性。

大湄公河次区域都属于发展中国家，经济发展、社会发展总体稳定，发展速度都比较快，经济一体化步伐正在加快。但贫困人口多，基础设施薄弱，要办的大事多，资金缺口大，国家之间的差异大。足见，我们的温总理提出八条意见特别是要“拓宽融资渠道，希望亚洲开发银行进一步发挥融资的带头作用”是实实在在的，是务实之举。这就要求我们企业界、金融界、经济理论界多研究大湄公河次区域金融合作，进一步创新适合大湄公河次区域实际状况的金融合作体制、机制，而且是具有国际竞争力的金融体制、机制，进一步起好金融合作对经济合作、社会事业合作的桥梁作用和纽带作用，促进大湄公河次区域合作进一步拓宽和发展，造福于人民。

钱德三

2008年6月于昆明

目 录
CONTENTS

第二部分　基础篇

第三部分 对策篇

第一部分

理论篇

1 区域货币金融合作研究综述

1.1 基本概念

货币（money）在现代主要是指纸币，是指由国家发行的并强制流通使用的货币符号。它本身没有价值，它的价值是由国家赋予的，具有无限法偿能力。国家发行货币当然是为了满足商品的生产、分配、流通和消费的需要，同时国家也取得了铸币收入。铸币收入有人称之为“最终收入”（revenue of last resort）①，即如果一个政府失去了任何收入来源，它也不会失去铸币收入。在完全的货币同盟中，虽然一个国家失去了发行本国货币带来的铸币收入，但是它可以参与同盟内铸币收入的分配。

联盟（union）是指有关国家通过相互合作在某个经济领域或政治、军事领域达成的具有一定法律约束力的共同行动安排。联盟的行为主体一般指国家，联盟参加国对所签订的条约的履行负有义务，联盟一般具有排外性。联盟是由各国通过合作产生的，是合作和一体化的最终和最高形式。

合作（cooperation）是各国之间在各个方面的协调、协作与

① 参见 B. Eichengreen, January 2001, “What Problems Can Dollarization Solve?” Prepared for an ASSA Panel on Dollarization Chaired by Dominick Salvatore, and Forthcoming in the Journal of Policy Modeling。

配合行为。[①] 行为主体包括政府、企业、个人和国际机构。合作可以是务虚的，如制度、意愿，也可以是务实的，如贸易、资金、技术的交往。

一体化（integration）是指有关客观事物和行为主体的一种整合、结合、融合与综合的现象和趋势。[②] 一体化可以由建立某种共同的机构来实现，也可以通过市场力量自发形成。

货币一体化指成员国为建立货币联盟而在货币金融领域开展区域合作的动态过程。[③] 货币一体化由于涉及货币和货币稳定这种特殊事物，一般是由政府的合作来推动，主要指政府间的行为。

货币区是指由两个或两个以上的有紧密货币联系的主权国家组成的集团。[④] 这种联系可以表现为以下三种形式：第一种是汇率一体化，即双边币值的稳定性，再加上双方对各自国际收支平衡的一些相互支持或持有相同的国际储备。第二种是金融市场一体化，即资本的自由流动和国内金融市场的一体化。第三种是政策的一体化，即负责制定和实施货币与汇率政策的政府机构和程序的合并。货币区可以体现为上述三种一体化形式的任何一种形式，或几种形式的组合。

关于货币联盟，魏尔纳报告给出的定义是"在货币联盟区域内，汇率波动幅度被消除，平价固定并且不能改变，而且资本完全自由流动"，"货币政策的决定必须统一管理"，"在这样一

---

① 参见陆谷孙：《英汉大辞典》对 integration 一词的解释。

② 参见《新帕尔格雷夫货币金融大辞典》（中译本，2000 年）对相关词条的定义。

③ 参见《新帕尔格雷夫货币金融大辞典》（中译本，2000 年）对相关词条的定义。

④ 参见《新帕尔格雷夫货币金融大辞典》（中译本，2000 年）对相关词条的定义。

个体系中，可以各自保留本国货币，也可以创造单一的共同货币”。在更多的文献中，货币联盟被视为一种具有不同强度的现象，从最小强度（固定汇率和资本完全自由流动），经由中等强度（最小强度加共同货币政策），一直到最大强度（中等强度加单一货币加统一的中央银行）。

实践中的货币联盟有三种典型形式：一是美元化，即一些小国家放弃货币主权，使用一个大国（如美国）的货币，例如厄瓜多尔、危地马拉、萨尔瓦多等拉丁美洲国家；二是一些国家共同创立一种新的货币，并建立一个新的联合中央银行，例如欧洲货币联盟（European Monetary Union，EMU）；三是货币局制度，一国货币管理当局的主要货币政策是维持本国货币与指定的锚货币之间的固定汇率，例如波斯尼亚、爱沙尼亚、阿根廷、中国香港等国家和地区。

1.2 区域货币合作的必要性

2002 年 1 月 1 日，欧元现钞及硬币作为一种全新的国际货币正式登上历史舞台；2005 年北美自由贸易区也正式成立，拉丁美洲美元化的趋势也越来越激烈。从欧元区的合作到美元化的进程，区域货币合作的实践都对区域内各国的贸易增长、汇率稳定、金融危机的预防及经济发展产生了积极的影响。许多学者从理论上对这些积极影响进行了总结。

继 R. Keohane 在 1980 年提出了霸权稳定论后，金德尔伯格将其运用到国际货币合作领域①，认为在国际货币领域需要一个霸主以杜绝政策或市场溢出效应，霸主的作用不应仅局限于充当

① Allen, Franklin & Santomero, Anthony M. , “The Theory of Financial Intermediation”[J], *Journal of Banking Finance*, 1998, 21: 1461 - 1485。

发行世界货币和全球最后贷款人角色，也应当为国际货币体系的稳定发挥作用。区域内的货币开展合作和单一货币的实施会使成员国之间的交易成本大大降低，还可以进一步稳定汇率，彻底消除汇率波动的风险，从而扩大区域内贸易和投资的规模，促进经济的发展。

Campbell T. S. 和 Kracaw W. A. 等人认为区域货币合作可以避免政策“溢出效应”的影响。① 余永定等认为主要是金融危机的传染性使得金融危机日益成为一种区域性的现象，其防范解决日益成为一个超越国界的区域性问题②，因此唯有加强区域货币合作才是解决的有效方法。

王子先认为，随着世界经济一体化进程的加快，区域性货币一体化将成为新的潮流。③ 在经济、金融全球化的发展形势下，为避免金融动荡，各国必须加强区域货币合作。

樊华和余佩珍的实证研究说明了区域货币合作对恶性通货膨胀的抑制作用。④ 他们详细描述了拉丁美洲国家如玻利维亚的通胀率一度高达24000%，为减少通货膨胀带来的不利影响，许多国家开始采用“双轨货币制”，即本国货币与美元同时流通。高通货膨胀和双轨货币制为拉丁美洲的货币合作奠定了现实基础。

---

① Campbell T. S. & Kracaw W. A., “Information Production, Market Signaling and the Theory of Financial Intermediation”[J], *Journal of Finance*, 1980, 35: 863－882. “溢出效应”是指一国货币政策的变化影响其他国家的货币政策，而其他国家的货币政策同样也影响本国的货币政策。

② 余永定：《亚洲金融合作》，《国际金融研究》2002年第2期，第9页。

③ 王子先：《欧元与东亚区域金融合作》，《世界经济》2000年第3期，第23页。

④ 樊华、余佩珍：《论拉美经济的美元化》，《世界经济》1999年第2期，第24页。

1.3 区域货币合作的模式

世界各区域经济社会文化背景的客观差异，决定了各区域货币合作的模式也不尽相同。从目前已经有的区域货币合作实践来看，主要有欧洲的“平行货币”模式和拉丁美洲的“垂直分工管理”模式。①

欧盟国家由于经济趋同程度较高，遵从的是从国家货币到平行货币再到单一货币的合作模式。② 1971 年推出的《魏尔纳报告》首次提出了在欧共体内实现“平行货币”进而发展为单一货币的构想。“平行货币”模式大致包含四个阶段：第一阶段，成立货币联盟；第二阶段，建立区域货币单位，将各国的本币与区域货币单位建立联系；第三阶段，建立统一的区域中央银行，区域内国家的财政政策与货币政策逐渐趋同，并最终由统一的中央银行来制定货币政策；第四阶段，单一货币开始正式流通。③

拉丁美洲国家由于经济发展水平差异较大，在该地区既有世界第一的发达国家，又有大量的发展中国家，加之美元作为国际货币的客观现实，导致该区域采取了“垂直分工管理”的货币合作方式。④ 即以美元为主导货币，向北方加拿大发展，向南方

---

① 平行货币思想是乔治奥·白瑟威（Giorgio Basevi）等 19 位经济学家于 1975 年 11 月 1 日在“关于欧洲货币联盟的万圣节宣言”中提出来的，是按照共同签订的欧洲货币条约发行，同现行国家货币同时流通，具有固定购买力的一种平行欧洲货币。

② 陈亚温、李双：《欧元论——欧盟货币一体化始末》，山西经济出版社 2000 年版。

③ Eiji Ogawa，Takatosh Ito and Yuri Nagataki Sasaki：《东亚货币篮子制度的成本、收益和约束条件》，财政部国际司译，2005 年。

④ 李富有：《区域货币合作：理论、实践与亚洲的选择》，中国金融出版社 2004 年版。

中美洲及南美洲发展和渗透，逐渐形成统一的美元区。

非洲国家的货币合作类似于拉丁美洲的“垂直分工管理”模式。[①] 即在非洲15国使用了共同货币——非洲法郎，同时，在非洲法郎区内的西非货币联盟和中部非洲经济与货币共同体，建立两个次区域货币合作组织，属于多重货币联盟的范例。此外，确定法国法郎为非洲法郎区国家钉住汇率的“名义锚”，非洲法郎同法国货币的平价始终保持稳定。非洲法郎区模式，既体现出主导货币区域化的货币合作特征，同时，作为原法属殖民地法郎同盟基础上发展起来的非洲法郎同盟，还带有强烈的殖民色彩，反映出该区域货币合作各方权利与义务的非对称性特征。

1.4　最优货币区理论

20世纪60年代初期，随着布雷顿森林体系的“特里芬”难题逐渐暴露，作为固定汇率体制和浮动汇率体制优劣之争的延续，蒙代尔（Mundell）、麦金农（Mckinnon）、英格拉姆（Ingram）等人完成了对最优货币区理论的开拓性研究，提出了各种最优货币区标准。[②] 第一类指标包括区内各国经济开放度、区域内部贸易与投资的重要性等指标，这些指标体现了单一货币区的潜在收益；第二类指标主要包括外部经济冲击对区域内各国影响的对称性、各国对经济扰动的调整速度、要素市场灵活性等指标，这些指标反映了加入货币区的各国由于让渡货币政策自主权而承担的潜在成本；第三类指标包括各国经济发展水平、通货膨

---

① 郭华：《非洲法郎区货币合作路径探析》，《西亚非洲》2007年第2期，第45页。

② 李晓、丁一兵：《关于东亚区域货币合作的研究：文献综述》，《当代亚太》2004年第6期，第22页。

胀率、金融体系的相似性以及政治协调性，反映的是构建单一货币区所面临的困难。

1961 年 9 月，蒙代尔在《美国经济评论》上发表了开拓性文章《最优货币区理论》[1]，提出了“生产要素流动性标准”。他认为货币区伙伴国之间生产要素市场的高度一体化能够增加要素和产品的价格供给弹性，从而在区域内经济出现干扰时，能够减少调整要素的实际价格和名义汇率的需要。

1963 年，麦金农在《美国经济评论》上发表了《最优货币区》一文，从各国物价普遍具有稳定性出发，提出了决定最优货币区范围的另一个标准——“经济开放度”。[2] 经济开放度可以包括很多方面，比如与伙伴国贸易依存度、该国产品和服务中可贸易部分与不可贸易部分的比率、边际进口倾向以及国际资本流动性。这些方面有所重合但并不相同。麦金农认为一个国家贸易品占的比重越大（即开放程度越高），浮动汇率的调节作用越弱，其原因是：首先，当使用汇率贬值调整国际收支逆差时，会引起进口贸易商品的国内价格上升，从而导致国内价格水平的全面波动，如果限制非贸易商品的价格上升，则会引发需求紧缩和失业；其次，开放经济的消费对进口品具有较高的依赖性，需求弹性较低，这样，为纠正某一水平的国际收支失衡，就需要相对较大的汇率变动幅度；最后，在开放经济中，由于缺少“货币幻觉”[3]，本国货币贬值后人们感到消费支出的增加和实际收入的减少，要求相应地增加工资，由此引起生产成本的增加，会抵消

① Mundell, R. A. (1961), “A Theory of Optimum Currency Areas”, *American Economic Review*, 51, pp. 657 - 665.

② McKinnon, R. L. (1963), “Optimum Currency Areas”, *American Economic Review*, 53, pp. 717 - 725.

③ “货币幻觉”是美国经济学家费雪于 1928 年提出来的，它是指人们只是对货币的名义价值做出反应。

汇率变动对贸易条件的改善。在外部价格同样稳定的情况下，两个国家间的贸易流量越大，依存度越高，则越易形成最优货币区。麦金农还指出，相对于大的开放经济体，固定汇率制更适合小型开放经济体。当一个小型开放国家的贸易伙伴主要是一个大国，且小国的货币钉住大国货币时，麦金农的经济开放模型有效；但是，当小型开放国家的贸易伙伴分布于几个相互之间货币汇率浮动的大国之时，此标准就不再适用。

著名经济学家凯南提出了“产品多样化”作为形成最优货币区的标准。① 他认为一个国家的出口商品多样化程度越高，该国受外部不对称冲击的可能性就越小。因为外部冲击对经济的影响会因多样化的商品生产相互抵消而减少，所以需要汇率浮动调节的可能性也就越小。因而，产品多样化程度高的国家之间更适合实行固定汇率，组成共同货币区。但是，如果宏观层面上的冲击造成对所有产品需求的同方向减少，产品多样化程度就不再适合作为最优货币区标准。而且，产品多样化标准同经济开放度标准之间可能存在矛盾，因为存在很多经济开放度高但产品多样化程度低的国家，这些国家按照两个标准就有两种截然不同的选择。

哈伯勒和弗莱明提出了“通货膨胀相似性标准”。② 他们指出，固定汇率不能在通胀率相差很大的情况下长期维持，所以，通胀率趋同是形成货币联盟的一个必要条件。

英格拉姆提出了“金融市场高度一体化”作为确定最优货

---

① Kenen, P. B. (1969), “The Theory of Optimum Currency Areas: An Eclectic View”, In *Funerary Problems of the International Economy*, Chicago, University of Chicago Press.

② Harberler, Gottfried(1970), “The International Monetary System: Some Recent Developments and Discussions”, in *Approaches to Greater Flexibility of Exchange Rates*, edited by George N. Halm, Princeton University Press, pp. 115 - 123.

币区的标准。① 他认为，金融市场一体化可以减少对汇率调整的需要。在选择最优货币区的标准时，必须要考虑一国的金融特征，因为一个国家可以通过资本流动来缓解暂时的经济波动（例如，可以在发生危机时借入资本或卖出资产，危机结束后再逆向操作）。如果国际金融市场高度一体化，特别是长期资本市场高度一体化，那么，只要国际收支失衡导致利率发生小幅变动，就会引起伙伴国之间资本的大幅流动，这样可以消除长期利率差异、缓解收支失衡并有效配置资源，从而可以减少汇率的波动。

B. Eichengreen 和 T. Bayoumi, Lee, Park 和 Shin 等人对于发展最优货币区理论也做出了重要贡献，他们主要针对亚洲是否具备最优货币区条件，进行了大量的实证研究。Eichengreen 和 Bayoumi 使用结构性向量自回归模型分析货币区内冲击的发生率、冲击幅度，并使用冲击反映函数来测度经济体的反应速度。② 他们在研究中区别了需求冲击和供给冲击。对东亚的研究结果发现，日本、韩国、马来西亚、新加坡、中国台湾和香港的需求冲击是对称的，适合建立统一的货币区。

综合以上研究，最优货币区实际上是指由一些彼此间的商品、劳动力、资本流动比较自由、经济发展水平和通货膨胀率比较相近、经济政策比较容易相互协调的国家或者地区所组成的货币合作区。而学者们提出的各项最优货币区标准，则为研究某一

---

① Ingrain, James C. (1969), "Comment: The Currency Area Problem", in *Monetary Problems of the International Economy*, edited by Robert A. Mundell and Alexander, Swoboda, University of Chicano Press, pp. 95 – 100.

② B. Eichengreen and T. Bayoumi(1996), "Is Asian Optimum Currency-Area? Can It Become One? Regional, Global and Historical Perspectives on Asian Monetary Relations", University of California Berkeley Center for International and Development Economies Research Working Paper, No. pp. 81 – 96. B. Eichengreen and T. Bayoumi (1999), "Ever Close to Heaven? An Optimum Currency Area Index for European Countries", *European Economic Review*, 41.

区域内各国，在何种程度上达到了货币合作的条件，提供了客观的评判标准。

1.5 三大货币合作区

目前世界上主要存在三大货币合作区，即非洲法郎区、拉丁美洲美元区以及欧元区。几大货币合作区的形成都非一蹴而就，而是经历了由简单到复杂的渐进过程，即使世界公认的最成功的欧元区，其合作也经历了近五十年的时间才完成。

欧洲货币一体化的实现是世界货币史上的一个创举。正如1998 年 12 月 31 日欧洲中央银行行长德伊森贝赫所说，欧元是欧洲人民联合的象征①。欧元促使欧洲统一大市场真正形成，欧元区内部的要素与商品流通进一步扩大，从而带动了各国的经济增长。并且，欧元的出现真正打破了各国的市场壁垒，提高了大市场的规模效应、竞争效应和稳定效应，营造了公平竞争的环境，便于筹资和吸引外部投资。欧元的启动还降低了欧洲市场内部贸易风险，同一种商品以同一货币标价，降低了成员国之间货币兑换费用，使得消费者受益。欧洲市场成为一个整体，增强了欧洲金融市场的实力和防范金融风险的能力，欧洲债券市场将得到更大的发展空间。总之，欧洲共同货币区的建立证实了最优货币区理论的可行性。

关于欧洲货币合作的进程，李卓做了详细的描述。首先是确定欧洲货币联盟建设的时间表。为此，欧盟国家制定了《魏尔纳报告》。该报告设想从 1969 年开始，用 10 年时间分三个阶段建立一个完全的经济和货币联盟。其次是 1978 年 7 月开始建立欧洲货币体系的努力，并于 1979 年 3 月开始运行这一体系。再

① 马歇尔：《欧洲中央银行的崛起》，新华出版社 2001 年版，第 285 页。

次是进一步制定推进货币联盟产生的制度安排，如1989年的《德洛尔报告》和1993年的《马斯特里赫特条约》。最后是单一货币的正式流通。

关于非洲法郎货币区的研究主要出现在20世纪80年代。Devarajan S和J. de. melo在他们的《参与非洲货币联盟的评价》一文中，专门对非洲法郎区国家与一组非法郎区国家GDP增长比率进行了比较。① 结果表明，在20世纪70年代，由于强有力的货币联盟，法郎区国家的GDP增长明显比非法郎区国家快得多。

另外一个与之相关的研究来自Guillaumont，他在《参与非洲货币联盟》一文中运用比较分析方法和动态分析方法评价了现存的货币联盟。② Jenkins, C. 和L. Thomas则将注意力放在南部非洲国家加入货币联盟的准备工作上。研究结果表明，由于该地区国家集中，宏观经济易变，所以该地区尚未为加入货币联盟做好准备。③ 他们认为，即使将其他因素（经济或政治因素）考虑到建立货币联盟之中，联盟的持久性仍要依赖于成员国对外部冲击的反应是否对称，成员国的反应越是对称，需要的政策协调就越少。

目前，美洲虽然有南锥体共同市场和北美自由贸易区两个区域经济组织，但是并没有出现以这两个组织为基础的较高层次的货币一体化组织。目前，美洲区域货币合作还主要是美洲国家货

---

① Devarajan S and J. de. melo (1987), "Evaluating Participation in African Monetary Unions: Statistical Analysis of the CFA zone", *World development*.

② Guillaumont, P., S. Guillaumont and P. Plane(1988), "Participating in African Monetary Unions: An Alternative Evaluation", *World Development*.

③ Jenkins, C. and L. Thomas(1996), "Is Southern Africa Ready for Regional Monetary Integration?" *Centre for the Study of African Economies Working Paper Series* No. 97-3.

币美元化的过程。对于美元化的概念，不同的组织或者学者从不同的角度进行了定义。国际货币基金组织的托马斯·巴林诺给美元化的定义是：美元化是指一国居民在其资产中持有相当大一部分外币资产（主要是美元）。① 根据中国社会科学院张宇燕的观点，美元化包括三层含义：事实美元化、过程美元化和政策美元化。② 综合起来看，美元化主要是指一国居民在其可支配的资产中，持有一定比重的美元或以美元计值的金融资产的货币现象，简单来说就是完全或者部分用美元来代替本国货币的现象。

Corbo 认为美元化的好处是降低通货膨胀，消除汇率风险，减少交易成本，降低美元化国家之间可贸易商品的相对价格波动并促进相互贸易，消除外债货币不匹配的风险。③ 他认为实行美元化的收益会超过成本。另外，他还从贸易关系和货币政策信誉的角度得出结论：加拿大比较适合实行美元化，而墨西哥、巴西、智利等国由于建立了以通胀为导向的货币政策框架，并较为成功地控制了通胀，故实行美元化的意义不大。Courchene 和 Haris 是北美货币区的主要鼓吹者④，他们认为北美货币区是对美、加、墨三国深度经济一体化适当的制度反映，也是对美元化的最好替代。他们建议未来的北美货币区可以参照欧洲经济联盟的经验，在美、加、墨三国达成协议的前提下，建立类似欧洲汇率机制的制度，建立类似欧洲央行体系的北美中央银行体系。而

---

① 宋弘威、王璐璐：《美元化与区域货币的合作关系》，《经济研究导刊》2007 年第 8 期，第 32 页。

② 张宇燕：《美元化：现实、理论及政策含义》，《世界经济》1999 年第 9 期，第 6 页。

③ Corbo, Vittorio, "Is Time for a Common Currency for the Americas?" *Journal of Policy Modeling*, 23(2001), 241 – 248.

④ Courchene, Thomas J. and Richard G. Harris, "North American Monetary Union: Analytical Principles and Operational Guidelines", *North American Journal of Economics and Finance*, 11(2003), 3 – 18.

且随着拉美经济的增长，他们认为地缘政治的需要将会增大美国加强同拉美国家经济货币一体化的压力，北美货币区最终可能发展为美洲货币区。

1.6　东亚货币合作

1.6.1　关于东亚是否是最优货币区的检验

日本经济学家深泽映司、铃木健彦、稻垣博史通过实证研究发现①，东亚各国间经济的相互依存程度很高，区域内贸易与投资在 1985 年后有显著增长，区内双边贸易强度及对外开放度甚至高于欧洲国家，东亚国家间与欧洲国家间贸易结构的相似性大体相当。但是，在区域内直接投资等指标上东亚还是明显滞后于欧洲。此外，东亚金融市场一体化进程缓慢，缺少区域内双边汇率避险机制，这就使东亚不得不依赖区外货币和区外金融市场进行避险操作，区内货币合作因此受到阻碍。

T. Bayoumi 和 B. Eichengreen 等人利用向量自回归（VAR）模型②，比较分析了在亚洲部分国家之间、欧洲国家之间以及美国国内 7 个地区之间相同的需求冲击与供给冲击对通货膨胀率和国内生产总值增长率影响的对称性，以及经济扰动的相关性、规模与调整速度。结果表明，东亚经济扰动的规模高于美国，而调整速度则快于美国，二者的冲击对称性相差不大。如果把东亚分成两个区域（一个包括日本、韩国和中国台湾地区，另一个包括中国香港、泰国、印尼、马来西亚、新加坡），则每个区域中

① 深泽映司、铃木健彦、稻垣博史：《亚洲金融危机对日本的影响——其背景与今后的展望》，《富士总研论集》1999 年第 1 号。

② T. Bayoumi and B. Eichengreen, "One Money or Many? Analyzing the Prospects for Monetary Unification in Various Parts of the World", *Princeton Studies in Inter-national Finance,* No. 76, Princeton University Press, 1994.

经济扰动的对称性甚至超过了欧洲的“德国集团”（德国、奥地利、荷兰、比利时、丹麦、瑞士）。此外，东亚地区要素流动性虽然较差，但由于各国劳动力价格弹性大，因而要素市场仍有一定灵活性。因此他们认为泰国、印尼、马来西亚、新加坡这4个东盟国家成立最优货币区是有益的。

Ogawa 和 Kawasaki 在 2002 年 1 月的亚洲开发银行学院工作论文《亚洲危机后国际货币体系中的美元》一文中，对建立东亚最优货币区的可能性也进行了实证分析。① 结果显示，如果将共同货币篮子作为锚货币，有 6 个东盟国家可以成立共同货币区，若以美元作为锚货币，则只有 4 个国家可以成立共同货币区，即将共同货币篮子作为锚货币要好于美元作为锚货币。因此他们建议东亚各国将共同货币篮子作为锚货币有利于逐步建立东亚货币联盟。

多数研究东亚货币合作的经济学家通过对东亚各国经济发展水平、通货膨胀率、金融体系的相似性以及政治协调性等最优货币区指标的比较，认为东亚地区在这些方面还存在明显缺陷，构建货币区还面临着明显的困难。

首先，该地区各经济体发展水平相差较大。经济发展水平的差异会阻碍汇率政策的协调。尤其是当区内各国收入水平存在差异而要素又不能在区域内完全自由流动时，如果一定要成立货币联盟，则必然要求富国向穷国进行单向财政转移支付。东亚富国多为小国，穷国多为大国，进行这样的转移支付会给富国带来很大的财政负担，是这些小国家难以接受的。

其次，B. Eichengreen and T. Bayoumi 认为货币一体化作为一种涉及货币主权让渡的制度安排，必须得到各国政府政治上的认

---

① Ogawa, “The US Dollar in the International Monetary System after the Asian Crisis”, *Japan Bank for International Cooperation Institute Discussion Paper*, No. 1.

可和支持。东亚各国目前虽有货币合作的愿望，但缺乏制度化的正式合作机制，不具备明确的政治协调性，这在短期内必然会阻碍东亚区域货币合作的进程。① 但是，东亚区域货币合作的条件并不等同于建立单一最优货币区的条件，不能只从静态角度以当前数据为基础、以单一货币区为标准分析上述指标，而应从经济、货币一体化的动态过程加以考察。从历史上看，区域货币一体化会促进贸易的一体化，后者又会提高区内各国经济周期的同步性。因此，Jeffrey A. Frankel and Andrew Rose 等人认为一个国家在事后（加入货币区）比事前更有可能达到加入货币区的标准。② 东亚地区虽然目前难以建立制度化的区域货币体系或者说单一的货币区，但仍可以而且有必要进行货币合作的初级阶段的探索，以推进区域经济一体化，并进而逐步实现区域货币合作的制度化与高级化。

1.6.2 关于东亚货币合作的各种主张

关于东亚货币合作的模式，有代表性的观点主要包括：

（1）东亚美元本位制。这是由麦金农首先提出的观点。③ 他在 1999 年《汇率政策协调：战胜东亚货币危机的策略》一文中，通过超风险溢价模型的分析，得出存在名义锚的钉住汇率制优于浮动汇率制的结论，并指出危机之后东亚各国货币高频钉住美元的现象反映出钉住美元的合理性。因此，为确保东亚地区内部双边汇率与对外汇率的长期稳定并防范投机资金的冲击，各经济体

---

① T. Bayoumi and Mauro, "The Suitability of ASEAN for a Regional Currency Arrangement", *IMF Working Paper*, pp. 99 - 162, December, 1999.

② Jeffrey A. Frankel and Andrew Rose, "The Endo-genrity of the Optimum Currency Area Criteria", *Economic Journal*, Vol. 108, 1998, pp. 1009 - 1025.

③ 麦金农：《汇率政策协调：战胜东亚货币危机的策略》，《金融研究》1999 年第 1 期，第 18 页。

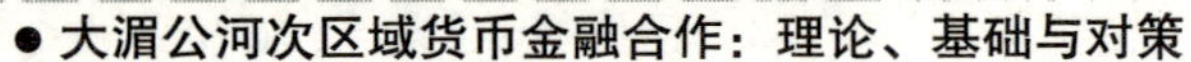

应当确立与美元的固定汇率，建立正式的区域性美元本位制度。

（2）日元区建议。关志雄在1997年东南亚金融危机后发表的《亚洲日元区：一种一体化的途径》一文中，把日元作为东亚地区的基础货币，使日元在东亚扮演德国马克在欧洲货币体系中的角色，以日元作为驻锚货币建立起区域性汇率联动机制。[①] 日元区的建议有其优势，首先是可以使东亚多数经济体来自日本的进口和外债保持稳定，其次是日本的经济周期与其他东亚经济体也更为一致。但是至少有四大缺陷使日元难以成为区域主导货币：一是日本经济长期陷于萧条之中，其狭小的国内市场也不足以吸收亚洲地区的贸易和投资；二是日本国内金融市场相对封闭，日元国际交易市场不发达，流动性成本较高；三是日本在区域经济合作中没有摆脱自我中心主义的短视行为，这反过来又强化了本地区其他经济体对日本的不信任情绪[②]；四是日本对其第二次世界大战时期对东亚国家的侵略历史拒不承认也加大了区内国家对日本的不信任情绪。

（3）一篮子目标区爬行钉住（basket-band-crawling 简称 BBC）的汇率制度。由威廉姆森（Williamson，1996；2001）提出[③]，主要是指由美元、日元及欧元等世界主要货币组建共同货币篮，

---

① 关志雄：《亚洲日元区：一种一体化的途径》，《太平洋学报》1997年第3期，第10页。

② 东南亚金融危机爆发前，日本为了刺激经济增长，同时避免日元被过高估值，实施了宽松的货币政策。日本银行将利率从1996年的0.5%逐渐降至1999年的0，大力推进日元外国直接投资、银行贷款和债券投资，及以日元计价的官方援助和贷款，从而带来了套利外汇交易的黄金机会，为东亚的经济泡沫与随后的1997年金融危机创造了条件。因此，日元并不具备像德国马克那样在区域货币体系建设中发挥主导货币作用的条件。

③ John Williamson, 2001: "The Case for a Basket, Band and Crawl (BBC)", *Regime for East Asian.* http://www.rba.gov.au/Publications and Research/Conferences/2001/williamson.pdf.

以整个东亚地区对外贸易权重为基础，确定货币篮的统一结构，各国宣布本国货币对该共同货币篮的中心平价，并各自确定波幅限制。BBC 制度的目的是在保证汇率基本稳定的前提下提供一定的灵活性。根据各国波幅大小的不同，允许其正式汇率制度安排存在差异（从波幅很小的货币局制度到波幅较大的管理浮动制度均可)，允许成员国在经济基本面因素发生较大波动时，调整中心平价与波幅限制。然而，钉住共同货币篮制度一方面存在着操作难度大、透明度较低的缺陷，另一方面由于汇率波幅较宽，该安排的稳定性特点就要受到损害，因而只能作为短期内或过渡性的汇率政策，不应成为东亚各国汇率制度的长期选择。

（4）日中合作，分三步走建立亚洲货币区。① Tetsuji 在 2002 年提出，亚洲货币区建设应充分发挥日中合作的主导作用，分三步走：一是建立以美元、欧元及日元组成的货币篮子钉住体系，二是建立亚洲货币单位钉住体系，三是建立亚洲货币体系。亚洲货币单位将由区域内所有可兑换货币组成，亚洲货币单位成为区域内的锚货币。

综上所述，目前各种有关东亚区域货币合作的建议，或是难以反映东亚多元化的对外经济关系，或是仍然面临美元化的风险，都不能说是最为理想的选择。事实上，从汇率制度承诺的可持续性与货币锚的稳定性来看，区域货币联盟才是真正具有长期可持续性的货币合作方案。然而，成功的区域货币联盟需要一系列严格的条件，东亚至少还面临三方面的困难：较高的经济一体化要求、体制的可行性以及真实汇率变化的需要。② 因此，对于

① Tetsuji, Murase, “Japan and China: Driving Forces of a Regional Monetary Arrangement in East Asian”, Oct., 2002.

② Charles Wyplosz:《区域汇率安排：欧洲给东亚的启示》，《东亚货币与金融一体化发展前景》，亚洲开发银行编，2005 年财政部国际司译。

东亚地区的货币合作而言，区域货币联盟还不是近期内的可行选择，它的建立必须经过较长的发展历程，需要以目前较低层次的货币合作作为基础。

总之，区域货币合作是一个由易到难、由简单到复杂的动态过程。虽然目前东亚地区尚不具备条件进行高层次的区域货币一体化尝试，但由于货币合作条件具有内生性特点，现阶段仍可以开展较低层次的区域汇率制度合作。在短期内若无法实现最优，只能暂时选择“次优”即 BBC 制度，而为了保证区域合作集体行动的顺利展开，以及长期目标的实现，有必要形成可信的制度承诺和更加制度化的纪律约束。①

综上所述，区域货币合作既有显著的收益，也有严格的条件要求，并且还要根据本地区的实际情况选择适宜的合作模式。

从合作的收益来看，货币区能最大限度地实现生产要素的自由流动，降低汇率风险，减少交易成本，促进区内国际贸易与投资的发展，有利于提高生产效率，从制度上减少恶性通货膨胀的可能性。而且，区域内各国的汇率协调及危机援助机制的建立，使区域内各国对抗金融风险的能力大大加强。

区域货币合作的展开，有一系列的条件要求：一是各国要有合作的政治意愿，包括加入货币区国家愿意牺牲部分政策自主权、区域内国家的政治支持、区域内核心国家的主导作用等。二是区域内各国的经济指标趋同或者有趋同的基础，主要是指区内各国经济开放度、内部贸易与投资的趋同、外部经济冲击对区域内各国影响的对称性、各国对经济扰动的调整速度、要素市场灵活性等指标趋同、各国经济发展水平、通货膨胀率、金融体系的相似性、政治协调性及健全的宏观经济政策与紧密的协调机

① 李晓、丁一兵：《关于东亚区域货币合作的研究：文献综述》，《当代亚太》2004 年第 6 期，第 21 页。

制等。

区域货币合作不论采取何种具体模式，其都要经历一个由易到难、由低级阶段开始逐渐向高级阶段过渡的分阶段的动态合作过程，一般都要经历先建立区域货币联盟，再建立区域货币单位，然后在条件成熟时建立区域统一的中央银行，最后由中央银行发行统一的货币的渐进过程。此外，从目前已有的国际区域货币合作实践来看，主要有两种合作模式，即欧元的“平行货币”模式和拉丁美洲的“垂直分工货币”模式。“平行货币”模式主要适用于经济相当的国家和地区间分阶段进行区域货币合作，“垂直分工货币”模式主要适用于以一种强势货币为主导，其他国家和地区逐渐放弃本国货币的合作方式。

2 大湄公河次区域货币金融合作理论探索

随着20世纪30年代美国田纳西流域的成功开发，流域经济日益引起人们的重视。流域经济学作为一门极具发展前景的新兴学科，正在引起众多学者的重视和关注。

大湄公河发源于中国，全长4880公里，是亚洲唯一的流经6国的国际河流，被称为“东方的多瑙河”。大湄公河流域是一个整体，是一个完整的系统。虽然大湄公河流经不同的国家，但以流域作为经济活动空间，配置社会经济资源的流域经济不仅是客观存在的，同时也具有重要的现实意义。

由亚洲开发银行所界定的包括有“柬埔寨、老挝、缅甸、泰国、越南和中华人民共和国云南省的这部分地区”的澜沧江—湄公河次区域的合作开发，是20世纪90年代以来国际社会广泛关注的热点。14年来有关各方开展了交通、能源、电信、旅游、环保、农业、贸易、投资、人力资源开发和禁毒等多方面合作，取得了一定的成效。

“大湄公河次区域合作组织”是由亚洲开发银行负责协调的综合开发机制。目前所称的澜湄次区域就是指亚行的这一界定。目前，该区域已形成四种主要的合作机制，即由亚洲开发银行倡导的“GMS经济合作”、东盟主导的“东盟—湄公河流域开发合作”、以澜沧江—湄公河为主轴的中、老、缅、泰四国毗邻地区的“黄金四角经济合作”，以及老、泰、柬、越四国的“湄公河

流域持续发展合作"①。

2.1　次区域金融合作理论

2.1.1　国际金融合作理论述评

以往的国际金融合作主要是对称性国际金融合作，是国家实力或经济发展水平相近或相似的国家之间的合作，主要以布雷顿森林体系、西方七国集团和欧元区为代表。大湄公河次区域货币金融合作属于非对称性国际金融合作。对于这类国际金融合作，需要新的理论解释框架。

对于国际金融合作，主要有两类理论观点，一类是国际关系学者的观点，另一类是国际经济学者的观点。

1. 国际关系学者的观点

国际关系理论的三大理论流派——现实主义、新自由制度主义和建构主义均认可国际合作的可能性，只不过是合作的实现条件是不同的。现实主义认为合作的前提是霸权国的存在及其合作意愿。② 现实主义的霸权稳定论认为，世界政治的秩序和国际合作有赖于一个霸权国家的主导地位，这个霸权国家可以为国际合作提供国际公共品，其他国家通过"搭便车"来达成国际合作。同时，国际合作的维持需要霸权国家的持续存在。而且，"均势逻辑常常促使大国结成联盟，联合反对共同的敌人"③。

新自由制度主义的代表人物基欧汉则认为，虽然霸权国家的

---

① 王士录：《大湄公河次区域经济合作的国际关系学意义解读》，《当代亚太》2006年第12期。

② 赵长峰：《国际金融合作：一种权力与利益的分析》，世界知识出版社2006年版，第86页。

③ 约翰·米尔斯海默：《大国政治的悲剧》，上海人民出版社2003年版，第64—65页。

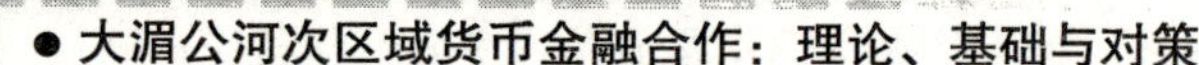

存在有利于促进国际合作，但是这个因素既不是国际合作的必要条件，也不是充分条件。尽管存在共同的利益，合作的努力可能失败。所以制度主义者认为，合作可以通过制度培育起来，即在没有制度的情况下，实际的合作常常比潜在的合作要少。国际机制可以降低不确定性，从而有助于合作。“国际机制所执行的功能是有价值的，它们降低合法交易的成本，增加非法交易的代价，减少行为的不确定性……它们最重要的功能在于推进政府之间的谈判，以达成互相有益的协议。”①

建构主义建立在对理性主义的反思和批判基础之上，是一种重视理念和整体主义的国际关系理论。建构主义认为，国际体系的结构包括物质结构和社会结构。物质结构是行为体的实力分配及其相对位置；社会结构则是指行为体占支配地位的信仰、规范、观念和知识等文化因素。国际体系的物质结构只有在观念结构的框架内才能具有意义；在国际政治互动中不断产生的社会结构，决定和改变国家行为，确定这些单个行为体所从事的经济、政治及文化活动的模式。因此，他们认为，国家间既可以是合作，也可以是冲突，关键取决于国际社会成员如何去建构他们之间的关系。

国际关系学者并不完全从经济福利最大化来理解国际合作，“在相互依赖的状态下，有些合作对获得最优水平的福利是必要的条件，但是它不是充分的，因为有时更多的合作并不必然就比更少的合作要好”②。基欧汉是从政策相互调整的意义上来定义合作的，而不是把合作仅仅看做是反映共同利益压倒冲突利益的

---

① 罗伯特·基欧汉：《霸权之后——世界政治经济中的合作与纷争》，上海人民出版社 2006 年版，第 107 页。

② 罗伯特·基欧汉：《霸权之后——世界政治经济中的合作与纷争》，上海人民出版社 2006 年版，第 9 页。

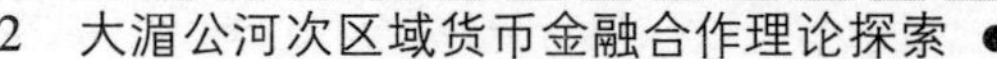

状态，他进一步提出，“既然共同利益有时与合作联系在一起，有时与纷争纠缠在一起，合作就显然不简单是一个利益起作用的问题。特别是在不确定性很强时，以及行为者接触信息的能力存在差别时，集体行动和战略估测的障碍，也许会阻止它们认识到彼此之间存在的共同利益。因此，仅仅存在共同利益还是不够的。我的看法是，在这种情况下，必须要有制度的存在才行，这些制度可以减少不确定性，并能限制信息的不对称性”①。基欧汉在借鉴新制度经济学理论的基础上认为，利用国际机制促进国际合作行动的成功做法，取决于降低政策协调过程中的交易费用的努力，以及为各国政府提供信息的措施，而不是取决于规则的强制。在涉及集体物品以及囚徒困境的状态中，战略的互动过程是能够培育合作的。总之，制度是为了克服那些使相互有益的协议不能达成的缺陷而形成的。我们认为，新自由制度主义的国际合作理论，对霸权之后的国际合作更具解释力。在区域或次区域合作中，欧盟、东盟、西非国家经济共同体等合作机制中并没有一个霸权国家的存在，但这并不能阻挡它们合作的成功性。

国内学者赵长峰（2006）把权力结构划分为两种形式：霸权结构形式和平行结构形式，认为与霸权结构相对应的是国际金融的霸权合作模式以及规则协调的运行机制，与平等结构相对应的是国际金融的平行合作模式以及随机协调的运行机制。基于对国际关系中的权力与利益的诉求，他还提出了中国参与国际金融合作的必然性。

2. 国际经济学者的观点

国际经济学者对国际金融合作的研究主要关注的是国际货币合作，并用最优货币区理论（OCA）来解释国际货币合作。

① 罗伯特·基欧汉：《霸权之后——世界政治经济中的合作与纷争》，上海人民出版社 2006 年版，第 11 页。

Frankel（1999）认为，最优货币区（OCA）是指这样一个地理区域，它既没有小到和开放到其货币最好是钉住邻国货币，也不至于大到最好分离为具有不同货币的不同地区。传统的 OCA 标准有：

（1）开放度。McKinnon（1963）提出了 OCA 的开放度标准。如果可贸易商品在一国经济中占较大比重，汇率的不确定性对该国就是一个严重的问题。这类国家太小和太开放以至于不能独立浮动其货币。

（2）劳动力流动。Mundell（1961）提出了 OCA 的劳动力流动标准。如果与邻国之间劳动力可以自由流动，在一国经济衰退时，劳动力可以通过自由流动对此做出反应，这样货币扩张或贬值就是多余的。

（3）财政缓冲器。联邦财政体系可以为遭受负面冲击的地区提供资金支持，从而在缺乏独立货币政策时有助于减轻宏观经济的波动。

（4）冲击的对称性。当两个国家面临的冲击是高度相关的，这两个国家就可以分享统一货币的扩张。

（5）接受邻国政策的政治意愿。如果两个国家的居民在经济优先次序上有共同性，特别是在反通货膨胀和失业上，面对同样的冲击就没有必要做出不同的反应。

值得重视的是，Frankel（1999）提出的两个 OCA 标准：贸易依存度和收入相关度。在 Frankel 看来，OCA 的标准随着时间的变化而变化（贸易依存度和收入相关度并不总是固定不变的），主要是对一国基本政策的选择和外生因素的变化做出反应。同时，OCA 标准即使在事前（Ex Ante）得不到满足，也可以在事后（Ex Post）得到满足。例如，加入 EU 后的瑞典，贸易依存度和收入相关度均提高了，因而比加入前更加满足了 OCA 标准。许多国家有意地把货币钉住它们最为重要的贸易伙伴，因

而失去了施行独立的货币政策的能力，这导致了贸易依存度和收入相关度的正相关关系。实证研究表明，贸易依存度的提高确实提高了收入的相关度，随着贸易一体化程度的加深，这些国家将会越来越满足共同货币的标准。通过对最优货币区内生性标准的分析，Frankel 证明，没有一种汇率制度在任何时候适合任何国家。

2.1.2 一个新的解释框架——非对称性国际金融合作理论

合作具有多层次的含义。从合作主体上来看，可以是个人、企业和政府及其相互之间的合作；从合作的内容上看，可以是经济、政治、军事和文化合作；从合作的机制上看，可以是制度性合作，也可以是非制度性合作。我们所理解的国际金融合作，指的是个人、企业和政府及其相互之间的金融合作，及其为此而进行的政策的相互调整。国际金融合作建立在自愿和互利的基础之上。以往的合作理论，暗含有一个基本的理论假设：对称性。实际上，当今的国际经济合作具有十分明显的非对称性，加入了这一变量，使国际经济合作具有很多不同的特征。

1. 国家实力的非对称性——大国与小国的合作

大湄公河次区域的国家虽然都是发展中国家，但国家经济规模有较大差异。大国可以细分为人口大国、面积大国、资源大国、贸易大国和经济大国等，按照张培刚教授（1999）的定义，发展中大国是一个既包含自然地理特征，又包含社会经济特征的综合性概念。具体地讲，是指人口众多、幅员广阔、资源丰富（但人均占有量却大都有限）、历史悠久（但近、现代发展却很缓慢）、人均收入水平低下的发展中国家。因此，大国经济，特别是发展中大国的经济具有多元化的特征：区域发展的多元化和经济结构的多元化，大国的边界通常是与多国接壤的，可以把与国外毗邻的边疆地区看做是一个相对独立的经济体，这些经济体的经济规模和毗邻国的相近或相似。这在很大程度上减少了大国与小国相互合作的差异性。Majeski（2004）认为，权力的非对称性导致了国际关系中合作的产生与维持。霸权国可以依靠自己的经济实力，通过向国际社会提供稳定的国际货币与国际金融秩序等公共产品，诱使其他国家加入金融合作体系。

2. 经济发展水平的非对称性——较发达与较不发达的合作

如果把工业化水平作为经济发展水平的标志，工业化可以分为初期、中期和后期。① 就大湄公河次区域来说，中国和泰国处于工业化的中期，而其他4个国家则还处于工业化的初期。② 一方面，国家一旦落后，它们会更加努力地增强自身实力，或是选择与他国合作③；另一方面，落后国家对较为发达的国家也有所顾忌，担心合作利益分配不公。

3. 社会制度的差异——资本主义国家和社会主义国家的合作

在大湄公河次区域中，中国、越南和老挝是社会主义国家，泰国和柬埔寨是资本主义国家，缅甸是军政府统治国家。这一社会制度及其相伴的意识形态的多样性对国际合作的开展有一定负面影响，但不是国际金融合作的关键条件。迄今为止，中国与其他5个社会制度不同的国家已签署了自由贸易区协定，虽然社会制度也存在差异，但这并没有妨碍它们的经贸合作。

---

① 胡列曲：《发展中大国最优汇率制度动态决定论》，经济科学出版社2007年版，第51页。

② 按照2006年世界发展报告的划分，次区域各国均属于中等人类发展国家。尽管如此，各国的人均国民收入水平还是处于两个层次：泰国与中国较为突出，泰国超过3000美元，中国超过2000美元；其余4个国家的水平十分接近，不到1000美元。

③ 肯尼斯·华尔兹：《国际政治理论》，上海人民出版社2000年版，第167页。

4. 经济体制的差异——市场经济体制、转型经济体制和计划经济体制的合作

在大湄公河次区域中，中国和越南是转型经济体，其他国家是市场经济体。同样，经济体制的一致性，也不是构成国际金融合作的必要条件。

5. 信息的不对称性

基欧汉（1984）在评价现实主义时提出，“国家对其利益的认识以及国家对自己目标的追寻，并不仅仅取决于国家利益和世界实力的分配，还取决于信息的数量、质量和分配……与在信息欠缺的环境下相比，个人和政府在信息充分环境下的行为是不同的”。他认为，通过不断提高可获取信息的总体质量水平，国际机制减少了信息的不对称性，从而降低了环境的不确定性。

双边的或区域的国际合作，在一定程度上讲，是对多边体系的失望背景下产生的。因此，区域国际金融合作实际上是对世界银行和 IMF 的补充。亚洲的区域金融合作在亚洲金融危机后更加迫切，原因在于金融危机的传染、对 IMF 的失望、汇率不稳定阻碍经济发展以及现有国际货币体系不合理等因素。

欧洲金融的一体化是迄今为止最为完整的区域金融合作典范。Wyplosz（2002）在研究欧洲货币一体化的经验时，特别强调了两个问题：制度的作用和核心国的作用。他认为，欧洲货币一体化的一个重要经验是必须尽早着手于制度建设来推动合作；另外，德国和德国马克的存在对欧洲货币联盟具有重要意义。对于这一点，他还进一步认为，某种形式的领导作用的存在是必要的，但是它不应该对他国造成威胁。

随着东亚经贸一体化的艰难缓慢推进，人们发现，亚洲特别是东亚的金融合作，要走欧洲模式或完全借鉴欧洲模式，操作起来将遇到诸多现实难题。与欧盟一体化相比，东亚还面临一些深层次的挑战，特别是亚洲发展的不平衡性，比欧盟要更强。另

外，政治制度和深层次的文化上的差异也是合作中的重大障碍。日本国际贸易促进协会副会长高垣佑认为，“东亚经济圈并非依存于制度性的框架结构，而是建筑在相互依存关系的基础之上，这一点和先构筑制度框架再推进经济一体化的欧盟的历史大相径庭”。这决定了东亚金融合作更需要技巧，不能简单地复制欧洲的经验。所以，东亚各国应充分尊重东盟在合作进程中的主导作用，坚持以东盟现有合作为基础，既照顾到中小国家的利益，又调动起中日韩的积极性，探索出一个符合东亚实际、有东亚特色的区域合作模式，从而有力地促进东亚地区的整体发展。

因此，无论从理论分析上看，还是从实践经验上看，非对称性因素既有促进合作的方面，也有阻碍因素。但是，显而易见，阻碍因素要比促进因素多。因此，推进非对称性国际经济金融合作的难度要大得多。

2.2　次区域货币金融合作机制的建立

总的来说，流动性支持、监测监控和汇率协调这三大支柱是区域货币金融合作的基本元素。① 但是区域金融合作是一个不断发展的过程，任何一个区域金融合作要取得成效，需要解决动力机制、推进机制和保障机制三大问题。同样，为了推进大湄公河次区域金融合作，也要解决这三大问题。

2.2.1　动力机制

共同的政治愿望和共同的利益是推动大湄公河次区域金融合作的核心因素。具体体现在如下几个方面。

---

① 亚洲开发银行：《东亚货币与金融一体化——发展前景》，经济科学出版社2005年版，第474页。

1. 相互依赖度的提高

区域经济相互依存和传导，是区域金融合作的基础。总的来说，亚洲的经济发展不平衡，地区和经济差距较大，一体化程度较低。但是，中国与其他大湄公河次区域国家最近几年以来在贸易和对外直接投资上的快速发展，为它们的货币金融合作奠定了重要基础。

2. 宏观经济政策的外溢效应

在开放经济条件下，大湄公河次区域国家要充分关注彼此的宏观经济政策，“区域货币金融合作就是一种可将此类宏观经济外部效应内化的方式”①。

3. 合作意愿

Wyplose（2001）在总结欧洲经验时认为，经济和金融一体化的最关键因素是政治意愿而非经济动力。大湄公河次区域金融合作的合作意愿，一方面来自于防范和化解金融危机，另一方面来自于经济发展的需要。尽管十年前的金融危机已渐行渐远，但再次导致金融危机的根源却并没有被切除。金融危机显示出了东亚地区金融体系的密切相关性，它使各个国家和地区认识到，在经济发展上独善其身是不够的，即使本国的经济状况相对健康，金融危机的传染效应也仍然会使自己难逃劫难。金融危机的传染性使得金融危机日益成为一种区域性的现象，其防范和解决已日益成为一个超越国界的区域性问题，加强区域金融合作迫在眉睫。区域金融合作是一种公共品，每个成员国需要达成共识，金融合作才可能成功。另外，由于中国的重新崛起，中国的发展模式和发展潜力对东南亚国家有吸引力。因此，在这一进程中，中国的重要作用应该充分发挥，为次区域金融合作提供更多的条件

① 亚洲开发银行：《东亚货币与金融一体化——发展前景》，经济科学出版社 2005 年版，第 2 页。

和可能性。

2.2.2 推进机制

大湄公河次区域金融合作的推进，除了政府之外，还应积极创造政策、法律和市场环境，促进企业、金融机构等微观经济主体之间的合作，最终形成民间合作与政府间合作的良性互动机制。

2.2.3 保障机制

保障机制就是要为大湄公河次区域金融合作提供一个制度、政策和交流平台，主要包括：

1. 区域金融稳定机制

区域金融稳定是区域金融合作的核心环节。“金融不稳定是在国家之间传播的潜在公共风险。”（Wyplose，1998）因此，区域金融稳定机制具有公共品的性质。Girardin（2002）认为，区域金融合作的好处主要来自于区域系统性风险的减少。区域金融稳定机制包括区域金融危机的防范和管理、区域汇率稳定机制、区域金融监管合作机制等。

2. 金融机构的合作

首先，要在商业银行之间建立支付结算系统和汇兑系统，为次区域金融合作提供先决条件；其次，商业银行之间可建立战略联盟，为地区经济发展提供融资。

3. 信息交流、共享和披露机制

需要为区域国际金融合作提供一个沟通和协调的国际机制，并通过这一机制，来推动区域金融合作的进程。Wang 和 Woo（2002）在谈到如何改进“10 + 3”监控进程时，认为以下信息应该在成员国间共享：对外账户、货币与金融账户、财政状况、实体部门活力、社会部门和重要的制度和法律变化。这一体系，

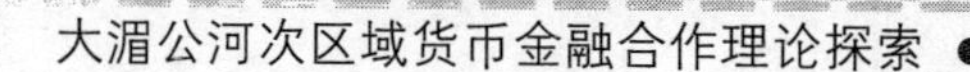

依然适用于大湄公河次区域国家。信息披露的透明度对金融机构和金融市场的健康发展是至关重要的。

综上所述，大湄公河次区域国家的货币金融合作在性质上属于国际货币金融合作，因此，关于国际货币金融合作的理论与经验对该区域的合作实践仍然有指导和借鉴价值。在此基础上，大湄公河次区域国家社会经济发展的非对称性特征，又决定了这一区域的合作不同于一般意义上的国际区域金融合作。大湄公河次区域的货币金融合作应当在充分借鉴国际经验的基础上，紧密结合次区域的实际，在选择金融合作的模式与路径时，既遵循国际区域货币金融合作的规律，也要独辟蹊径，务实地制定好次区域货币金融合作的战略框架和具体实施步骤。

第二部分

基础篇

3 泰　国

泰国地处东南亚的中心，在北纬 5.7°和东经 97.2°—105.7°之间，是通往印度支那半岛的门户。泰国的北部和东北边界与老挝人民民主共和国接壤，北部和西部与缅甸联邦交界，泰国的西南部是安达曼海，东部毗邻柬埔寨和泰国湾，南部与马来西亚接壤。泰国国土面积为 51.312 万平方公里，在东南亚地区仅次于印度尼西亚和缅甸，位居第三位。现有人口为 6641.9 万人，人口密度为每平方公里 129 人，且保持稳定的人口增长速度（如表 3－1 所示）。

表 3－1　泰国人口与人口密度

（单位：百万，人/平方公里）

年份	2001	2002	2003	2004	2005	2006	2007
人口总数	62.936	63.461	64.006	65.082	65.11	65.761	66.419
人口密度	123	124	125	127	127	128	129

资料来源：IMF: International Financial Statistics。

3.1　经济增长

20 世纪 90 年代，泰国经济的迅速崛起，使其受到了包括发达国家和发展中国家在内的国际社会的密切关注。泰国是继亚洲“四小龙”（韩国、新加坡、中国香港和中国台湾）之后的经济发展迅速的亚洲“四小虎”之一（泰国、马来西亚、印尼和菲律宾）。从 GDP 总量、增幅及人均 GDP 的综合表现来看，20 世纪 80 年代以来的泰国经济可以划分为四个阶段（见图 3－1、图 3－2、图 3－3）。

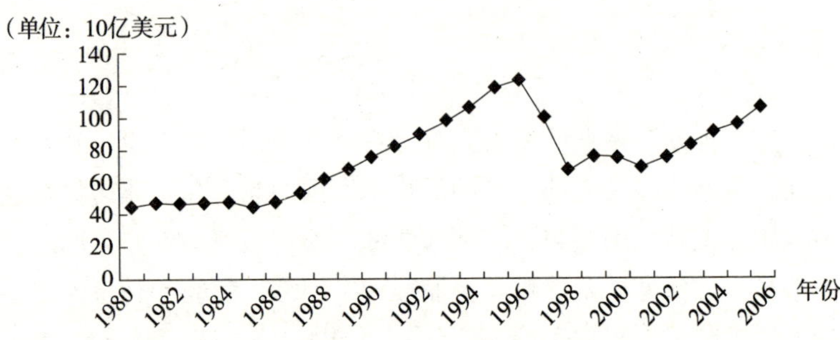

图 3－1　泰国实际 GDP

资料来源：IMF: International Financial Statistics。

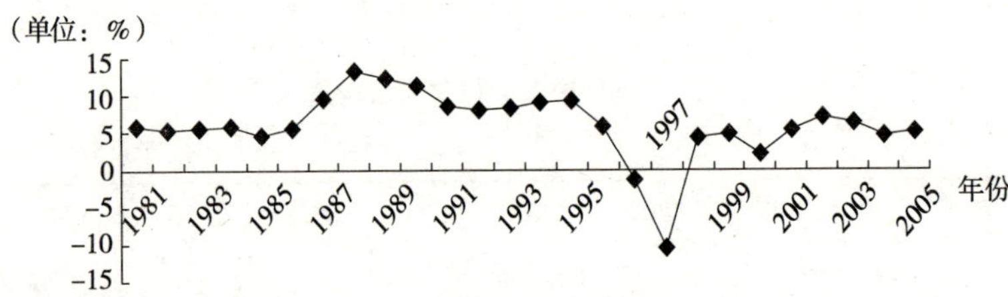

图 3－2　泰国实际 GDP 增长率

资料来源：IMF: International Financial Statistics。

第一阶段：1980—1985 年的经济缓慢增长阶段。这一阶段泰国的实际 GDP 基本上维持在 400 亿美元的水平。20 世纪 70 年代以来，泰国政府所采取的出口导向经济发展战略取得了明显的经济效果。泰国的出口年均增长率从 20 世纪 60 年代的 5.5% 上升到 1970—1975 年的 9.1% 和 1975—1980 年的 14.4%。其中工

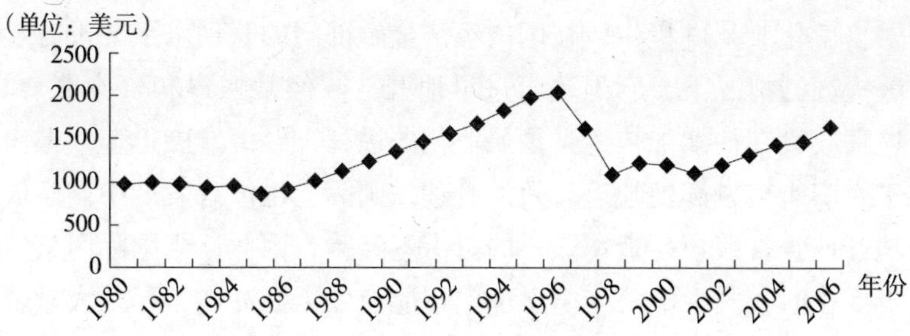

图 3-3　泰国人均实际 GDP

资料来源：IMF: International Financial Statistics。

业制成品的出口增长率在 70 年代更是高达 11.7%。但是，伴随着出口大幅度增长的同时，泰国经济也出现了发展不协调的问题。国民经济发展严重依赖出口行业的带动，而配套的国内基础工业却并没有得到相应的发展，这一方面导致在制成品出口大幅度增加的同时，为了配合出口的增长，与出口产品相关的原材料、零部件以及矿物燃料的进口也大幅度增加，造成国际收支恶化；另一方面，由于产业瓶颈的约束，经济增长在这一阶段开始放缓，特别是工业部门的增长率下降非常明显，1985 年甚至出现了 -0.6% 的增长。人均 GDP 在这一阶段也出现了一定幅度的下降，人均实际 GDP 基本上维持在 1000 美元左右。

第二阶段：1986—1996 年的经济快速增长阶段。十年间泰国的实际 GDP 从 1985 年的 400 亿美元增加到了 1996 年的 1300 亿美元的水平。这一时期，泰国政府积极进行产业结构调整，实行比较宽松的经济金融政策，外资大量涌入，为泰国进行工业化建设提供了充足的资金以及所需要的技术，国家工业化进程加快，经济又回到了加速增长的轨道上来，经济增长率最高达到 13% 的水平，人均国民收入也快速增加，1996 年人均实际 GDP 达到了 2000 美元，较之前翻了一番。

第三阶段：1997—1998 年的经济增长下滑阶段。在经济金

融自由化改革进程中，在国内经济金融部门的管理水平并没有显著提高的情况下，泰国政府过早地开放了经常账户和资本账户。这种政策在初期加快了泰国工业化的进程，经济发展迅速，但由于政府对金融部门缺乏有效的管理，国际上也没有发展中国家成功开放经常账户与资本账户的可借鉴经验，因此，当国际因素发生变化时，国内经济与金融部门不能有效抵御冲击，导致大量金融机构和企业破产，经济总量急剧下滑，实际 GDP 从 1996 年的 1300 多亿美元快速下降到 1998 年的 600 多亿美元。经济出现明显衰退，1998 年实际 GDP 出现 10% 的负增长。居民收入大幅度下滑，人均实际 GDP 从 1996 年的 2000 美元下降到 1998 年的 900 美元左右，下降幅度高达 50% 以上。

第四阶段：1999—2006 年的经济恢复并平稳上升阶段。经济金融危机后，泰国政府采取了一系列的改革政策，积极采用赤字的财政政策刺激内需，加之国际货币基金组织和其他国家的经济援助，泰国经济有所恢复。1999 年经济增长打破了负增长的局面，出现了 5% 的恢复性增长，实际 GDP 从 1998 年的 600 亿美元上升到了 2006 年的 1000 亿美元左右的水平。相应的人均 GDP 也出现了增长，从 1998 年的 900 美元增加到 2006 年的 1500 美元左右。恢复到了危机前水平（人均 2000 美元）的 75%。

3.2 产业增长

19 世纪以前，泰国一直处于封闭的自然经济状态。1955 年《泰英友好通商条约》（即《鲍林条约》）签订后，泰国被迅速纳入资本主义的国际市场，开始以单一的稻米生产参与东南亚殖民地经济分工。在泰国封建土地所有制全面崩溃后，泰国开始走上了资本主义的发展道路。可是，由于外国资本的重重压力，泰国的民族工业处于缓慢发展的状态。直到 20 世纪 60 年代，泰国仍然以农业为主，农业产值占到了GDP的40%左右，工业占比仅为19%。自从1961年的第一个国家经济与社会发展计划开始实施，泰国不到40年就实现了工业化。但需要指出的是，农业占GDP的比重逐渐下降并不意味着农业的衰微，而是泰国政府“农业工业化”发展模式与重视农业和工业的协调发展战略实施的必然结果。

3.2.1　农业发展状况

1. 农业概况

尽管泰国已经处于工业化中期，但农业在泰国经济的发展和社会的稳定中仍然起着极其重要的作用。尽管农业产值在GDP中的占比已经从第二次世界大战后的50%左右下降到2006年10%左右的水平，但农业仍然是泰国很重要的一个经济部门，仅从就业人数而言，农业仍然排在第一位。2006年泰国劳动力人数为3642.9万，而农业吸收了1449.5万的就业人数，占到了劳动力人口的40.62%。

20世纪80年代中期以前，泰国的农业生产基本上呈现出平稳的发展态势，农业产值维持在86亿—90亿美元。这一时期，泰国工业增长率下降，经济增长速度放缓，农业发挥了主要的拉动经济增长的作用，减轻了工业衰退对经济的冲击；1986—1996年十年间是泰国农业的加速发展阶段。农业总产值从1986年的86.8亿美元快速增加到1996年的130.1亿美元，增长率达49.8%。这一时期，通过经济结构的调整和产业的布局，泰国经济恢复了以前快速增长的态势，加之欧美发达国家的产业转移及泰国周边国家货币相对美元的升值等外在有利因素的影响，泰国外贸行业迎来了新的发展机遇。经济的快速增长加大了对农业发展的扶持，在“农业配合工业发展”思想的指导下，农业在这一阶段也取得了快速发展；1996—2001年为总体经济急剧下滑阶段，经济金融危机导致经济衰退，而经济衰退打击了居民信心，由于对未来经济发展不稳定甚至倒退的预期，居民对相关消费品的需求减少，尽管粮食作物是人们生活的必需品，弹性很小，但是工业用农产品的减少，直接导致了农业的衰退，农业总产值迅速从1996年的130.1亿美元下降到2001年的69.7亿美元，短短六年农业产值就减少了60.4亿美元，降幅达46.4%。危机过后，经济发展得以恢复，居民信心增加，消费支出增加带动了工业的发展，进而推动了农业生产稳步回升，农业总产值从2001年的60.4亿美元增加到2006年的94.5亿美元，增加了34.1亿美元，增长率达56.5%。

2. 农业产品结构

泰国地处热带，雨量充沛，极其适宜作物生长，所以种植业自然就是泰国农业中最重要的部门。泰国过去主要种植稻谷，20世纪60年代，在政府“农业多元化”战略的指引下，农民开始广泛种植各种热带作物，并在外向型经济的带动下逐渐形成了规模。主要作物有稻谷、橡胶、木薯、高粱、黄豆、棉花、玉米、甘蔗、烟草及热带水果等。

农业中，渔业是仅次于种植业的部门。泰国是全球最大的渔业国之一，是亚洲仅次于中国和日本的第三大海洋渔业国。泰国渔业以海洋渔业为主，产量占到渔业总量的90%左右。泰国海岸线长2614公里，分东、西两侧，东侧的泰国湾是泰国最重要的渔业产区，渔场面积为3428万公顷。渔场内经济鱼类繁多，共计有850多种，其中重要中上层鱼类有小沙丁鱼、石首鱼、鳀、羽鳃鱼、青干金枪鱼、鲔、舵鲣、马鲛鱼、鲭科、红鳍圆鲹及大甲鲹等；低层鱼类有大眼鲷、金线鱼、笛鲷、狗母鱼及鳝等；另有经济价值较高的海洋生物如对虾、梭子蟹、蛤、乌贼、鱿鱼等。泰国海洋渔业从20世纪60年代初以来，产量增长很快，从1960年的20万吨增加到1970年的133.5万吨。泰国淡水鱼主要集中在湄南河和中部平原的洪水区。主要捕捞鱼种有无须鲃、尼罗罗非鱼等。

畜牧业在泰国虽有很长的历史，但一直都是家庭分散经营，以自给性消费为主，没有形成规模。从20世纪60年代末开始，泰国畜牧业逐渐商业化，生产规模迅速扩大，并转向集约化经营，目前已经形成了以牛、猪和鸡的养殖为主的生产布局。

泰国森林资源丰富，有2000多个树种。泰国的森林大致可以分为落叶林和常绿林。落叶林约占泰国森林总面积的70%，主要分布在北部和中部地区。常绿林分布较为广泛，大部分分布在南部与东部地区，在中部和东北部也有生长。

3.2.2 工业发展状况

1. 工业概况

20世纪80年代以来，工业在泰国国家政治生活以及经济生活中发挥着重要的作用。如图3-4所示，1981—2006年间泰国

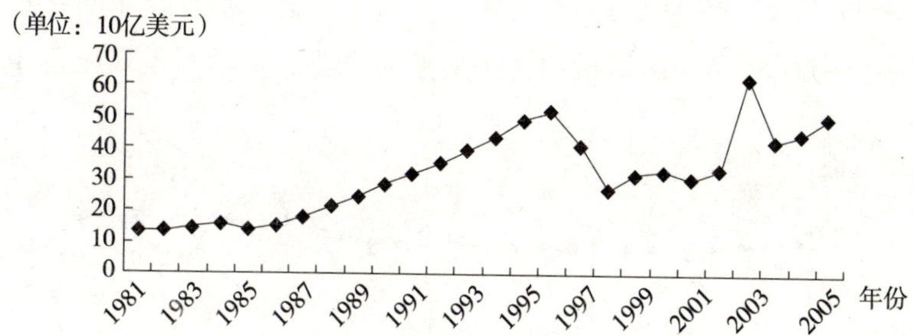

图3-4 泰国工业产值

资料来源：Asian Development Bank (ADB) —Key Indicators 2003-2006。

的工业总体上呈现出稳定发展的态势。其中经历了1986—1996年的快速发展阶段和1996—1998年的快速下滑阶段。1986—1996年间工业产值快速上升，从1986年的138.4亿美元增加到

1996 年的 518.5 亿美元，增长率高达 274.6%；而 1996—1998 年金融危机期间，工业产值则快速下降，从 1996 年的 518.5 亿美元快速下降到 1998 年的 269.2 亿美元，下降幅度达 48.1%；危机之后，工业生产得以恢复，并出现了新的发展。工业产值从 1998 年的 269.2 亿美元增加到 2005 年的 450.3 亿美元，增长率为 67.3%，年均增长率达 9% 左右，基本与经济增长率相当。2006 年泰国工业产值进一步快速增长到 920.5 亿美元，占了国内生产总值的 44.6%。

2. 制造业的发展

在泰国的工业发展中，制造业是一个非常重要的部门，这主要表现在以下两个方面：其一，制造业在工业产值和 GDP 中的比重。从图 3-5 中可以看出，制造业在工业总产值中的比重始终保持在 70% 以上的高位，并呈现出稳定增长的趋势。制造业在 GDP 中的比重变化也呈现出同样的特征。如图 3-6 所示，制造业产值占 GDP 的比重从 1982 年的 22.58% 左右增加到 2006 年的 39.37%，增加了 17 个百分点。其二，制造业对就业的贡献率。从图 3-7 中可以看出，制造业对就业的贡献率呈现出逐年

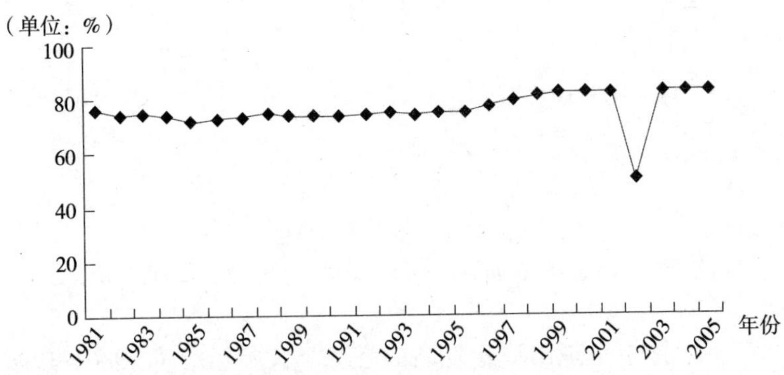

图 3-5　泰国制造业在工业产值中的比重

资料来源：Asian Development Bank（ADB）—Key Indicators 2003-2006。

增加、近年相对稳定的趋势。1989 年制造业对就业的贡献率为 9.32%，而到 2006 年制造业对就业的贡献率为 15.01%，增加了 6 个多百分点。共吸收就业人口 546.8 万人。

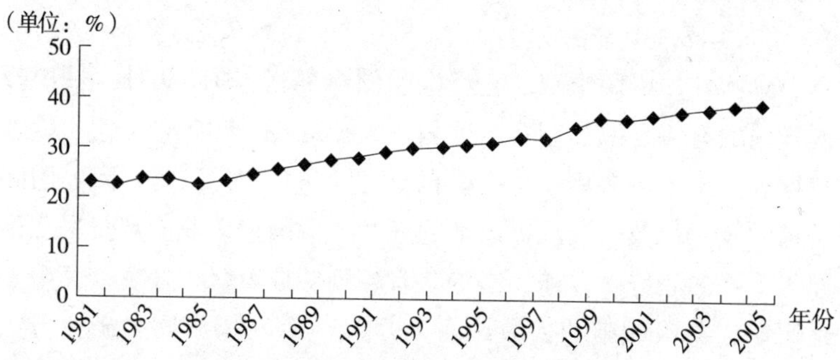

图 3－6　泰国制造业在 GDP 中的比重

资料来源：Asian Development Bank (ADB) —Key Indicators 2003－2006。

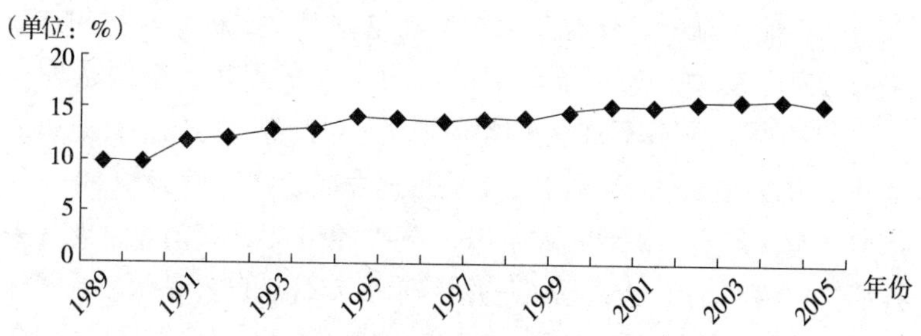

图 3－7　泰国制造业对就业的贡献率

资料来源：Asian Development Bank (ADB) —Key Indicators 2003－2006。

泰国的制造业起步较晚。20 世纪 50 年代中后期，制造业在进口替代战略下逐步发展起来，到了 20 世纪 70 年代，轻纺工业和食品加工业已经能够满足国内市场的需求，此后在出口导向战略的指导下，泰国的制造业又取得了新的进展，并在 20 世纪 80 年代超过农业产值，特别是在 80 年代末期到 90 年代前期之间，制造业的产值增长率高达15%，并且种类繁多，结构多样化。目前，泰国的制造业门类主要包括农产品加工业、纺织服装业、汽车摩托车装配及零配件生产业、电子电器业、建筑材料业以及鞋类、家具、珠宝、玩具、皮革制造业等。

3. 其他工业部门

泰国矿产资源丰富，已经探明储量的矿产有39种，其中投入开采的有锡、钨、萤石、重晶石、石灰石、锑、铅、锰、铁及赤煤等，矿产品多用于出口。自20世纪90年代以来，随着国际需求的减少以及国内环保运动的展开，泰国采矿业的产量呈现出逐年下降的趋势。目前，泰国共有各种矿场10000多个，其中多是锡矿，共吸收就业人数约5.1万人。2006年泰国采矿业占国内生产总值的比重为3.3%左右。

泰国的能源工业主要包括电力工业和石油天然气工业。电力工业起步于20世纪50年代末期。第二次世界大战后初期，泰国电力生产能力很低，仅有几家小型火电站，以稻糠、木材和进口菜油为发电动力。为了推动泰国电力工业的发展，泰国政府于1957年和1958年先后成立了然嬉电力局和首都电力局，自此以燃油和水力发电为主的泰国电力工业迅速发展起来。20世纪50年代以前，泰国的石油工业一片空白，直到1950年，泰国才首次开采石油，但年产出不足2万吨，并且到70年代就已经枯竭。为了缓解国内日益增长的能源需求，泰国政府于1961年在《石油开采条例》的基础上，修订颁布了《石油法》。新颁布的《石油法》放宽了对石油开采的年限限制。2006年泰国能源工业总产值为66.1亿美元，占工业总产值的7.18%左右，占国内生产总值的3.2%左右。

伴随着泰国经济的快速发展，各类建设项目不断增加，并导致了大量短期的国际游资快速涌入房地产业，建筑业产值急剧增长，从1986年的21.18亿美元猛增到1996年的134.83亿美元，增幅达600%，占GDP的比重也从4.9%提高到了7.4%，成为泰国的支柱产业之一。但是，1997 年爆发的经济金融危机对建筑业造成了严重的冲击，当年产值就下降到 85.9 亿美元，降幅达 36.3%，此后更是一路下滑。2001 年建筑业产值仅为 29.6 亿美元，占 GDP 的比重仅为 2.48%。近几年随着经济的发展，泰国建筑业也出现了一定的恢复与增长。2006 年，泰国建筑业总值为 63.1 亿美元，占工业总产值的 4.5% 左右，占 GDP 的比重为 3.1%，均有所上升。

3.2.3 服务业发展状况

加快产业结构调整，提高服务业对 GDP 增长和就业的贡献是各国政府的目标，对于泰国来说也是如此。经过多年的努力，从 1993 年开始，泰国服务业对 GDP 的贡献率均保持在 40% 以上。2006 年泰国服务业产值为 920.2 亿美元，占 GDP 的 44.8%，超过了工业在 GDP 中的比重（见图 3－8）。

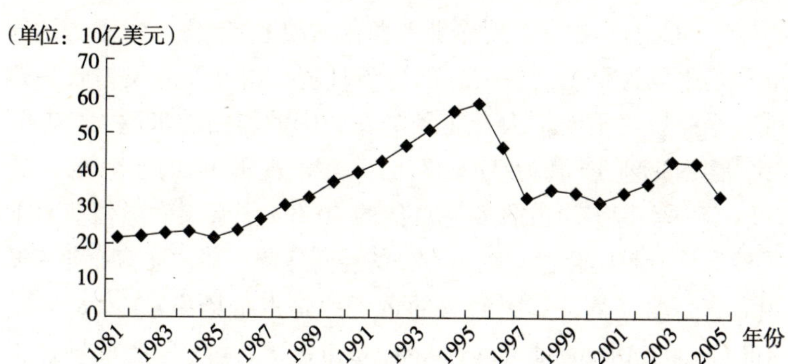

图 3－8 泰国服务业产值

资料来源：Asian Development Bank (ADB) —Key Indicators 2003－2006。

与农业和工业的发展阶段相似，泰国服务业的发展也大致经历了 1981—1985 年平稳发展、1986—1996 年快速发展、1997—

1998 年快速回落和 1999—2006 年危机后的恢复与发展四个阶段。1981—1985 年间服务业平稳发展，总产值维持在 216 亿美元左右；1986—1996 年，服务业总产值快速增长，从 1985 年的 216.5 亿美元增加到 1996 年的 581.8 亿美元，增加了 365.3 亿美元左右，增长率高达 168.8%；1997—1998 年受金融危机的冲击，大量企业破产，特别是金融企业破产，使得服务业供给与需求均大幅度下降，导致服务业总产值大幅度下跌，从 1996 年的 581.8 亿美元下降到 1998 年的 317 亿美元，下降了 264.8 亿美元，降幅达 45.4%。在 1999—2006 年危机后的恢复以及发展阶段，除了个别年份外，服务业均呈现出稳定增长的态势，总产值从 1998 年的 317 亿美元上升到 2006 年的 418.5 亿美元，增加了 101.5 亿美元，增幅达 32%。

在泰国的服务业中，商业最为发达。泰国是东南亚国家中商业发展最为迅速的国家之一，目前共有各类进出口商、代理商及批发商等两万多家，而这又与政府的宏观经济政策紧密联系。泰国奉行的是自由主义，对企业的商业活动不加干预，仅通过法律和市场手段为企业营造良好的竞争环境。因此商业发展较为迅速，企业规模不断扩大，在经济发展中的作用越来越大。2006 年，泰国商业产值为 370.88 亿美元，占 GDP 的 14.2%，与 2005 年基本持平，占服务业总值的 40.3%。泰国的电信业目前仍然保持着邮电合营、政企不分的经营体制。移动通信业务主要由私营企业经营，其中最大的运营商是占市场份额 61.83% 的 AIS 公司（Advanced Information Services），其次是占市场份额 29.88% 的 DTAC 公司和占市场份额 8.18% 的 TA Orange 公司。

3.3 需求结构

从总需求的角度来说，一国的经济增长主要依赖于该国的消费、投资和出口水平。这三者在经济增长和经济发展中所占的比重是由该国的经济结构、产出结构以及该国的经济开放程度所决定的。

3.3.1　消费支出

1. 政府消费支出

政府消费支出是拉动经济增长必不可少的组成部分，是维持国家机器运行的基础。政府消费支出由财政收入（主要由税收提供）以及财政预算所决定。一般而言，政府消费支出包括以下内容：国防支出、公共服务支出、教育和医疗卫生支出、社会保障和社会福利支出、工业支出、农业支出、住房支出、水电气支出、交通和通讯支出以及其他的经济服务支出。这些方面的支出一方面维持了国家机器的正常运转，另一方面基础设施建设方面的支出可以促进居民的消费，带动相关产业的发展，从而促进经济的发展。

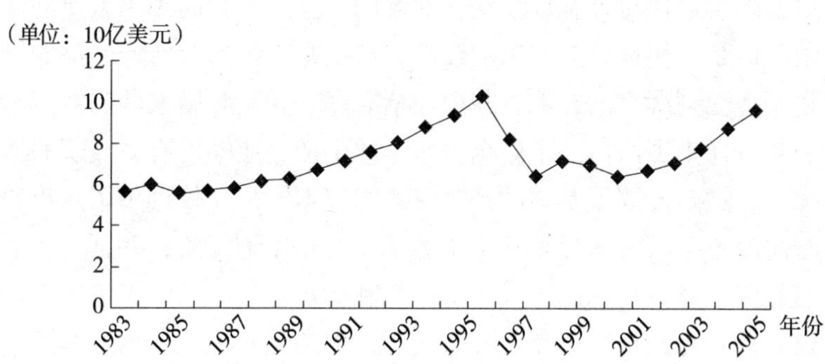

图 3－9　泰国政府消费支出

资料来源：IMF: International Financial Statistics。

如图 3－9 所示，从绝对数值来看，泰国政府消费支出总体上呈现出逐渐增加的趋势。1978 年，在泰国开始工业化进程之

初，政府消费支出为 26.84 亿美元，随着工业化进程的逐步加快，政府消费支出也逐渐增加，到 1996 年政府消费支出为 185.27 亿美元，较 1978 年增加了 158.43 亿美元，19 年增长了 5.9 倍，年均增长率为 31% 左右。如果以 1996 年为划分的中点，政府消费支出可以划分为四个阶段：1978—1996 年的增长阶段。这一阶段泰国政府开始经济结构改革，泰国由一个农业国家逐步走上工业化道路，其间政府支出发挥了极其重要的作用。工业化进程不仅促进了工业的发展，提高了工业在 GDP 中的比重，而且促进了其他产业的发展，使泰国经济走向了加速发展的快车道，泰国作为新兴经济体的典范，成为 20 世纪 90 年代除了亚洲"四小龙"之外的亚洲"四小虎"之一。这一时期，泰国经济的快速发展还得益于经济的对外开放，泰国以其较为优越的国内经济环境和政策环境吸引了大量的欧美电子企业到泰国来投资，这既加大了经济对外开放的程度，也促进了工业特别是制造业的发展，加快了工业化进程。1996—1998 年的经济和金融危机阶段。尽管政府加快对外开放步伐，对泰国工业化进程起到了重要的作用，但是过快地开放本国的经济，特别是本国的金融业，可能导致经济受到严重的影响，其中包括居民、企业和国家的利益。泰国政府在本国法律还未健全，对本国金融企业缺乏有力监管的情况下，过早开放了本国的经常账户和资本账户，仅仅用了几年的时间就走完了发达国家几十年甚至上百年要走的路；并且为了吸引外资，过高地提高了本国货币的利率水平，结果吸引了大量外资特别是短期资本的流入，造成了外债的大幅增加；加上泰国企业和银行之间长期的亲缘关系，在缺乏政府的有力监督和指导的情况下，这些资金大量流入股市和楼市，造成股市和房市的虚假繁荣。当投资者预期企业赢利能力下降时，大量外资流出，房市和股市泡沫破裂，企业大量破产，由于无力偿还借款，造成银行大量的呆账和坏账，经济出现了负增长，政府收入下降，进而政府支出也随之减少。政府消费支出从1996年的185.27亿美元急剧下降到1998年的123.27亿美元，短短三年下降了62亿美元，降幅达33%左右。1998—2000年危机后的复苏阶段。1999年泰国政府实行了财政赤字政策，加大政府财政预算支出，进而扩大政府的公共投资支出以促进国内消费，危机后的经济复苏呈现出内需拉动的特点。政府消费支出占GDP的比重从1998年的-2.5%扩大到1999年的-2.9%，2000年经济较1999年有所好转，实际GDP增长率从1999年的4.4%上升到4.6%。2000—2006年经济稳定增长阶段。经过前期的经济恢复，泰国的经济增长逐渐趋于稳定，企业赢利的增加和个人收入的增加带来财政收入的增加，政府消费支出稳定增长，从2001年的130.79亿美元增加到2006年的226.03亿美元，6年间增加了95亿美元，年均增长率达12%左右，略高于经济增长率。

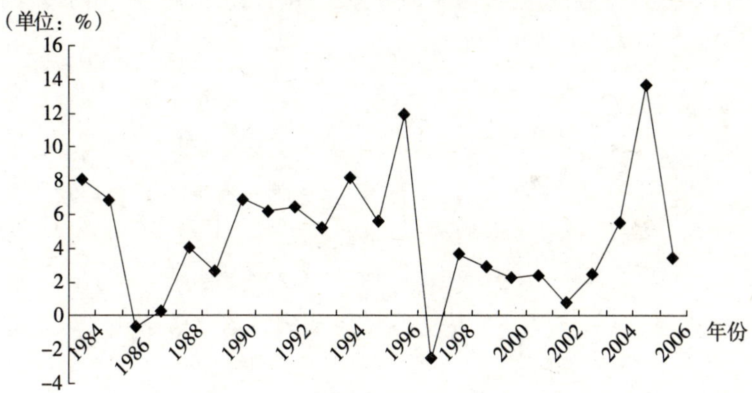

图3-10　泰国政府消费支出增长率

资料来源：IMF: International Financial Statistics。

总体来看，如图3-10所示，1978年到2006年间，泰国的政府消费支出增长率除了个别年份外，其余年份均为正值。1986

年政府消费支出的增长率为 -0.7%左右，主要是因为1984年实行的是钉住美元固定汇率制度，而20世纪80年代美国实行的是强势美元政策，这导致泰国铢升值，泰国出口商品的国际竞争力下降，加之国内固定资产投资减少，企业赢利下降，内外交困，最终导致政府财政收入减少，政府消费支出下降；1997年和1998年政府消费支出的增长率分别为 -2.8%和3.9%，分别较最高的1996年12.1%的增长率下降了15和8个百分点，这两年的增长率下降主要归结于金融危机的爆发，导致大量企业破产，生产停滞；2000、2001和2002年的增长率分别为2.3%、2.5%和0.7%，较1999年有所下降。2000、2001、2002年增长率的下降主要归结于外部环境的影响①，主要是欧洲、美国和日本的经济衰退，而日、美是泰国最大投资来源国和商品劳务出口国，其中对美国的出口额占到了GDP的21.3%。这些国家的经济衰退，必然会导致对泰国商品和劳务的进口需求的减少，导致泰国出口的下降（见图3-11）。

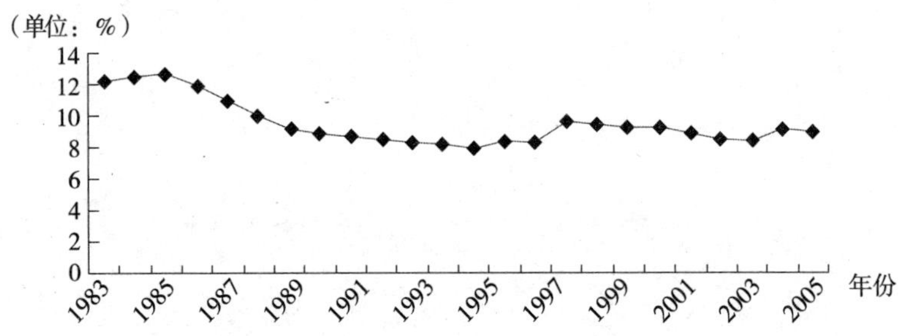

图3-11　泰国政府消费支出占GDP的比重

资料来源：IMF: International Financial Statistics。

① 泰国是一个外贸依存度很高的国家，2001年，出口占GDP的比重达到了67%。

2. 私人消费支出

私人消费支出是形成一国的内部需求、拉动经济增长的一个极其重要的因素。特别是在一个相对封闭的经济体中，由于与世界其他经济体联系不大，该国必须依靠内需来拉动本国经济的增长。

在20世纪70年代以前，泰国对外开放程度还很低，是一个农业处于主导地位的国家，出口在泰国经济增长中的比率很低，鼓励私人消费成为政府促进经济增长的一个重要的手段。① 伴随着泰国工业化进程的发展，工业在经济增长中的作用进一步增大，特别是制造业发展迅速。泰国以其廉价的劳动力，吸引了大量的欧美企业到泰投资办厂，然后再出口到欧美国家。这样一来，20世纪80年代末期到90年代中后期金融危机爆发前，拉动经济增长的主要因素由私人消费转化为出口。私人消费对经济增长贡献的下降可以从私人消费占GDP百分比的变化情况得到较为清楚的说明（见图3－12）。

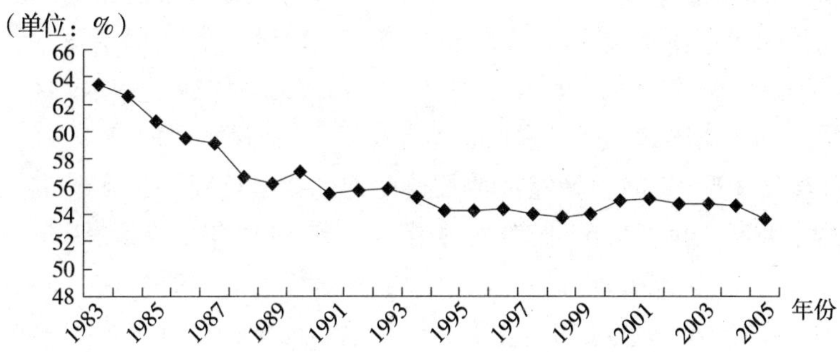

图3－12　泰国私人消费支出占GDP的比重

资料来源：Asian Development Bank (ADB) —Key Indicators 2003－2006。

① 通过这段时期的泰国的存贷款利率可以看出，这一时期泰国存贷款利率出现了下滑，政府的确在贯彻促进内需以拉动经济发展的政策。

如图3－12所示，从私人消费支出占GDP的百分比来看，呈现的是一种逐渐下滑的趋势，也就是说尽管私人消费支出的绝对值在增加，但是私人消费支出对GDP的贡献率仍在逐年下降。1983年私人消费支出占GDP的比重为63.9%，而在经济危机期间的1997年和1998年，私人消费支出占GDP的比重分别为54.4%和53.9%。2005年和2006年私人消费支出占GDP的比重分别为54.6%和53.7%，与20世纪80年代初期相比，下降了近10个百分点。

3.3.2 总固定资本形成

总固定资本形成是投资的一部分，它与存货的增加一起构成一国的投资。总固定资本形成在泰国经济发展进程中起着很重要的作用，这主要体现在其对GDP增长的贡献上。

如图3－13和图3－14所示，1978—2006年间，泰国总固定资本形成的变化与经济增长的变化高度一致，仍然呈现出明显的阶段性变化。在1978—1986年的国民经济缓慢增长阶段，总固定资本形成呈现出稳定而缓慢的态势，1978年，总固定资本形成为60.61亿美元，1986年为110.1亿美元，增加了49.49亿美元，年均增长率为9%左右，而此期间经济的增长率为5%左右；1987—1996年间随着经济增长速度的加快，总固定资本形成也从1987年的139.67亿美元显著增加到1996年的746.93亿美元，增加了607.26亿美元，年均增长率达43.5%左右，同期GDP的增长率达到10%左右，说明这一时期，投资因素对泰国国民经济增长起到了明显的拉动作用；而在1997—1998年金融危机期间，企业债台高筑，大量企业由于无法偿还到期债务而破产，存活下来的企业由于债务缠身和资金短缺，固定资本投资在此期间有所停滞，加之金融机构呆坏账重重，可借贷资金贫乏。1997年的总固定资本形成比1996年减少了237.23亿美元，降

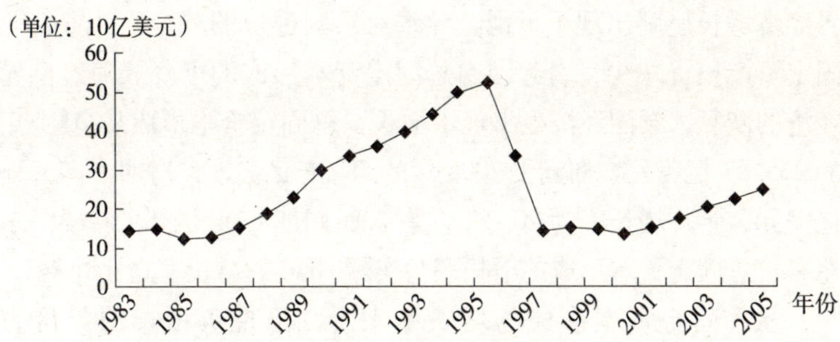

图 3－13　泰国总固定资本形成

资料来源：IMF: International Financial Statistics。

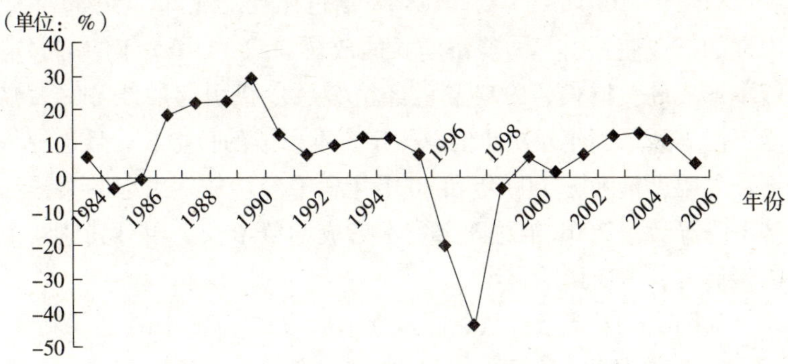

图 3－14　泰国总固定资本形成的增长率

资料来源：IMF: International Financial Statistics。

幅达 31.8% 左右。1998 年的总固定资本形成分别较 1996 年和 1997 年下降了 469.58 亿美元和 259.35 亿美元，降幅分别高达 64.4% 和 50.9%。而此期间的经济增长率分别为 －1.37% 和 －10.51%，总固定资本形成的变化率远远大于经济增长的变化率；到了 1999—2006 年危机后的重建阶段，政府在基础设施方面的投资带动了相关产业的投资增长，总资本形成出现小幅缓慢增长。1999 年为 255.4 亿美元，2000 年为 269.6 亿美元，2001 年为 265.87 亿美元，这一缓慢增长主要是因为 2000 年和 2001 年间世界经济增长速度出现了下滑，导致对泰国进口的减少，外贸企业固定资产投资减少，引起国内总固定资本形成的下降。随着世界经济的恢复，泰国经济也出现了增长，总固定资本形成从2001年的265.87亿美元增加到了2006年的589.2亿美元，增加了323.33亿美元，年均增长率为20.2%左右，而同期GDP的增长率为5%左右，总固定资本形成的增长率与实际GDP的增长率之比为4∶1。

从总固定资本形成的增长率来看，出现负增长的年份为1985年的-11.6%、1997年的-31.8%、1998年的-50.9%以及2001年的-1.4%，对应的GDP的增长率分别为4.65%、-1.37%、-10.51%以及2.17%。通过比较发现20世纪80年代中期的产业瓶颈引起的经济增长的放缓导致了1985年的总固定资本形成的负增长；1997年的经济金融危机引起的经济的大幅度下滑导致了当年及次年的总固定资本形成的负增长，且这种负增长的幅度最大；2000年和2001年世界经济放缓引起的泰国经济下降导致了2001年总固定资本形成的负增长，相对其他两个因素而言，这次影响最小。

如图3-15所示，从总固定资本形成在GDP中的比重来看，投资对GDP的贡献经历了两个阶段的变化：1978—1996年，在GDP的增长中，总固定资本形成仅次于消费对GDP的贡献，此期间总固定资本形成对GDP的贡献率平均为32.6%；1997—2006年间，对GDP增长的贡献排名分别为消费、出口、总固定资本形成，该期间，总固定资本形成对GDP的贡献率平均为24.6%，较上一阶段下降了近8个百分点。①

① 与大多数发展中国家一样，泰国经济在20世纪六七十年代的快速增长，主要是由粗放的固定资产投资带动的。根据柯布—道格拉斯生产函数对泰国经济的回归分析表明，这一时期资本存量的增加对泰国经济增长的贡献率分别高达76%和72%。但随着资本存量的增加，简单的重复性的建设带来的收益却在不断减少，难以维持长期的经济高速增长。

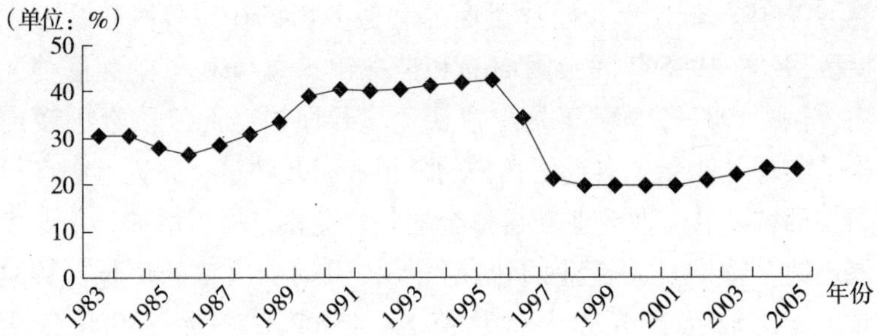

图 3-15 泰国总固定资本形成占 GDP 的比重

资料来源：IMF: International Financial Statistics。

3.3.3 商品和劳务出口

20 世纪 80 年代，泰国政府实行了一系列优惠的政策吸引外商到泰国投资办厂，在借助外商的资金与技术实现工业化的同时，也带动了本国对外贸易的发展。从绝对数值来看，与前面对经济发展阶段的划分相对应，泰国商品和劳务出口也可以划分为四个阶段（见图 3-16）：1978—1986 年是出口缓慢增长阶段。20 世纪 70 年代末到 80 年代中期，是泰国的工业化初期阶段，在这一阶段，三大产业对 GDP 的贡献率分别为：农业占 18% 左右，工业占 32% 左右，服务业占 50% 左右。工业特别是制造业

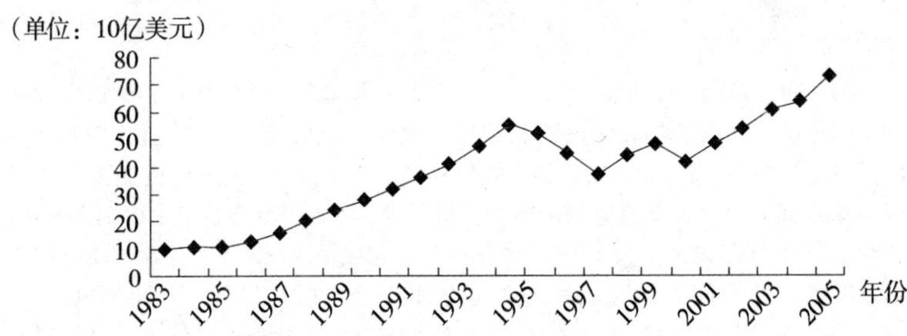

图 3-16 泰国商品和劳务出口

资料来源：IMF: International Financial Statistics。

在GDP中的低比重，导致了商品和劳务出口在该阶段的缓慢发展。1978—1986年间泰国商品和劳务出口总值基本在百亿美元内徘徊。1987—1997年是出口快速增长阶段。此阶段泰国政府为了实现工业化，实行了宽松的货币和财政政策，并进行了产业结构的调整，工业企业获得资金的条件宽松，渠道增加，工业发展迅速，特别是制造业的快速发展，带动了出口的增长。1987年，泰国商品和劳务出口总值为146.02亿美元，1990年为291.29亿美元，1996年为714.17亿美元，1997年较1987年增长了568.423亿美元，年均增长达52.6%。1997—1998年是出口下降阶段。这一时期受经济危机的影响，泰国的企业出现破产，生产设备闲置，产量下降，出口总值下滑，商品和劳务出口总值从1997年的724.43亿美元下降到1998年的658.80亿美元，下降了65亿美元，降幅达9%①。1999—2006年是出口恢复及快速增长阶段。IMF和其他国家的经济援助以及泰国实行的一系列经济金融改革，使泰国企业恢复了生产，企业出口在恢复性增长后逐渐走上快速增长轨道。商品和劳务出口总值从1999年的714.90亿美元增长到2006年的1520.83亿美元，较1999年增加了805.93亿美元，增幅高达112.7%，年均增长率达14%左右，而此期间泰国经济增长基本上维持在5%左右，出口增长比经济增长高9个百分点左右。从中可以看出，出口对经济

① 通过对比可以看出，经济危机期间，泰国的出口产业并未受到巨大影响，相比前一阶段年均52%的增长幅度，此期间降幅仅为9%，而此期间，泰国经济增长率为-5.3%，出口的升幅比经济多4个百分点左右。这主要是由于泰国政府1997年7月2日宣布的泰币实行浮动汇率制，泰铢价值由市场来决定，放弃了自1984年以来实行了14年的泰币与美元挂钩的一篮子汇率制，泰铢的大幅度贬值（此期间美元兑泰铢的汇率从1995年的24.92%上升到1998年的41.36%，泰铢贬值幅度达66%左右），对泰国出口企业来说，使其产品相对其他国家来说更为便宜，更具有竞争力，因而在很大程度上减轻了金融危机对出口的不利影响。

增长的变化更加富有弹性。

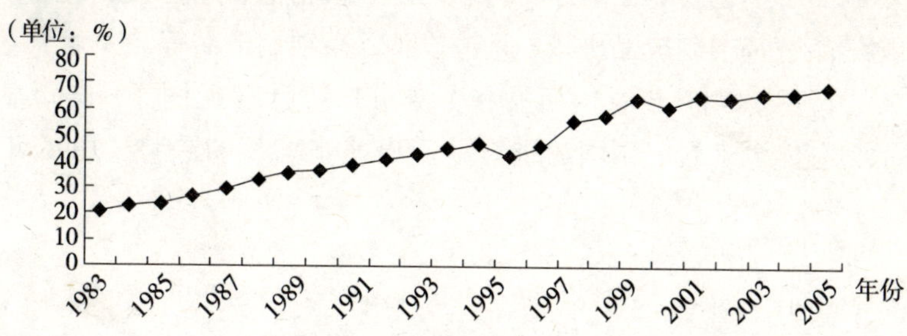

图 3-17　泰国商品和劳务出口占 GDP 的比重

资料来源：IMF: International Financial Statistics。

如图 3-17 所示，从商品和劳务出口占 GDP 的比重来看，总体上呈现出增长的趋势。1978 年泰国商品和劳务出口占 GDP 的比重为 19.9%，1998 年上升为 48.8%，2006 年为 73.7%。可以看出，出口已经成为拉动泰国经济发展的重要引擎。但是同时也应该看到，对于一个外贸依存度很高的国家来说，经济的增长除了依赖本国的经济政策之外，受外部的影响因素较大，特别是与泰国有密切贸易往来的国家的经济发展及其国内的经济政策息息相关。泰国目前主要的贸易伙伴是美国和日本，因此，对泰国外贸企业来说，美国和日本未来的经济发展对泰国的出口进而对泰国经济的影响将会很大。

3.3.4　商品和劳务进口

一国通过进口本国不具有生产优势的产品，或者进口由于资源禀赋的原因而本国没有的原材料，可以发挥比较优势的作用，优化该国的经济结构，从而优化该国的资源配置。泰国的进口国主要有日本、中国、美国、马来西亚、新加坡、阿拉伯联合酋长国、韩国、德国、沙特阿拉伯、印度尼西亚等国家。根据 SITC

国际分类准则，泰国主要从这些国家进口食品和活畜、饮料及烟草制品、不包括石油的原材料、动物、植物油和脂肪、矿物燃料化学品、基本制成品机械、运输设备、杂项制造品等。

1978—2006 年泰国商品和劳务进口统计（见图 3-18）显示，总体上来看，泰国的进口呈现出稳步增长的趋势，1996 年

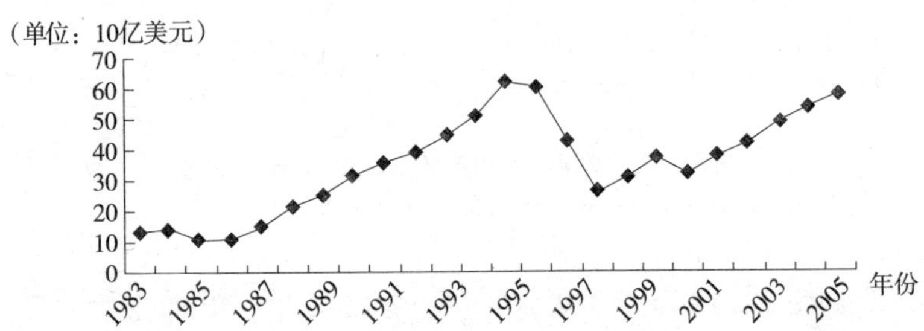

图 3-18　泰国商品和劳务进口

资料来源：IMF: International Financial Statistics。

以前，进口一直保持平稳增长趋势。20 世纪 80 年代中期前，泰国工业化处于初级阶段，工业规模处于小规模状态，农业还是这一阶段经济的主导力量，加之这一时期泰国与外部经济联系还不紧密，进口规模较小。1978—1985 年间，年均进口规模均未突破百亿美元，进口年均增长率为 9.4%，略小于经济增长率；1985 年后，受国内的经济改革、东南亚新一轮产业转移以及美国在“广场协议”后放弃强势美元政策、泰铢相对美元的贬值、亚洲“四小龙”货币的相对升值等内外因素的影响，泰国经济出现了飞速发展，同时也吸引了大量的外商到泰国投资办厂，为泰国带来了资金和技术，促进了泰国的工业化进程，工业化的发展需要的原材料和生产设备拉动了泰国进口的增长。1986 年泰国的进口总值为 111.57 亿美元，而到 1996 年时，进口总值急剧增加到 828.34 亿美元，增加了 716.77 亿美元，年均增长率高

达58.4%。

1997年以后，泰国商品和劳务进口在经历了金融危机期间的暂时下滑后①，重新进入快速增长阶段。商品和劳务的进口总值从1999年的560.74亿美元增加到2002年的729.58亿美元，并于2006年达到了1305.75亿美元，增加了745亿美元，增幅达16.6%。②

3.4 经济开放

3.4.1 进出口商品结构

20世纪60年代以前，泰国的对外贸易结构基本上是以国内的初级农矿产品交换国外的工业制成品，大米、橡胶、柚木和锡是当时的主要出口创汇产品。自20世纪60年代开始工业化进程后，对外贸易结构也随之改变，劳动密集型工业制成品逐渐取代初级农矿产品成为泰国的主要出口产品，而进口则以原材料、半制成品和生产设备为主。从20世纪80年代中期开始，随着泰国产业结构的升级，资本密集型工业制成品开始成为泰国出口的主

① 1997—1998年受经济金融危机的影响，泰国经济出现了负增长，1998年泰国经济增长率为-5.3%，企业债务缠身，生产停滞，导致进口大幅度减小。除此之外，在1997年7月泰国政府宣布放弃固定汇率时，泰铢一度贬值，贬值幅度达66%左右，这更加剧了进口的减少。因为以外币标价的商品或者劳务更加昂贵了。进口从1997年的703.07亿美元急剧减小到1998年的480.88亿美元，减少了近222亿美元，降幅达31.6%，远远超过了经济的下降幅度。

② 同期实际GDP增长率仅为5%左右，进口增长率远远超过经济增长率，这也可以显示出进口对经济增长是比较富有弹性的。同样的情况也见于经济衰退时期，1997年和1998年的进口增长率分别为-15.1%和-31.6%，而同期经济增长率分别为-1.7%和-10.5%，进口下降的幅度远远大于经济下降的幅度。也就是说经济的衰退带来的是进口更大幅度的下降，经济的增长带来的是进口的更大幅度的增长。

要部分，出口总额迅速增长。由于泰国基础工业薄弱问题一直没有解决，因此设备和半制成品的进口也在增加，加之伴随着国民收入的增长，奢侈品的进口也有所增加，导致了同时期进口总额增长快于出口总额，结果出现了对外贸易的长期逆差。1978—1996 年间，泰国的对外贸易一直处于逆差状态。

1. 出口商品结构

自 20 世纪 80 年代初期以来，泰国出口到其他国家的商品主要有计算机及零部件、饮料及烟草制品、原材料、矿物燃料、动植物油和脂肪、化学产品、基础制造品、机械运输设备、杂项制造品等。如图 3-19 所示，总体来看，泰国出口商品中，粮食、原材料出口呈现出逐渐下降的趋势，矿物燃料和机械运输设备出口呈现出逐渐增加的趋势，而制造业产品先是呈现逐渐增加的趋势，近几年来逐渐下降。

1992 年以前，泰国出口商品中粮食占主导地位。1983 年粮食出口占到了出口总额的 50% 左右，这主要是因为 20 世纪 80 年代泰国正处于工业化初期，工业还不发达，农业在泰国经济中处于主导地位。进入 20 世纪 90 年代以后，泰国政府实行了一系列产业政策调整并加大了吸引外资的力度，使泰国的工业化发展进程加快。与此相对应，泰国同时期粮食出口占出口总额的比率逐渐下降。截至 1992 年，粮食出口所占的比重已经下降到 25.6%，而同期机械运输设备的出口比重从 1983 年的 5.7% 增加到 1992 年的 26.7%，增加了 21 个百分点，较好地体现了泰国这一时期工业化进程的加快。1992 年机械运输设备出口首次超过粮食出口，取代粮食成为出口创收的第一部门。截至 2006 年，粮食出口在出口总额中的比重已经下降到 10.8%，较 1983 年和 1992 年分别下降了 40 个百分点和 10 个百分点，而机械设备在出口总额中的比重已经增加到了 44.7%，分别较 1983 年和 1992 年增加了 39 个百分点和 18 个百分点。泰国出口商品的结

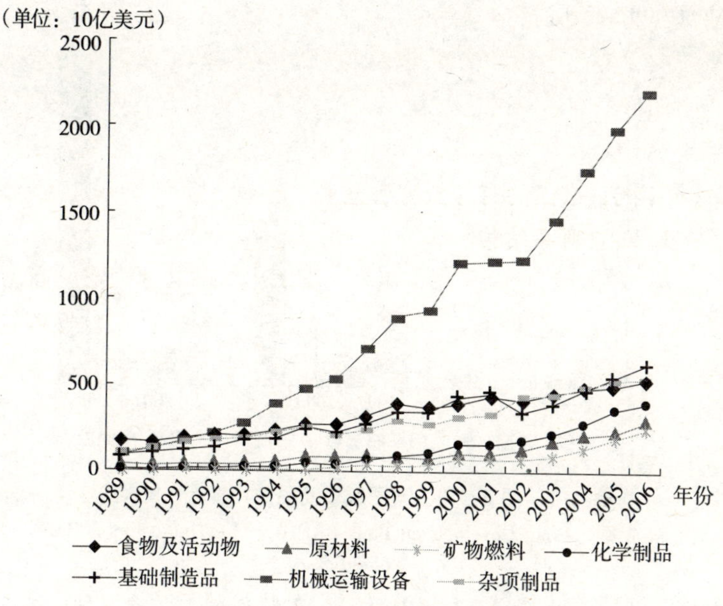

图 3－19 泰国出口商品结构变迁

资料来源：Asian Development Bank（ADB）—Key Indicators 2003－2006。

构变化与泰国经济结构的变迁高度一致，较为充分地体现出了国内工业化进程的推进对本国出口产品结构升级的积极影响。

2. 进口商品结构

泰国从其他国家进口的商品主要有机械运输设备、粮食、制造品、原材料及矿物燃料等。

如图 3－20 所示，1992 年以前，泰国进口总额中占比最高的分别是机械运输设备、矿物燃料、制造品、原材料、粮食。这一时期，泰国经济呈现出的特点是农业占主导地位，工业化处于发展初期，急需大量发展工业化的燃料、原材料和机器设备。因此，这段时期所对应的进口商品主要也就是发展工业化所需要的设备、燃料、原材料等。1992 年以后，泰国进口商品中，比重最

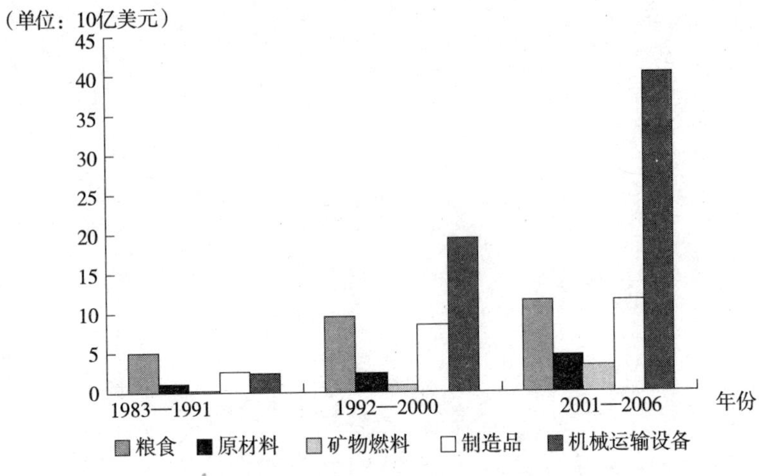

图 3－20　泰国进口商品结构变迁

资料来源：Asian Development Bank (ADB) —Key Indicators 2003－2006。

高的分别是机械运输设备、制造品、矿物燃料、粮食、原材料等。其中，机械运输设备进口占到了40%以上。① 这反映了这一时期泰国完成工业化后，工业在国家经济发展中所占据的主导地位。

3.4.2　主要贸易伙伴国

20世纪80年代泰国进行工业化建设时期，与外部世界的联系进一步加深，与其他国家之间的贸易往来逐步增多。

经过二十多年的努力，泰国与美国、日本、中国、中国香港、马来西亚、英国、德国、澳大利亚、荷兰等国家和地区建立了密切的贸易往来关系。在这些国家和地区中，美国、日本居于主导地位，泰国对两国的出口占比超过1/3（见图3－21）。其次

① 机械运输设备在泰国进口总额中的比重逐年增加，从1983年的28.9%上升到1995年的49%，增加了20个百分点左右。1995—2006年，该项目在泰国进口总额中的比重虽然逐渐下降，但是仍然保持了40%以上的水平。

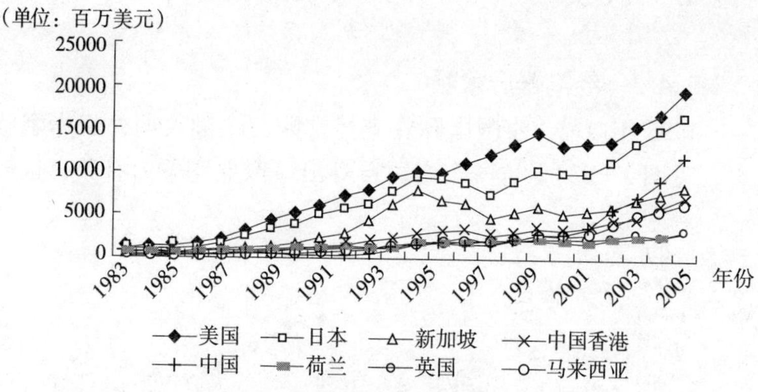

图 3－21 泰国主要出口国的变化

资料来源：Asian Development Bank (ADB) —Key Indicators 2003－2006。

为中国、中国香港、马来西亚、荷兰、澳大利亚、德国、英国等，泰国对上述国家和地区的出口额占了泰国出口总额的一半以上。20 世纪 90 年代初期以来，泰国对日本和美国的出口比重逐渐下降，而对中国、马来西亚等亚洲贸易伙伴国的出口比重逐渐上升。泰国对美国的出口占泰国出口总额的比重从 1990 年的 22.75% 下降到 2006 年的 15% 左右，对日本的出口比重也从 1991 年的 17.8% 下降到 2006 年的 12.7%。对中国的出口比重则从 1983 年的 1.7% 增加到 2006 年的 9% 左右。其中的原因除了受近几年美日经济放缓的影响之外，亚洲各国之间的区域经济合作以及中国等新兴市场经济国家经济的快速发展，也是促进泰国同亚洲国家贸易往来不断加深的原因。

泰国经济金融危机后，泰中经贸关系发展迅速，中国现在已经成为泰国的全球第四大贸易伙伴国。泰国对中国的出口已经从 1996 年的 16.42 亿美元增加到 2006 年的 118.06 亿美元，增加了七倍多。特别值得一提的是，在中国加入世界贸易组织后，中国对外开放的程度进一步加深，特别是中国—东盟“10＋1”合作框架的建立，更是进一步增强了中泰之间经贸关系的发展。①

3.4.3 经常账户余额

1998 年以前，泰国国际收支经常账户余额长期处于赤字状态（见图 3－22），这既与泰国自身出口产业竞争力有关，也与

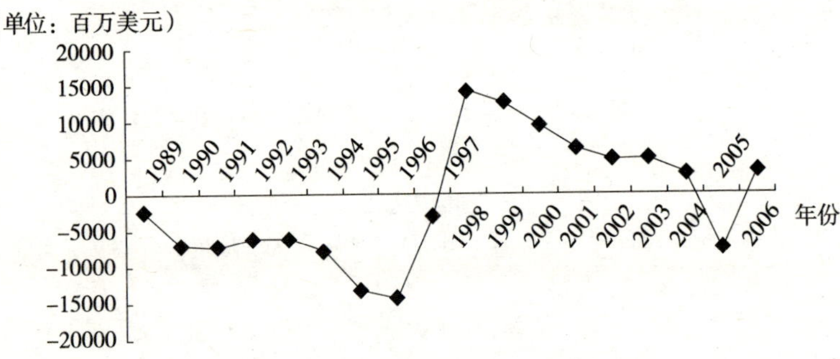

图 3－22 泰国经常账户余额

资料来源：IMF: International Financial Statistics。

泰国长期以来实行的钉住美元的固定汇率制度有关。21 世纪前美国的强势美元政策导致美元的持续升值，在钉住美元的固定汇率制度安排下，泰铢的汇率水平也持续升高，从而有利于进口的增长，而不利于出口的增长。②

1997 年亚洲金融危机爆发后，泰国政府被迫宣布实行浮动汇率制，泰铢大幅贬值，在很大程度上促进了泰国出口的增加，而抑制了进口的增长速度。另外，泰国经济增长速度的下降，也

---

① 2003 年 10 月 1 日，根据《中华人民共和国政府与泰王国政府关于在〈中国—东盟全面经济合作框架协议〉早期收获方案下加速取消关税的协议》，中泰间取消了 188 种蔬果的关税，为加大两国之间的蔬果进出口铺平了道路。

② 泰铢的相对强势，也吸引了大量的国际游资涌入泰国，特别是短期的套利资本大量流入，对引发泰国经济金融危机产生了显著的影响。

导致了对进口商品的需求减少。危机后至今，泰铢的对外汇价基本保持了贬值态势，这使得泰国在危机后很长时期内保持了贸易的顺差。

泰国是一个外贸依存度很高的国家，出口对拉动经济的增长起着极其重要的作用。而出口商品结构也随着泰国经济的增长，以及经济结构的调整而发生变化。1980—1995 年间，泰国基本保持了自然资源密集型商品出口和非熟练劳动密集型商品出口的比较优势，加之处于工业化的初级阶段，单靠传统的资源禀赋以及廉价的劳动力并不能拉动泰国出口的快速增长，因此这一阶段，在强势美元（导致泰铢升值）的背景之下，泰国传统产业竞争力的相对优势并没有给泰国带来大量的外汇流入；1995—2003 年间，在泰铢对美元持续贬值的背景之下，泰国工业化进程取得了很大的发展，加之发达国家产业结构的转移，泰国在保持传统产业竞争力的基础上，利用国际产业转移的机会，工业得到了快速发展，出口产品附加值提高，外汇收入大幅度增加。

3.4.4 国际储备

自 20 世纪 80 年代中期起，泰国的国际储备水平随着外资的大规模流入而迅速提高。从 1985 年的 30.03 亿美元快速增加到 1990 年的 142.71 亿美元，到 1996 年时，泰国的国际储备达到了 386.45 亿美元。通过对泰国在 1997 年以前的经常项目和国际储备的对比分析，我们发现，在金融危机爆发之前，泰国的经常账户呈现出持续的逆差，然而泰国在此之前的国际储备却逐年增加，这说明了泰国的国际储备中债务性储备呈现出快速增长，而这些债务性储备是通过资本账户进入的，主要表现为外债特别是短期外债的大量增加，而债权性储备（主要通过经常项目进入）却逐年减少。由于对这些债务性储备资产缺乏有效管理，这些资产大量进入了楼市和股市，催生了泡沫的产生，从而导致了

1997 年金融危机的发生。1997 年的金融危机，泰国为了维持泰铢对美元的固定汇率制度，抛售了大量的国际储备，特别是外汇储备，造成了国际储备的大幅度减少，1997 年降为 268.9 亿美元左右，与危机前相比，减少了 1/3。危机后，由于泰国经常账户的持续盈余以及外国资本的流入，泰国的国际储备水平逐渐回升。2006 年达到 669.85 亿美元，较危机时期有了显著的提高（见图 3－23）。

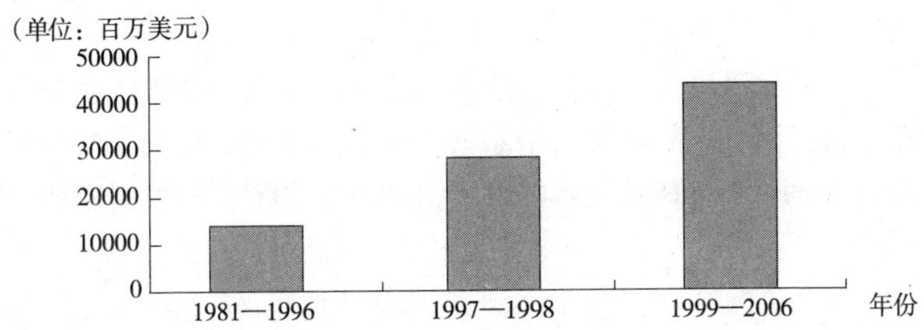

图 3－23　金融危机前后泰国国际储备的变化

资料来源：Asian Development Bank（ADB）—Key Indicators 2003－2006。

3.4.5　外债总量与结构

如果对外债规模进行一定的总量控制，并且使外债期限结构搭配合理，外债对债务国来说有助于其国内经济的发展，特别是对发展中国家来说。此外，适度负债有助于加强债务国与其他国家或者国际组织的联系，促进其国内经济的对外开放，推进债务国与世界经济的融合。

如图 3－24 所示，泰国的外债总体上呈现出上升的趋势。尤其是进入 20 世纪 90 年代中期以后，泰国的外债规模明显扩大，从 1990 年的 281.65 亿美元增加到 1997 年的 1097.31 亿美元，6 年间增加了 815.66 亿美元，年均增长率高达 36.2%，远远高于同期的经济增长率及商品和劳务出口的增长率。外债规模的迅速

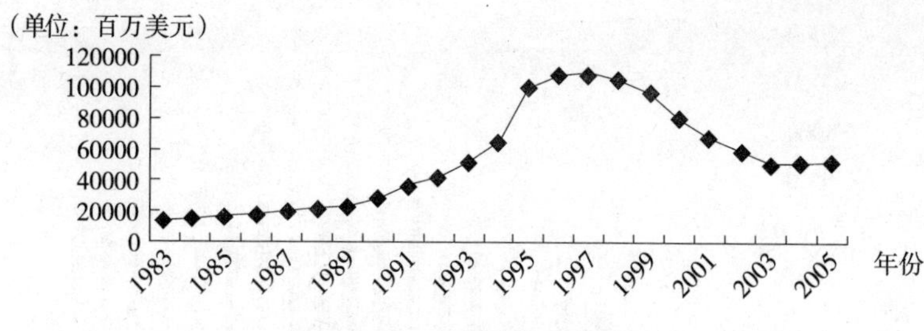

图 3 - 24　泰国的外债总量

资料来源：Asian Development Bank (ADB) —Key Indicators 2003 - 2006。

扩大一方面推动了泰国经济的快速发展；另一方面，泰国政府对外资的流向及规模缺乏有效的监管，特别是对短期热钱缺乏有效监管，导致了泰国资产价格高估，催生了楼市和股市的泡沫，引发了经济金融危机的爆发。资料显示，1990 年到 1996 年间，泰国的短期外债从 61.12 亿美元激增到 426.13 亿美元，增加了 365.01 亿美元，年均增长率达到了 85.2% 的惊人水平，远远高于同期债务总额增长率和经济增长率，短期外债占外债总额的比重也从 1990 年的 29.5% 增加到 1996 年的 39.5%，增加了近 10 个百分点（见图 3 - 25）。近年来，随着泰国经济的恢复以及政府加强了监管，泰国外债水平逐年下降，债务结构也得到了明显改善。外债增长率逐年下降，甚至出现了负增长，短期外债在外债中的比重逐年下降，长短期外债搭配逐渐趋于合理，极大地减小了由外债引发的风险。

泰国外债来源中的一个特点是其很少从国际货币基金组织借款。如图 3 - 26 所示，除了在工业化初期及 1997 年后经济金融危机重建阶段外，泰国很少从国际货币基金组织借款。

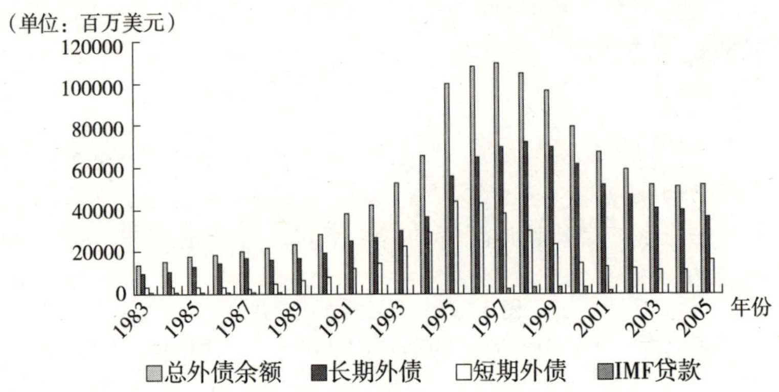

图 3－25　泰国的外债结构

资料来源：Asian Development Bank (ADB) —Key Indicators 2003－2006。

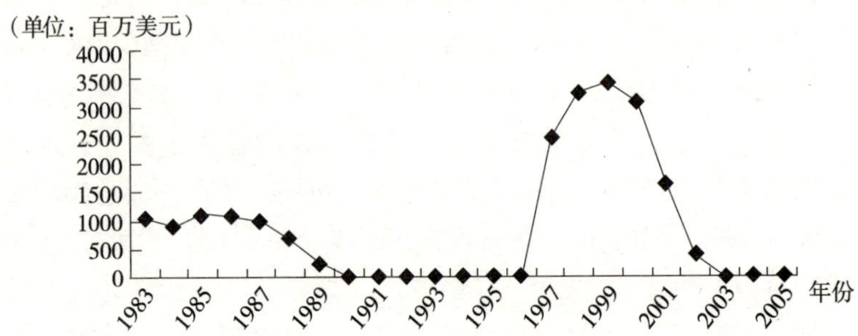

图 3－26　泰国向 IMF 的借款

资料来源：Asian Development Bank (ADB) —Key Indicators 2003－2006。

3.5　宏观经济政策

3.5.1　通货膨胀率

1982 年以前，泰国的通货膨胀率水平极其不稳定，并且维持在高位运行。这主要是因为这一时期泰国经济处于工业化初期，工业化的发展带动了与工业化进程相关的机器设备及原材料需求的急剧增加，导致机器设备和原材料及其他能源价格的攀升，最终带动制造业产品价格的上升。根据通货膨胀理论，适度的通货膨胀率是有益于经济增长的，但通货膨胀问题的恶化会造成储蓄的减少，产品价格的上升会造成企业利润下降，特别是当通货膨胀率的增长超过工资的增长率时，会造成需求不足，而增加的成本使企业很难降低产品价格来刺激需求。1981 年泰国的通货膨胀率达到 12. 7%，从经济学的角度来说，已经达到奔腾的通货膨胀率的范围，严重阻碍了经济的发展。特别是一旦人们对通货膨胀形成预期，人们就会提前消费，导致储蓄的大幅度减少，人们对实物资产的追求又导致了这些实物资产价格的进一步攀升，形成通货膨胀的恶性循环。为了遏制通货膨胀，泰国政府在这一期间采取了紧缩的货币政策，银行存款利率从 1978 年的 8% 提高到 1981 年的 13%，增加了 5 个百分点。紧缩的货币政策有效地遏制了通货膨胀率的进一步攀升，1982 年通货膨胀率降至 5. 3%，较上一年度下降了 7 个百分点，随后的 1983 年和 1984 年通货膨胀率进一步有所下降（见图3 -27）。

20 世纪 90 年代以后，泰国经济进入稳定快速增长时期（这一期间泰国经济增长速度平均保持在 9% 左右），经济的快速增长促进了国内需求的增加，物价水平呈现逐渐上升的态势，需求拉动型通货膨胀日渐显现。通货膨胀率从 1993 年的 3. 4% 逐步攀升到 1998 年的 8. 1%，通货膨胀率增加了 4. 7 个百分点。①

泰国 20 世纪 90 年代以来的通货膨胀与同期泰国中央银行所

---

① 除了需求拉动价格上扬之外，1997 年 7 月泰国政府为了维持泰铢对美元的固定汇率，在国际游资的冲击之下，政府投放了大量的本币，这对商品价格的上扬起到了推波助澜的作用。

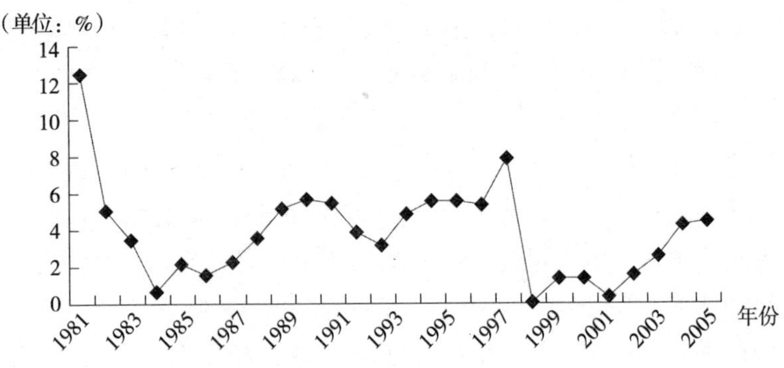

图 3 - 27　泰国的通货膨胀率

资料来源：Asian Development Bank (ADB) —Key Indicators 2003 - 2006。

实行的宽松货币政策有着必然的联系。如图 3 - 28 所示，1985 年以前，泰国 M1、M2 投放量总体表现较为平稳，M1 在 1983 年为 830 亿泰铢，1984 年为 888 亿泰铢，1985 年为 859 亿泰铢。

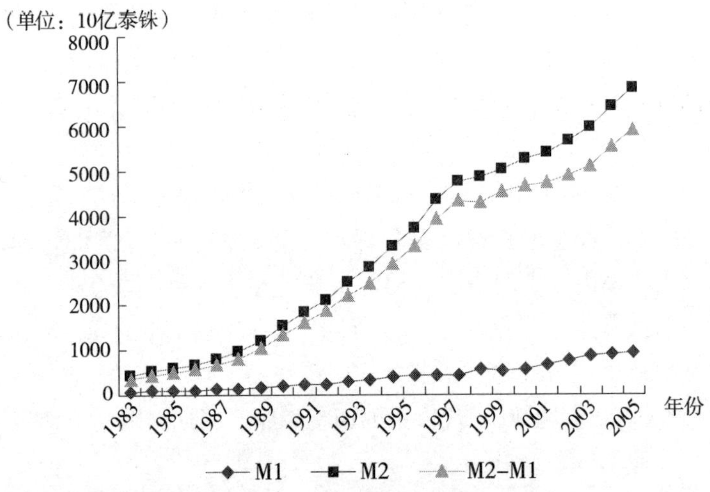

图 3 - 28　泰国中央银行的货币投放

资料来源：Asian Development Bank (ADB)—Key Indicators 2003 - 2006。

M2 在 1983 年为 4505 亿泰铢，1984 年为 5379 亿泰铢，1985 年为 5935 亿泰铢；20 世纪 80 年代后期以来，泰国中央银行货币投放量显著增加，M1 从 1986 年的 1034 亿泰铢增加到 1998 年的 42417 亿泰铢，11 年间增加了 3383 亿泰铢，年均增长率为 27%。值得特别注意的是，经济危机爆发后，泰国政府为了刺激经济的增长，在实行赤字财政政策的同时，也实行了比较宽松的货币政策，M1 从 1999 年的 5750 亿泰铢增加到 2006 年的 9330 亿泰铢，7 年间增加了 3580 亿泰铢，年均增长率为 8.9%，但是泰国国民经济却一直处于恢复性缓慢增长状态，而通货膨胀水平也明显下降。1999—2003 年期间，泰国的经济增长率达到了近年来的最低水平，为 5% 左右，而通货膨胀率平均为 1.12% 左右，其中 2002 年通货膨胀率更是降到了 0.6% 的 20 年间的最低水平。

3.5.2　失业率

从图 3－29 中可以看出，泰国的失业率可以分为 5 个阶段：1981—1987 年失业率上升阶段，失业率从 1981 年的 0.9% 大幅增长到了 6% 左右的水平；1987—1989 年失业率下降阶段，失业率从 1987 年的 6% 下降到了 1989 年的 1.4% 的水平，失业率下降了近 5 个百分点；1989—1996 年失业率平稳阶段，除了 1990 年和 1991 年失业率有所上升之外，失业率维持在 1% 左右的水平，最低为 1997 年 0.9% 的水平，基本上呈现出稳中下滑的趋势，这主要归因于这一期间泰国 GDP 的持续稳定增长；1997—1998 年失业率急剧上升阶段，由于金融和经济受到冲击，经济出现了大幅度的衰退，造成金融业和企业大量破产，因此失业率急剧上升，从 1997 年的 0.9% 上升到了 1998 年 4% 的水平，上升了近 3 个百分点，该年失业人数达到了 130 多万（如果包括未充分就业人数则在 200 万人以上）；1998—2006 年失业率稳定下降阶段，由于本国的金融经济改革以及国际货币基金组织等国际力量的援助，泰国经济实现恢复性增长，这期间的失业率，除了在2001年有所反弹外，其余年份基本上呈现出稳定下降的趋势。

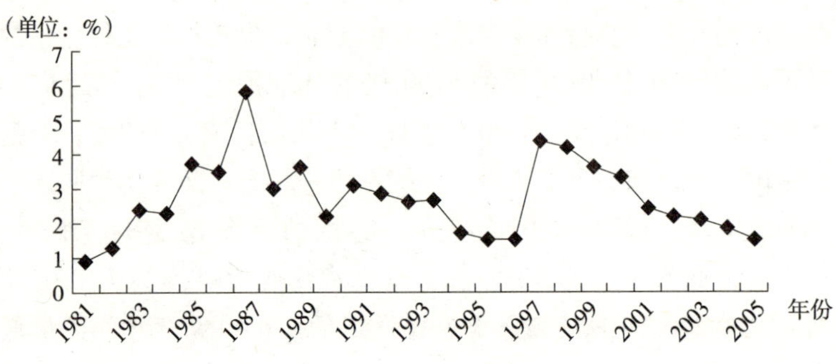

图3－29　泰国的失业率

资料来源：Asian Development Bank (ADB) —Key Indicators 2003－2006。

综上所述，通过对泰国近三十年内外部经济的分析，我们看到了泰国如何由一个农业国逐步实现工业化的过程。这一过程首先是在经济的持续稳定增长中进行产业结构调整和重新布局的过程，同时，这一过程也是利用外资解决本国资本贫乏、积极发展外贸型产业的过程。

在积极利用外资促进国内经济发展的过程中，泰国经济表现出了较高的外资和出口依赖性。即便是在金融危机后，泰国经济增长的主要动力仍然靠出口拉动这一事实仍未改变。这意味着，在近年来全球性通胀和欧美主要经济体经济下滑的国际背景下，泰国经济的持续增长面临着严峻的挑战。

工业对经济增长贡献度的逐渐下降，表明产业结构和产业布局不能适应国内国际经济形势的变化。如何找到工业化中后期新的经济增长点，是泰国未来经济发展中迫切需要解决的问题。根据发达国家的经验，此时应当改变以工业为主导的经济发展战略，加大第三产业的发展力度。因此可以预见的是，第三产业的发展将在泰国未来经济发展中发挥至关重要的作用。

4 越　　南

4.1　国家概况

越南全名为“越南社会主义共和国”（The Socialist Republic of VietNam），国土面积为 329556 平方公里。政府直辖省市 64 个，其中有 59 个省和 5 个直辖市。直辖市分别为河内市、胡志明市、海防市、砚港市及芹苴市。首都河内历史悠久，曾为越南封建王朝的京城，被誉为“千年文物之地”。1945 年 8 月革命胜利后，越南民主共和国定都于此。其夏季平均气温 28.9℃，冬季平均气温 16.5℃，具有亚热带城市的特色，树木终年常青，鲜花四季盛开。胡志明主席陵墓坐落在市中心的巴亭广场。重要节日有:2 月 3 日(1930 年)越南共产党成立日；4 月 30 日（1975 年）越南南方解放日；9 月 2 日（1945 年）越南国庆日；5 月 19 日（1890 年）胡志明诞辰日。

4.1.1　地理环境和气候条件

越南地处东南亚中南半岛东部，东面和南部面临南海，北部与中国云南、中国广西、老挝及柬埔寨为邻。位于北纬 8°30′—23°22′与东经 102°10′—109°30′之间。其地形呈“S”形，南北长约 1800 公里，东西宽约 600 公里。越南是一个多山的国家，全国大约 75%的国土面积为山地和高原，特别是北部、西北部和中部地区，海拔超过 2400 米以上的山峰就有十多座。它的平原主要分布在北

部的红河三角洲和南部的湄公河三角洲以及东部沿海地区。

越南的气候属于典型的热带、亚热带季风气候，气温高，湿度大，降雨多。全国年平均气温在23℃—27℃，夏季最高气温可达40℃—43℃，冬季最低气温在0℃以下。越南的干雨季分明，大部分地区每年11月至次年4月为干季，其余月份为雨季。总的来说，越南海岸线长，江河多，空气湿润，雨量充沛，年平均降雨量为1500—2000毫米。

4.1.2 历史简述

越南于公元968年成为封建国家。1884年越南沦为法国的被保护国，第二次世界大战中又被日本侵占。越南人民经过长期艰苦的斗争，于1945年8月取得了“八月革命”的胜利。1945年9月2日，胡志明主席发表《独立宣言》，宣布越南民主共和国成立。同年9月，法国再次入侵越南，越南人民又进行了历时9年的抗法战争。1954年5月越南取得“奠边府大捷”后，法国被迫在日内瓦签订了关于恢复印度支那和平的协定，越南北方获得解放，南方仍由法国（后成立由美国扶植的南越政权）统治。1961年，越南人民在胡志明主席的领导下展开了为解放南方、统一祖国的抗美救国战争。1973年1月，越美签订关于结束战争、恢复和平的巴黎协定，同年3月美军从越南南方撤走。1975年5月，越南南方全部解放，抗美救国战争赢得彻底胜利。1976年7月，越南南北实现统一，定国名为越南社会主义共和国。

4.1.3 自然资源

越南的矿物资源、生物资源和水力资源都十分丰富。目前已经发现的矿物资源有金、银、铜、铁等90多种，其中储量较多并且具有开采价值的有煤炭、铁、铬、磷灰石、硫铁矿、石墨、云母、石棉、稀土、磷酸盐、石油、天然气等。

越南的原始森林中有野生植物200多科，1000多属，7000多种，其中，花纹木、楠木、柚木、铁木等名贵木材是越南出口创汇的重要林木产品。

越南境内的东北、西北山区和长山山脉森林密布，有禽类动物1000多种，兽类300多种，爬行动物300多种。野生动物主要有老虎、豹、熊、大象、犀牛、野牛等。

4.1.4 人口、民族与宗教信仰

1. 人口数量

越南是中南半岛五国中人口最多的国家，其总人口从1981年的5493万人增加到2006年的8416万人（见表4－1）。人口增长率在2.26%（1982年）和1.26%（2006年）之间波动，且增长率呈现下降趋势。2006年越南总人口8416万，其中男性4136万，约占总人口的49.1%；女性4280万，约占总人口的50.9%。城市人口占总人口的比例由1997年的22.7%（约1684万）上升到2006年的27.1%（约2282万），增长了4.4个百分点，增加约599万人。越南的吸引力主要来自它充足又廉价的劳动力资源，在这个总人口达8416万的国家里，27岁以下的人口占六成。在今后的多年中，越南将会一直拥有充足的廉价劳动力。

表4－1 越南人口数量 （单位：百万）

年份	1981	1982	1983	1984	1985	1986	1987	1988	1989
人口数量	54.93	56.17	57.37	58.65	59.87	61.11	62.45	63.73	64.77
年份	1990	1991	1992	1993	1994	1995	1996	1997	1998
人口数量	66.02	67.24	68.45	69.64	70.82	72.00	73.16	74.31	75.46
年份	1999	2000	2001	2002	2003	2004	2005	2006	
人口数量	76.60	77.64	78.69	79.73	80.90	82.03	83.11	84.16	

资料来源：Asian Development Bank（ADB）—Key Indicators 2007，2001，1999。

2. 人口密度

如表4－2所示，越南人口密度从1985年的184人/平方公里增长到2006年的254人/平方公里。22年来增长率在1987年的2.2%和2006年的0.79%之间波动。从地域分布看，越南人口主要集中在红河三角洲和湄公河三角洲，其次是沿海地区，北部以及中部高原地区人烟稀少。

表4－2　越南人口密度　（单位：人/平方公里）

年份	1985	1986	1987	1988	1989	1990	1991
人口密度	184	188	192	196	199	203	207
年份	1992	1993	1994	1995	1996	1997	1998
人口密度	210	214	218	221	225	228	232
年份	1999	2000	2001	2002	2003	2004	2005
人口密度	235	236	239	242	246	249	252
年份	2006						
人口密度	254						

资料来源：Asian Development Bank (ADB) —Key Indicators 2007, 2003。

3. 民族

越南是一个多民族国家，全国有54个民族。主要有京族、岱依族、傣族、华（汉）族、高棉族、芒族、侬族、赫蒙（苗族）、瑶族、嘉莱族、艾族、埃地族、巴拿族、色登族等。其中京族人口最多，约占总人口的86%，主要分布在红河三角洲、湄公河三角洲和沿海地区等经济文化发达且交通便利的地区。少数民族大部分居住在北部和西部靠近越南—中国、越南—老挝、越南—柬埔寨边境的广大山区和河谷盆地，面积占全国总面积的2/3以上。其分布的特点为北方多交叉居住，在南方形成单一的小块民族居住区。

4. 宗教信仰

越南是一个多种宗教并存的国家，主要有佛教、高台教、和好教、天主教等。佛教又分为大乘佛教和小乘佛教。此外还有儒教、道教及规模更小一些的伊斯兰教等。无论信仰何种宗教，大多数越南人都崇拜祖宗、祭拜祖宗。他们相信死去的人始终都在自己身边，而且对自己的生活带来或好或坏的影响。部分家庭里至今还设有供奉祖先的祭坛，可供家庭成员祈祷和为祖先供奉食品之用。人们祈求死去的人能帮助他们克服困难，将来实现美好的生活。

4.2 经济规模与经济增长

在若干年以前，越南还是一个战争主义作风浓烈和经济严重萧条的东南亚社会主义国家，但现在越南渴望缔造世界上屈指可数的社会主义奇迹。居中国之后，越南成为亚洲经济增长第二快的国家。

1986 年 12 月，越南共产党召开第六次全国代表大会。大会决定把党的工作重点转移到经济建设上来，提出改革开放路线，走建设有越南特色的社会主义道路。之后改革开放迅速在全国展开，1996 年越共八大提出要大力推进国家工业化、现代化。2001 年越共九大确定建立社会主义市场经济体制，并确定了三大经济战略重点，即以工业化和现代化为中心，发展多种经济成分、发挥国有经济主导地位，建立市场经济的配套管理体制。经过二十年的革新，越南经济保持较快增长，经济总量不断扩大。越南 1985 年 GDP 总量为 96.1 亿美元，到 2006 年增长为 384.7 亿美元。22 年间增长了 288.6 亿美元，平均每年增长 13.1 亿美元（见图 4－1）。越南 1985 年的人均 GDP 为 160.5 美元，到 2006 年增长为 457.1 美元。22 年间增长了 296.6 美元，平均每年增长 13.5 美元（见图 4－2）。三次产业结构趋向协调，对外开放水平不断提高，基本形成了以国有经济为主导、多种经济成分共同发展的格局。1997 年的东亚金融危机对越南造成了严重的冲击，经济增长速度有所下降。进入 2003 年以后，越南克服了伊拉克战争、非典型性肺炎、禽流感和自然灾害等诸多不利因素的影响，国内经济呈现较强的增长势头。伴随着经济的持续发展，越南政府同时采取措施调整经济结构，增加工业、建筑业和服务业比重，降低农业、林业和水产品行业比重。完善市场经济体制，改善投资环境。经济保持快速增长，主要经济指标均获完成和超额完成。

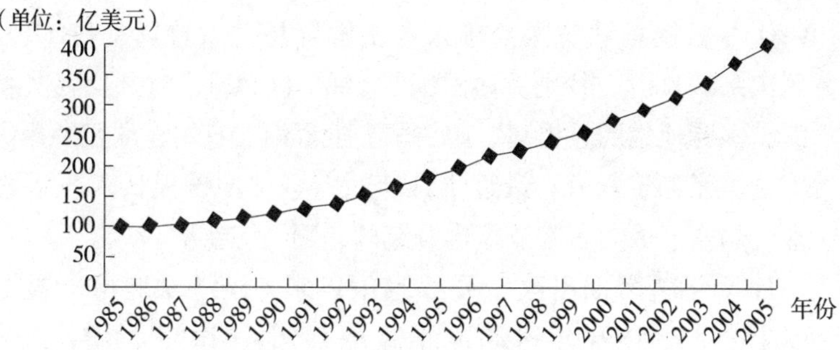

图 4－1　越南国内生产总值趋势图

资料来源：Asian Development Bank (ADB) —Key Indicators 2007, 2003。

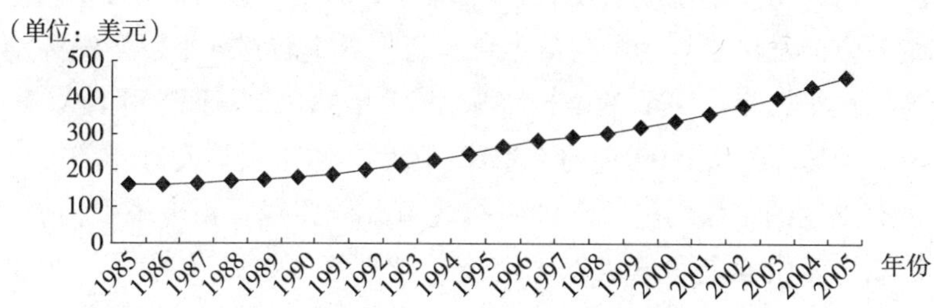

图 4－2　越南人均国内生产总值趋势图

资料来源：Asian Development Bank (ADB) —Key Indicators 2007, 2003。

近年来，越南的经济发展取得了可喜的成就。联合国贸易和发展会议从 2003 年起不再把越南列入全球最不发达国家的名单，联合国开发计划署也认为越南经济增长速度稳定，它在减少贫困人口比例方面取得了巨大的成就。2006 年，越南内政外交与经济发展成果显著。国内方面，成功举行了越共“十大”，推举出新一代国家领导人，实现新老班子平稳交接，政局稳定，社会安宁，人民安居乐业，被 NEF（New Economics Foundation）评为亚洲幸福指数最高的国家①；对外方面，成功举办了 APEC 系列高官会、部长会及领导人非正式会议，成功加入世贸组织（WTO），成功推动美国给予永久正常贸易关系待遇（PNTR），并脱离宗教自由“特别关注国家”名单（CPC），对外交往日益活跃，国际地位明显提高，同中国、俄罗斯、日本、欧盟及美国等大国关系趋于紧密。最近十几年，借鉴“中国模式”发展加工业，越南已成为东南亚冉冉升起的一颗经济新星。

1986 年越南推出改革开放政策以来，经济发展十分显著（见图 4－3）。1991 年到 2006 年的 16 年间，GDP 平均增长率为 7.59%。其中 1991 年到 1997 年的 7 年间，越南 GDP 的平均增长率高达 8.34%。1997 年的东南亚金融危机对越南造成了严重的冲击，由于越南政府没有采取继续改革的措施，而是保守地将发展方向从以市场为导向的经济运行模式上转移开来，使经济发展出现了退步。GDP 的增长率从 1997 年的 8.2% 下降到 1998 年的 5.8%，以及 1999 年的 4.8%。随后，越南领导人对经济进行了有限度的结构调整，继续坚持改革开放路线，积极采取措施，遏制了东南亚金融危机以来经济增长连续下滑的状况，到 2002 年，在全球经济普遍衰退的大环境下，越南的经济增长反而达到

① 《2006 年越南经济形势综述及 2007 年经济发展目标》，越南《经济时报》2007 年 3 月 2 日，www.texnet.com.cn。

了7.1%的较高水平。进入2003年以后，越南克服了伊拉克战争、非典型性肺炎和禽流感等不利因素的影响，国内经济呈现出较强的增长势头，2003—2006年的4年间，越南GDP年平均增长率达到7.93%。

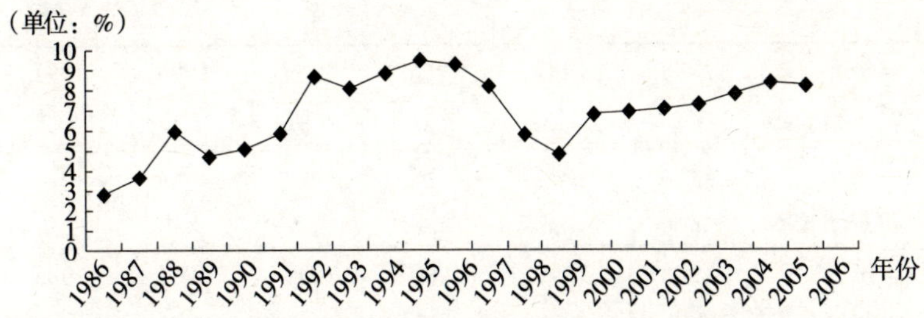

图4-3　越南国内生产总值增长率趋势图

资料来源：Asian Development Bank (ADB) —Key Indicators 2007, 2003。

4.3　产业增长

4.3.1　农业发展状况

越南是一个传统的农业国，农业在其国民经济中居主导地位。从越共"六大"决定在全国进行大规模的经济改革开始，越南便把发展农业摆在国民经济建设头等重要的位置，在农业领域推行家庭承包责任制，把绝大部分土地分给农民，鼓励农民在扩大传统的农产品生产的同时，实行农产品多样化，实现了粮食生产的连年丰收。从1991年到2006年的16年间，越南农业平均增长率达到3.9%（见表4-3）。2006年农业增长率为3.4%，低于2005年4.0%的增长速度，原因是接连遭受热带风暴、洪水和干旱的侵扰，而且禽流感和口蹄疫在部分省市复发和蔓延，对农林渔业生产造成较大影响。大米是越南农业的支柱，1989年，越南成为世界第三大米出口国，仅次于泰国和美国。1996—

2000 年间，越南大米出口一直居世界第二位。2005 年和 2006 年从事农业的人口分别占就业总人口的 53.9% 和 52.2%。[①] 耕地及林地占国土总面积的 60%。粮食作物包括稻米、玉米、马铃薯、番薯和木薯等。

表 4－3　越南农业增长率　（单位:%）

年份	1986	1987	1988	1989	1990	1991
农业增长率	3.0	－1.1	3.6	7.0	1.0	2.2
年份	1992	1993	1994	1995	1996	1997
农业增长率	6.9	3.3	3.4	4.8	4.4	4.3
年份	1998	1999	2000	2001	2002	2003
农业增长率	3.5	5.2	4.6	3.0	4.2	3.6
年份	2004	2005	2006			
农业增长率	4.4	4.0	3.4			

资料来源：Asian Development Bank (ADB) —Key Indicators 2007, 2003。

越南经济作物种类繁多，主要有咖啡、橡胶、甘蔗、大豆、食糖、棉花等，其中以咖啡和橡胶为主。1997 年越南成为世界第四大咖啡出口国。

20 世纪 70 年代初期，越南森林面积多达 1000 万公顷，但几十年来毁林现象严重，随着造林护林政策实施力度的加强，毁林面积逐年减少。当前，越南木材出口量呈下降趋势。

20 世纪 90 年代初期以前，养殖业在越南仅作为农民的一项家庭副业，从属于种植业，养殖手段和技术都很落后。进入 90 年代以后，越南大力发展养殖业，充分利用越南草木繁茂、天然饲料较多的自然条件，在生猪、水牛、黄牛、绵羊与山羊的饲养方面，取得了突飞猛进的发展。

① Asian Development Bank (ADB) —Key Indicators 2007.

越南海岸线长达3000多公里，全国的江河、运河、湖泊纵横交错，星罗棋布，水产养殖资源十分丰富。1990年以来，越南鱼虾产量每年递增3.5%，2000年水产养殖及内河捕捞总量为72.3万吨，海洋捕捞量为128万吨。水产品出口值从1990年的2.39亿美元增长到2000年的14.75亿美元，成为越南第三大出口产品。目前，越南在大力发展内陆水产养殖的基础上，积极采取政策发展远洋深水捕鱼。

4.3.2 工业发展状况

革新开放使越南工业取得了前所未有的发展，如表4－4所示，1991年到2006年的16年间，越南工业产值年平均增长率达到10.93%，远远高于GDP 7.59%的年平均增长率。1992年工业增长率为12.8%，第一次达到了两位数；1996年增长率为14.5%，达到历史最高水平。1997年，受东南亚金融危机的影响，

表4－4　越南工业和制造业增长率　（单位:%）

年份	1986	1987	1988	1989	1990	1991
工业增长率	10.9	8.5	5.0	－2.6	2.3	7.7
制造业增长率	12.6	11.6	7.1	－12.9	－6.3	5.6
年份	1992	1993	1994	1995	1996	1997
工业增长率	12.8	12.6	13.4	13.6	14.5	12.6
制造业增长率	13.7	9.5	9.3	13.5	13.6	12.8
年份	1998	1999	2000	2001	2002	2003
工业增长率	8.3	7.7	10.1	10.4	9.5	10.5
制造业增长率	10.2	8.0	11.7	11.3	11.6	11.5
年份	2004	2005	2006			
工业增长率	10.2	10.6	10.4			
制造业增长率	10.9	13.1	12.2			

资料来源：Asian Development Bank (ADB)—Key Indicators 2007, 2003。

工业增长率下降至12.6%，1998年和1999年进一步下降为8.3%和7.7%。2000年以来，越南逐渐摆脱了金融危机的影响，2000—2006年的7年间，工业年平均增长率达10.24%，保持着较高的增长势头。在越南，大大小小的工业区、出口加工区如雨后春笋，仅胡志明市周边就有19个工业区。在很多工业区内，厂商云集，寸土寸金。

越南工业基础薄弱，生产技术落后，工业部门主要由能源、冶金、建筑、电子、服装和日用品等部门组成。工业的生产成品主要是食品饮料、纺织品、服装、皮革。但近年来，增长最快的生产部门主要是计算机和办公设备、医疗和精密仪器、电子产品、机床设备及化学产品等这些更现代的部门。

自1991年以来，越南制造业一直保持着较快的发展势头，1991年至2006年的16年间，年平均增长率为11.16%。其中1991年至1997年7年间，年平均增长率为9.75%，1997年，受东南亚金融危机的影响，增长率由1997年的12.8%下降至1998年的10.2%及1999年的7.7%。2000年，在克服了金融危机的不利影响之后，增长率有所回升。2000年至2006年7年间，平均增长率为11.76%。

越南的采矿业、能源工业和建筑业都有着较好的发展前景。越南的矿产资源十分丰富，大多分布在北部地区。其中铁矿、煤炭、磷灰石、铬铁矿、红宝石和金矿等都具有较高的商业开采价值。越南还有丰富的锰矿、钛矿、铝土矿、锡、铜、锌、铅、镍、石墨和云母等。其中，铁矿的储量近5.6亿吨，磷矿储量达10亿吨，铝土矿储量为42亿吨，铜矿储量为60亿吨。

越南的近海石油资源十分丰富，主要产于南部海域、湄公河三角洲和红河三角洲。煤炭资源是越南仅次于石油的商用能源。其中以无烟煤为主，其储量预计达37亿吨。而红河三角洲一带还有许多尚未探明储量的褐煤。预计各种煤炭（包括无烟煤、褐煤、烟煤和泥煤）总储量达200亿—300亿吨。

由于受长期战争的影响，越南建筑业一度发展缓慢，民用建筑工业技术力量薄弱，设备简陋。直至20世纪80年代末，越南仍很少有大规模的建筑项目。进入20世纪90年代以后，越南建筑业发展速度明显加快，2001年到2006年6年间，越南建筑业年平均增长率保持在10.81%。相应的建筑材料如水泥、砖等的产量也迅速增长。

4.3.3 服务业发展状况

近年来越南服务业保持较快增长，1991年到2006年的16年间，年平均增长率达到7.18%。尤其是1991年至1997年，7年间的年平均增长率为8.41%，由于受东南亚金融危机的影响，1997年增长率有所下降，为7.1%。在随后的1998年和1999年更是下降到了5.1%和2.3%的低位水平。2000年以后情况有所好转，2000年增长率恢复到5.3%的水平，随后的几年增长率均稳步上升，到2005年和2006年，服务业增长率重新回到了金融危机前的较高水平，分别达到8.5%和8.3%（见图4-4）。

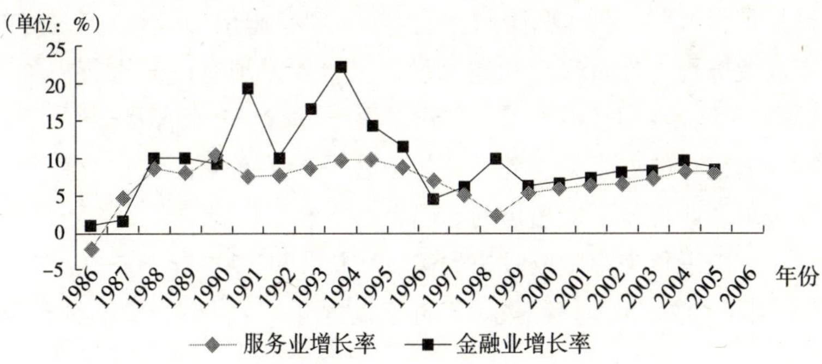

图4-4 越南服务业和金融业增长率趋势图

资料来源：Asian Development Bank (ADB)—Key Indicators 2007, 2003。

1. 旅游业

越南旅游业在越南服务业中占有重要的地位。越南不仅拥有较为丰富的自然旅游资源，而且人文景观随处可见，主要旅游景点有位于河内市的还剑湖、胡志明陵墓、文庙、巴亭广场，位于胡志明市的统一宫、芽龙港口、莲潭公园、古芝地道和位于广宁省的下龙湾等。2006 年接待国外游客 358.3 万人次，同比增长 6.2%。国外游客接待数量在东盟国家中排名第 5 位，亚洲排名第 13 位，世界排名第 44 位。①

2. 金融业

1986 年越南革新开放以来，一直大力发展金融业。自 1988 年以来，越南金融业始终保持着较高的增长率。1992 年至 2006 年的 15 年间，越南金融业年平均增长率为 9.84%。东南亚金融危机对越南的冲击使得金融业的增长率由 1996 年的 11.4% 下降到 1997 年的 4.3%，直至 1998 年的 5.8%，1999 年增长率开始回升，并且一直保持着较平稳的增长。2005 年和 2006 年分别达到了 9.4% 和 8.2% 的较高水平（见图 4－4）。

1986 年越南革新开放以前，银行系统主要由越南国家银行、外贸银行和建设投资银行组成。1988 年 7 月，越南对银行系统进行重新改组，到 1995 年，越南除了拥有越南农业银行、越南工商业银行、外贸银行和建设投资银行 4 家国有商业银行以外，还拥有 52 家合股银行、23 家外国银行分行、4 家合资银行、62 家外国银行的办事处。此外，越南还发展了大量的信用合作社，以满足商业银行不能满足的非国有企业的信贷需求。

越南近年来存款以较快的速度增长，自 1997 年至 2006 年的 10 年间，越南活期存款和定期存款的年平均增长率分别高达

① 《2006 年越南经济形势综述及 2007 年经济发展目标》，越南《经济时报》2007 年 3 月 2 日，www.texnet.com.cn。

30.4%和41.9%，2006年越南活期存款增长率为20.5%，存款额达到1384600亿越盾（约合86.2亿美元），定期存款增长率为46.2%，存款额达到3823960亿越盾（约合238.2亿美元）。①

2000年7月，胡志明市证券交易中心正式运行，在市场运行的第一年，胡志明市证券交易中心共进行了148次交易，交易量包括1370万股票和50多万份债券，交易总价值达到6900亿越盾，其中股票交易占90%，上市公司数量从一开始的两家发展到有6个公司，有价值15000亿越盾的政府债券上市。参加交易的公司营业额和利润都大大增加，其中2000年营业额平均增加25%—26%，利润平均增加16%—20%。②

2005年3月，越南第二个证券交易中心——河内市证券交易中心正式开业，以此推进越南国有企业股份制改革进程，并为中小企业的融资提供更为便利的条件。2006年8月23日，越南国会通过了《证券法》，并于2007年1月1日正式开始生效。该法规范了有关向公众发行证券、公司上市、股票交易以及证券相关服务等一系列领域的金融活动。2006年越南证券市场掀起6年来最大规模的公司上市热潮。这一年，共有74家公司在胡志明市证券交易中心上市，使得越南上市公司数量增加到106家。2006年，越南第一只银行股——西贡商业信用银行公司（Sacombank）、越南乳业巨头——越南乳品公司（Vinamilk）以及越南最大的IT公司——FPT成功上市，这三大蓝筹公司的上市大大扩大了越南证券市场的容量。2006年年末，上市公司总市值达到了220万亿越盾，占整个国内生产总值的19.6%，甚至已经超过政府原先制定的到2010年达到10%—15%的目标。③

① Asian Development Bank (ADB)—Key Indicators 2007.

② 邢振：《迅速发展的越南证券市场》，《东南亚纵横》2007年第3期。

③ 越南《财政》杂志2007年第1期。

而市场规模的扩大也进一步刺激了证券公司和基金公司的发展。截至2006年年末，越南证券市场已有50余家证券公司，8只国内基金以及27只通过国内代表机构进行投资的外国基金。证券服务行业得到了极大的发展。

4.4 产业结构

多年来，越南在产业结构调整方面取得了显著的成绩。1986年三次产业的比重分别为34.7∶26.8∶38.4，到2006年这一比重为18.7∶41.0∶40.3。21年间，农业占GDP比重下降了16个百分点，工业和服务业占GDP的比重分别增加了14.2个百分点和1.9个百分点，在第一、第二、第三产业的发展中，工业增长最为显著，所占比重继续升高。其主要原因是由于1996年越共八大提出的要大力推进国家工业化、现代化的发展路线，加快工业化进程的结果。第一产业比重下降明显，第三产业比重略有上升。

制造业的比重从1992年开始逐年呈稳步上升的趋势。由1992年的14.6%增长为2006年的23.6%，增长了9个百分点。金融业占GDP的比重没有发生较大变化，基本保持在2.1%左右(见图4－5)。

由图4－5可知，农业所占比重由1986年的第二位下降到了2006年的第四位，相反工业所占比重由1986年的第三位上升到2006年的第一位，由此可以明显地说明越南正朝着工业化的道路迈进，同时也正在逐步建立完整的国民工业体系。服务业的比重在20世纪90年代一直保持着增长的趋势，但是，进入21世纪后却有了缓慢的下降趋势，这主要是由于东南亚金融危机对越南的服务业造成了较为明显的打击。金融业在1986年到2006年间一直保持着稳定不变的比例，这主要是因为，虽然遭受到东南亚金融危机的影响，但由于金融业的比重实在是很小，几乎没有出现多大的波动。

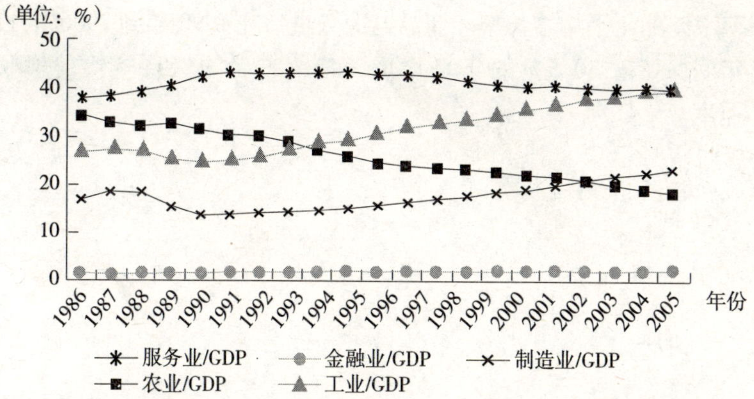

图4－5 越南农业、工业、制造业、服务业、金融业占GDP比重趋势图

资料来源：Asian Development Bank (ADB)—Key Indicators 2007, 2003。

4.5 需求结构

首先，从越南总需求各部分增长率的变化来看，居民最终消费支出增长率在1996年到2006年的11年间保持着6.1%的年平均增长率。由于受到东南亚金融危机的影响，相对于1996年9.1%的增长率，1997、1998和1999年的增长率分别为5.9%、4.5%和2.6%，呈现出明显的下降趋势。2000年开始逐步回升，并于2003年和2006年分别达到了8%和7.5%的较高的增长速度（见图4－6）。政府最终消费支出增长率在1996年到2006年的11年间保持着5.2%的年平均增长率。由于受到东南亚金融危机的影响，1997、1998和1999年分别呈现下降趋势，并于1999年达到了－5.7%的历史最低点。从2000年开始逐步回升，在2006年达到了8.5%的历史最高点。越南总资本形成保持着较快的增长速度，在1996年到2006年的11年间保持着10.2%的年平均增长率。1999年为历年最低，为1.6%。其余十年均未低于8.6%。商品与劳务出口在1990年到2006年17年间保持着

33.7%的年平均增长率。商品与劳务进口在1990年到2006年17年间保持着30.5%的年平均增长率，二者均保持较快的增长速度。

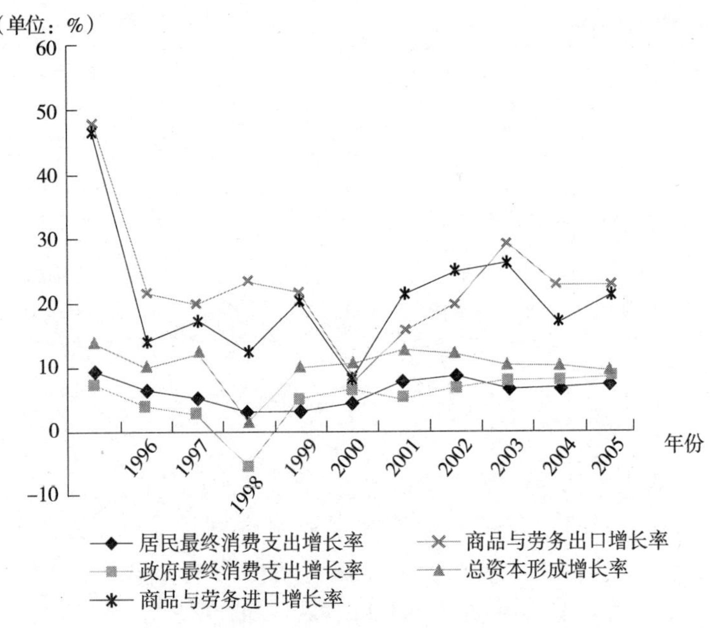

图4-6　越南总需求各部分增长率变化趋势图

资料来源：Asian Development Bank (ADB)—Key Indicators 2007, IMF: International Financial Statistics。

其次，从越南总需求各部分占国内生产总值比重的变化来看，随着越南经济的持续发展，居民生活水平逐步提高，虽然居民最终消费支出占GDP的比重呈现出逐年下降的趋势，如图4-7所示，居民最终消费支出占GDP的比重由1995年的73.1%下降到2006年的64.4%，12年间下降了8.7个百分点。但总量持续增长，由1995年的129.7亿美元上升到2006年的170.4亿美元。12 年间总量增长了 40. 7 亿美元。政府最终消费支出由 1995 年的 8. 2% 下降到 2006 年的 6. 5%，12 年间下降了 1. 7 个百分点。其中 2002 年至 2006 年的 5 年间比重均为 6. 5%，但总量由 1995 年的 14. 5 亿美元增加到 2006 年的 17. 3 亿美元。12 年间总量增长了 2. 8 亿美元。

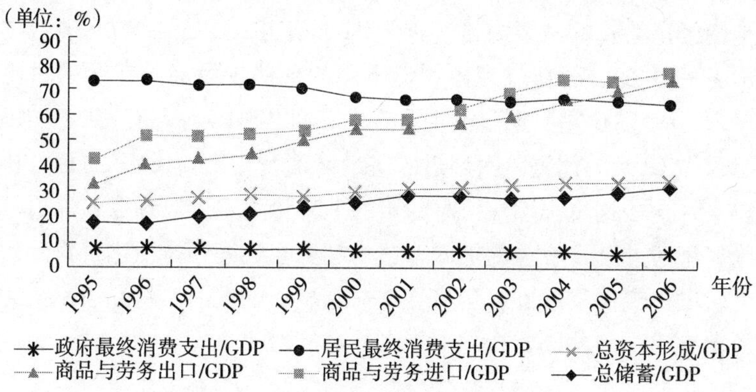

图 4－7　越南需求结构变化趋势图

资料来源：Asian Development Bank（ADB）—Key Indicators 2007, IMF: International Financial Statistics。

总资本形成占 GDP 的比重由 1995 年的 25. 4% 上升到 2006 年的 34. 0%，增长了 8. 6 个百分点，12 年间的年平均增长率为 0. 72%，呈现出逐年稳步上升的趋势，即使在 1997 年遭受东南亚金融危机的情况下，仍然保持较平稳的增长势头，并且在 2006 年达到了 34% 的历史最高水平。

商品与劳务出口和进口占 GDP 的比重均呈逐年快速增长的趋势。其比重分别由 1990 年的 26. 4% 和 35. 7% 上升为 2006 年的 73. 5% 和 76. 8%。分别增长了 47. 1 和 41. 1 个百分点，并且在 2006 年分别达到了历史的最高点，增幅十分显著。

总储蓄占 GDP 的百分比由 1990 年的 2.9% 增长为 2005 年的 30.2%，增长了 27.3 个百分点，并于 2005 年达到了历史最高点，增幅十分显著。说明随着国家经济发展水平的提高和经济实力的增强，越南国民经济积累能力显著提高，国内资金短缺的状况有所改善。

由图 4－7 可知，长期以来，居民最终消费支出一直是拉动越南经济增长的主要力量。进入 21 世纪以后，居民最终消费支出占 GDP 的百分比呈现出缓慢下降的趋势。商品与劳务的进出口占 GDP 的比重有明显的上升走向，自 2004 年商品与劳务的进出口占 GDP 的比重首次超过居民最终消费支出占 GDP 的百分比以来，这一比重仍然保持着稳定的上升势头。可以预见，随着越南经济对外开放程度的加深，这一趋势会继续保持下去，对外贸易对国民经济发展的影响将会越来越显著，进出口将和居民最终消费支出一起共同支撑越南未来的经济增长。

4.6 经济开放

4.6.1 进出口总量和经常账户余额

目前，越南已同世界 200 多个国家和地区建立贸易关系，货物和服务贸易发展势头良好。越南出口与进口总量分别由 1985 年的 6.99 亿美元和 18.57 亿美元增加到 2006 年的 398.26 亿美元和 448.91 亿美元，分别增长 57 倍和 24.2 倍。越南多年来一直存在着贸易逆差，虽然 2005 年逆差有所下降，但 2006 年贸易逆差依然呈现出上升的趋势，达到了 50.65 亿美元（如图 4－8 所示）。

2005 年越南贸易进出口额 692.1 亿美元，同比增长 18.4%，其中出口 324.5 亿美元，增长 20%。出口额超过 10 亿美元的主要商品有 7 种，具体为：原油、纺织品、鞋类、水产品、木制

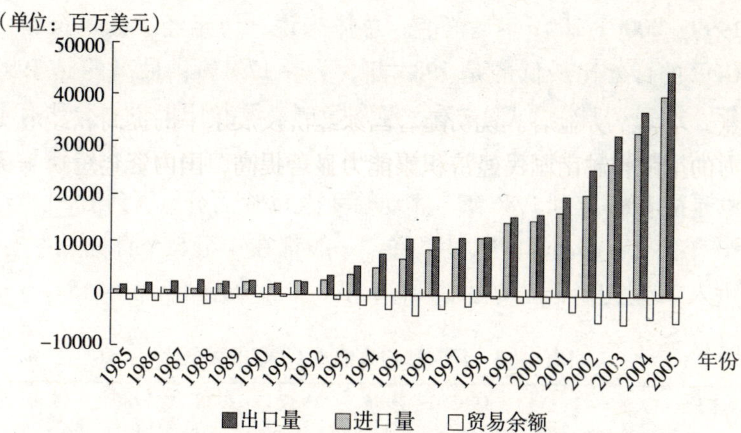

图 4-8 越南进出口量与贸易余额

资料来源：Asian Development Bank (ADB)—Key Indicators 2007, 2003。

品、电子及计算机产品、大米。进口 367.7 亿美元，增长 10%。进口额较大的主要商品有：机械设备及零配件、成品油、农产品及农用物资、布匹、纺织辅料、钢坯、电子产品、塑胶原料。①

2006 年，越南贸易进出口额 847.2 亿美元，同比增长 22.4%，其中出口额 398.3 亿美元，增长 22.7%，出口额超过 10 亿美元的主要产品有 9 种，具体为：原油、纺织品、鞋类、水产品、木制品、电子产品与计算机、大米、橡胶及咖啡。进口 448.9 亿美元，增长 22.1%。主要的进口商品有：机械、设备、燃料、原材料及纺织原料等。②

越南历年的经常账户余额占 GDP 的比重大都是负值，只有

① 王龙虎：《2005 年越南经济发展状况及 2006 年展望》，《东南亚》2006 年第 1 期，第 27 页。

② 古小松：《越南经济起飞——越南 2006—2007 年回顾与前瞻》，《东南亚纵横》2007 年第 2 期。

1999、2000、2001年是正值。总体来说，历年经常账户余额占GDP的百分比最低的是1985年，为-17.1%；最高的是1999年，达到4.1%。纵向来看，经常账户余额占GDP的百分比有不断缩小的趋势，但波动幅度还是很大，相隔两年的变化幅度最高的是从1985年到1986年，震动幅度达12个百分点。到了20世纪90年代后，震动幅度明显下降，一般都在4至5个百分点左右；进入21世纪后，震动幅度只有1至2个百分点（见表4-5）。

表4-5　经常账户余额占GDP的百分比　（单位：%）

年份	1985	1986	1987	1988	1989	1990
经常账户余额/GDP	-17.1	-5.4	-3.7	-2.9	-9.3	-4.0
年份	1991	1992	1993	1994	1995	1996
经常账户余额/GDP	-1.7	-0.1	-5.8	-7.2	-9.0	-8.2
年份	1997	1998	1999	2000	2001	2002
经常账户余额/GDP	-5.7	-3.9	4.1	3.6	2.1	-1.7
年份	2003	2004	2005	2006		
经常账户余额/GDP	-4.9	-2.1	-1.0	-0.5		

资料来源：Asian Development Bank (ADB)—Key Indicators 2007, 2003。

4.6.2　进出口商品结构

按照SITC分类标准，越南出口及进口商品包括以下10类：食品及主要供食用的活动物；饮料及烟类；燃料以外的非食用粗原料；矿物燃料、润滑油及有关原料；动植物油脂及油脂；未列名化学品及有关产品；主要按原料分类的制成品；机械及运输设备；杂项制品；没有分类的其他商品。

根据这一标准，越南出口商品结构变化情况如下：（1）食品及主要供食用的活动物占总出口量的比重逐年下降，由1986年的42.7%下降为2005年的19.6%。1986年至2005年，20年间的年平均比重为32.40%。（2）饮料及烟类在1986年至1988年3年间占出口总量的比重为2.7%，1989年至2005年的17年

间占出口总量的比重一直较小，年平均比重为0.34%。（3）燃料以外的非食用粗原料占出口总量比重呈明显下降趋势，由1986年的19%下降为2005年的8.3%。1986年至2005年，20年间的年平均比重为8.57%。（4）矿物燃料、润滑油及有关原料在1989年到2005年一直占有较大的比重，在2006年占出口总量的25.8%，超过出口总量的1/4。1986年至2005年，20年间的年平均比重为20.83%。（5）动植物油脂及油脂比重下降速度较快，由1986年的1.01%下降为2005年的0.06%。1986年至2005年，20年间的年平均比重为0.35%。（6）未列名化学品及有关产品占出口总量的比重在1986年至1994年之间有所下降，由1.27%下降至0.30%。1994年至2005年稳步上升，2005年为1.65%。1986年至2005年，20年间的年平均比重为1.04%。（7）主要按原料分类的制成品占出口总量的比重在1986年至1992年之间有所下降，1992年达到3.56%的历史最低点，1993年到2005年波动较为稳定，2005年为6.67%。1986年至2005年，20年间的年平均比重为5.09%。（8）机械及运输设备出口增速较快，由1986年占出口总量的0.13%增长为2005年的9.69%，增长了近75倍。1986年至2005年，20年间的年平均比重为4.56%。（9）杂项制品占出口总量比重有所上升，由1986年的20.9%增长至2005年的32.3%。1986年至2005年，20年间的年平均比重为25.38%。

由图4-9和图4-10可知，越南的出口商品结构中，最初是食品及主要供食用的活动物占有绝对的比重，但进入21世纪后有了明显的下降，由1986年的42.7%下降到2005年的19.6%。杂项制品保持着较高的比例，一直在30%左右徘徊，并有下一轮的上升趋势。增长最为迅速的当属矿物燃料、润滑油及有关原料，这是由于全球的能源紧缺造成的越南与能源有关的矿物燃料、润滑油及有关原料的出口增加。同时能源燃料以外的

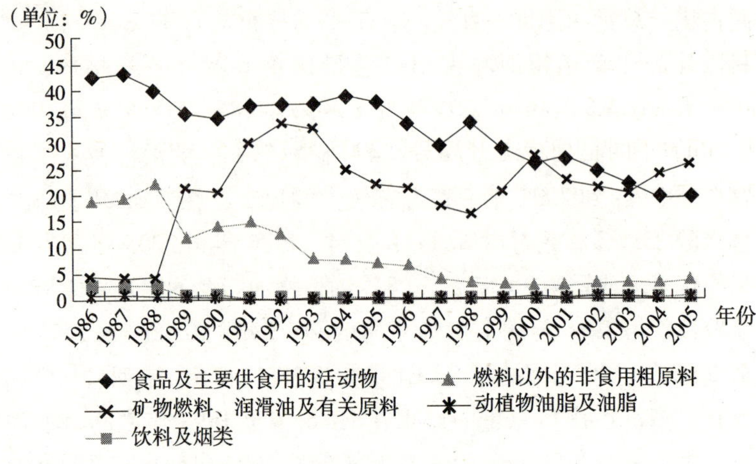

图 4-9　越南出口商品结构趋势图 I

资料来源：Asian Development Bank (ADB)—Key Indicators 2007, 2003。

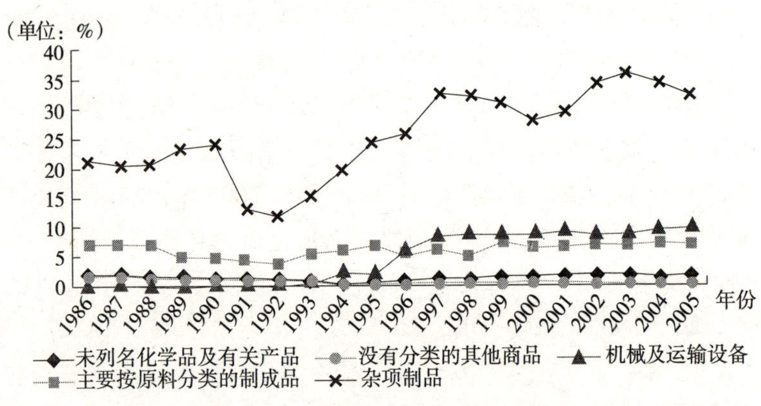

图 4-10　越南出口商品结构趋势图 II

资料来源：Asian Development Bank (ADB)—Key Indicators 2007, 2003。

非食用粗原料出口有了明显的下降趋势，由 1986 年的 19.0% 下降到 2005 年的 3.8%。其他的出口商品所占比重都比较小，并且波动的幅度也很小。

进口商品结构变化情况如下：（1）食品及主要供食用的活动物占进口总量的比重在1986年到1992年之间波动较小，7年间年平均比重为5.65%。1993年下降为3.03%，1993年到2005年的13年间呈稳步上升趋势，2005年达到5.32%。1986年至2005年，20年间的年平均比重为4.76%。（2）饮料及烟类占进口量的比重在1986年到1992年持续上升，1992年达到历史最高的2.20%，之后有所下降，2005年为0.48%。1986年至2005年，20年间的年平均比重为0.76%。（3）燃料以外的非食用粗原料占进口总量比重较为稳定，除了1992、1993、1994年3年比重较低，分别为0.79%、1.38%、2.59%以外，其余年份都基本保持在3.19%到4.55%之间。1986年至2005年，20年间的年平均比重为3.59%。（4）矿物燃料、润滑油及有关原料占进口总量的比重有所下降，由1986年的21.03%下降到2005年的14.6%，在1998年首次下降到了一位数（8.39%）。1986年至2005年，20年间的年平均比重为16%。（5）动植物油脂及油脂占进口总量比重较低，由1987年的0.04%到2005年的0.51%，增长近13倍。1986年至2005年，20年间的年平均比重为0.4%。（6）未列名化学品及有关产品占进口比重较为稳定。1986年占15.55%，到2005年占14.44%。1986年至2005年，20年间的年平均比重为16.27%。（7）主要按原料分类的制成品占进口总量的比重在1986年至2005年的20年间稳步增长，由1986年的16.90%增长至2005年的27.67%。1986年至2005年，20年间的年平均比重为22.08%。（8）机械及运输设备占进口总量的比重在1986年至2005年的20年间有所下降，由1986年的32.68%下降至2005年的25.17%。1986年至2005年，20年间的年平均比重为28.35%。（9）杂项制品占进口总量的比重由1986年的2.74%上升至2005年的5.16%，增长近两倍。1986年至2005年，20年间的年平均比重为7.18%。

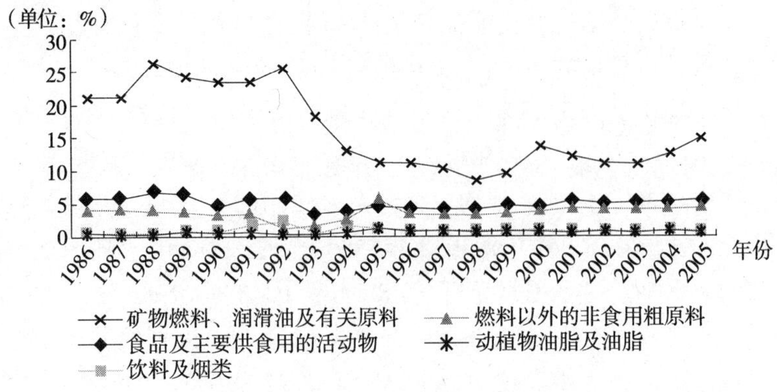

图4－11　越南进口商品结构趋势图Ⅰ

资料来源：Asian Development Bank (ADB)—Key Indicators 2007, 2003。

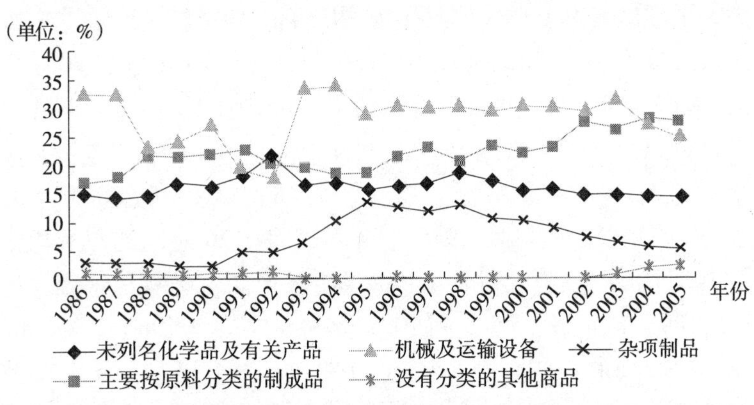

图4－12　越南进口商品结构趋势图Ⅱ

资料来源：Asian Development Bank (ADB)—Key Indicators 2007, 2003。

由图4－11和图4－12可知，在越南历年的进口商品结构中，机械及运输设备占有极大的比例，约30%，几乎一直保持第一的比重，只是在1988年到1992年之间出现较大的波动，一度下降到了20%。同时，在所有的商品中，只有按原料分类的制成品保持着上升的势头，由1986年的16.9%上升到2005年的

27.67%，说明越南的工业体系还不完善，但由于国民经济建设的需要，许多的制成品都必须依靠进口。而矿物燃料、润滑油及有关原料的进口是下降趋势最明显的，由1986年的21.03%下降到最低的1998年的8.39%。这主要是由于，最近几年越南发现了大量的油田，还有许多的矿山，这在一定程度上不仅解决了越南自身的能源需求问题，而且还保持了一定量的出口。

4.6.3 主要贸易伙伴

截至2006年年末，越南已同世界200多个国家和地区建立贸易关系，货物和服务贸易发展势头良好。

2006年，按国别划分，中国是越南最大的贸易伙伴，双边贸易额达104.2亿美元；日本居第二，双边贸易额为99亿美元；美国居第三，双边贸易额为87亿美元；中国台湾居第四，双边贸易额为57亿美元；韩国居第五，双边贸易额为47亿美元。

按地区划分，亚太地区是越南最大的出口市场，出口总额达208.4亿美元，占越南出口总额的52.4%；美洲是其第二大出口市场，出口总额为92亿美元，占其出口总额的23.1%；欧洲是其第三大出口市场，出口总额为75.5亿美元，占其出口总额的19.2%；非洲和西南亚是其新兴出口市场，出口总额为20.1亿美元，占其出口总额的5.3%。①

4.6.4 国际储备

长期以来，越南是一个外汇短缺的国家。近年来，通过推行市场经济改革，国民经济得到快速发展，经济对外开放的程度有所加深，外汇短缺格局得到缓解。

---

① 《2006年越南经济形势综述及2007年经济发展目标》，越南《经济时报》2007年3月2日，www.texnet.com.cn。

首先，从总量上来看，如表4－6所示，近年来，越南国际储备总量和外汇储备总量增长显著，分别由1995年的13.24亿美元和13.20亿美元增长到2006年的133.84亿美元和133.83亿美元，12年间二者都增长了10.1倍。黄金储备由1995年的0.5541亿美元增长到2006年的2.069亿美元，12年间增长了3.7倍。特别提款权由1995年的326万美元下降到2006年的158万美元。

表4－6 越南国际储备量 （单位：百万美元）

年份	1995	1996	1997	1998	1999	2000
总储备	1323.68	1735.89	1985.85	2002.26	3326.15	3416.51
外汇储备	1320.41	1718.76	1973.11	1999.73	3324.69	3416.18
黄金储备	55.41	77.88	112.27	98.25	97.29	93.12
SDR	3.26	17.13	12.74	2.52	1.45	0.33
年份	**2001**	**2002**	**2003**	**2004**	**2005**	**2006**
总储备	3674.57	4121.05	6224.18	7041.46	9050.56	13384.09
外汇储备	3660.00	4121.00	6222.00	7041.00	9049.68	13382.50
黄金储备	90.56	110.77	134.95	144.61	165.91	206.92
SDR	14.56	0.04	2.17	0.45	0.88	1.58

资料来源：Asian Development Bank (ADB)—Key Indicators 2007。

其次，从国际储备的结构来看，如表4－7所示，1995年至2006年的12年间，外汇储备占总储备的年平均比重为99.79%，黄金储备占总储备的年平均比重为0.03%，特别提款权占总储备的年平均比重为0.21%。

国家外汇储备的迅速增加，使越南国家银行有能力主动平衡外汇市场供求，避免汇率的非正常波动。同时可以弥补越南贸易常年逆差状态带来的不利影响。

表 4－7 越南国际储备结构 （单位：%）

年份	1995	1996	1997	1998	1999	2000
外汇储备/总储备	99.75	99.01	99.36	99.87	99.96	99.99
黄金储备/总储备	0.04	0.04	0.06	0.05	0.03	0.03
SDR/总储备	0.25	0.99	0.64	0.13	0.04	0.01
年份	2001	2002	2003	2004	2005	2006
外汇储备/总储备	99.60	99.97	99.96	99.99	99.99	99.99
黄金储备/总储备	0.02	0.03	0.02	0.02	0.02	0.02
SDR/总储备	0.40	0.00	0.03	0.01	0.01	0.01

资料来源：Asian Development Bank（ADB）—Key Indicators 2007。

越南外汇储备增长迅速的一个主要原因是，其在吸引外资方面，除了吸收外国直接投资、外国官方发展援助（ODA）、各国政府借贷、国际组织借贷及其他组织借贷以外，海外每年约270万越南侨民的汇款也成为支撑越南经济增长的一个重要原因。2004年，越南政府决定免征接受越侨汇款的个人所得税，使该年的汇款猛增到30亿美元。这个数字几乎可以与越南2005年从世界各国获得的34亿美元的政府开发援助媲美。2005年越南全年获得侨汇38亿美元。[①] 此外，越南政府还积极尝试以向海外发行债券的形式筹集外汇。比如，2005年，越南政府首次向国外发行政府公债，效果显著。

4.6.5 外债总量与结构

从图4－13可以看出，长期以来越南外债规模波动较小，变

① 蒋玉山：《2005年越南经济形势回顾及2006年展望》，《南宁职业技术学院学报》2006年第11卷第2期。

动平稳。1989 年为 207.05 亿美元，到 2005 年为 192.87 亿美元。

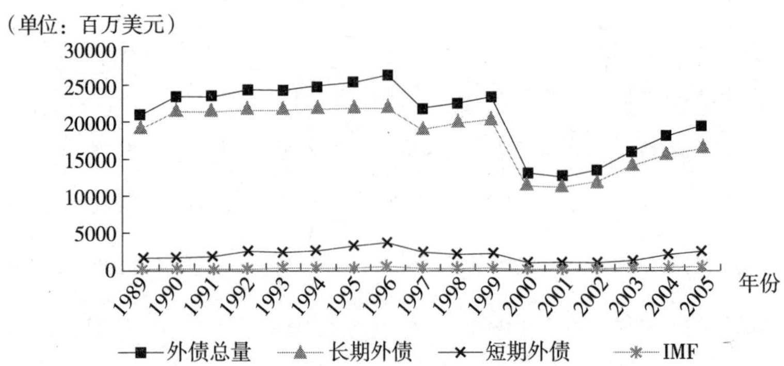

图 4－13 越南外债总量与结构趋势图

资料来源：Asian Development Bank（ADB）—Key Indicators 2007。

从结构上看，越南长期外债和短期外债在 1989 年分别为 191.85 亿美元和 14.12 亿美元，到 2005 年为 165.13 亿美元和 25.71 亿美元。其中短期外债波动较大，增长了 1.82 倍。向 IMF 的借款在 1989 年为 1.08 亿美元，到 2005 年为 2.03 亿美元，从 2003 年起呈现明显的下降趋势。越南长期外债和短期外债占外债总量的年平均比重在 1989 年到 2005 年的 17 年间分别为 88.82% 和 9.69%，IMF 占外债总量的年平均比重从 1989 年到 2005 年的 17 年间为 1.48%。长期外债占到绝对比重。

4.6.6 与全球经济的整合

随着一国经济对外开放程度的加深，一国与全球经济的整合程度也会越来越高。从商品贸易与 GDP 的比值、服务贸易与 GDP 的比值及外商直接投资与 GDP 的比值等衡量一国经济与全球经济整合程度的主要指标来分析，越南与全球经济的整合程度日渐加深。

表4－8　越南对外贸易依存度　　（单位:%）

年份	1995	1996	1997	1998	1999	2000
对外贸易依存度	65.6	74.6	77.5	76.9	81.2	96.6
年份	2001	2002	2003	2004	2005	2006
对外贸易依存度	96.1	103.7	114.6	128.3	130.5	138.9

资料来源：Asian Development Bank（ADB）—Key Indicators 2007, 2003。

如表4－8所示，越南外贸依存度很高，这一方面表明了越南经济开放取得了显著成就及对外贸易对国民经济发展的贡献，但外贸依存度的提高也给越南经济带来了一些潜在的风险和问题，如世界经济的波动将对越南产生较大的影响等。

表4－9　越南与全球经济的整合程度　　（单位:%）

年份	1989	1990	1991	1992	1993	1994
商品贸易/GDP	—	—	—	—	—	—
服务贸易/GDP	—	—	—	—	—	—
外商直接投资/GDP（净流入）	1.1	1.3	2.8	2.5	2.3	6.4
年份	1995	1996	1997	1998	1999	2000
商品贸易/GDP	—	70.8	76.9	75.8	77.5	93.7
服务贸易/GDP	—	18.6	22.3	22.2	19.4	19.6
外商直接投资/GDP（净流入）	8.2	9.7	8.3	6.1	4.9	4.2
年份	2001	2002	2003	2004	2005	2006
商品贸易/GDP	92.7	99.1	109.4	122.3	124.8	—
服务贸易/GDP	19.4	19.1	18.7	19.0	18.0	—
外商直接投资/GDP（净流入）	4.0	4.0	3.7	3.5	3.6	3.8

资料来源：Asian Development Bank（ADB）—Key Indicators 2007, 2003; IMF: International Financial Statistics。

由表4－9可以看出，越南商品贸易与GDP的比值由1995年的70.8%上升到2005年的124.8%。服务贸易与GDP的比值在1996年到2005年的10年间没有大的波动，保持在22.3%（1997年）和18.0%（2005年）之间。

此外，从外资流入情况来看，据越南领事馆提供的数据显示，从1988年到2006年11月20日止，越南累计外资项目达到6700多个，合同金额累计达590多亿美元，实际投资金额累计达360多亿美元。中国台湾、新加坡、韩国、日本、中国香港依次为在越南投资的国家和地区排名的前五名。① 外商直接投资与GDP的比值，在1997年以前一直保持着较高的增长速度。到1996年年末达到9.7%的历史最高水平。1997年由于东南亚金融危机的影响，该比值明显下降，到2004年降到3.5%，是1997至2006年间的最低水平。之后情况有所好转，2005年和2006年外资流入量呈现上升趋势，外商直接投资与GDP的比值分别为3.6%和3.8%。目前，越南国内的新原材料生产、高新技术、生物技术、通讯技术、机械制造、农林水产品养殖、种植业、盐业、人造种子业、农作物种子培育、家畜种苗繁殖、劳动密集型项目及基建等项目对外资需求较大，越南也鼓励外商在这些领域积极投资。

4.7 宏观经济政策

4.7.1 通货膨胀率

如图4－14所示，2004年以前越南物价水平总体较为稳定，没有出现大的通货膨胀压力。2004年以后情况有所改变。2004年越南全国各地天灾频繁，禽流感连番肆虐，使越南不仅遭受惨

---

① 丘文敏：《走进越南　走进商机》，《大经贸》2007年第1期。

重的人员伤亡而且蒙受巨大的财产损失，加之国际市场价格波动，致使越南国内物价持续攀升。尽管政府投入巨资平抑物价，但全年物价上涨指数仍高达7.8%。这一指数远超出国会通过的5%的计划指标，恰好等于东南亚金融危机爆发后1998年的水平。2005年因受国际市场油价和汇率波动等因素的影响，全年物价上涨指数高达8.4%，突破6.5%的预定指标。为1996年到2006年的11年间最高纪录。其中，粮食价格上涨10.8%，建材上涨9.8%，交通邮费上涨9.1%，日用品上涨6%，教育费用上涨5%。① 2006年物价上涨幅度有所下降，为6.6%，同比回落1.8个百分点，其中食品价格上涨7.9%，住宅和建材价格上涨5.9%，教育价格上涨3.6%，邮电和交通运输价格上涨4.0%，黄金价格上涨27.2%。② 由于农产品和食品价格提高，农村居民的生活也有所改善。

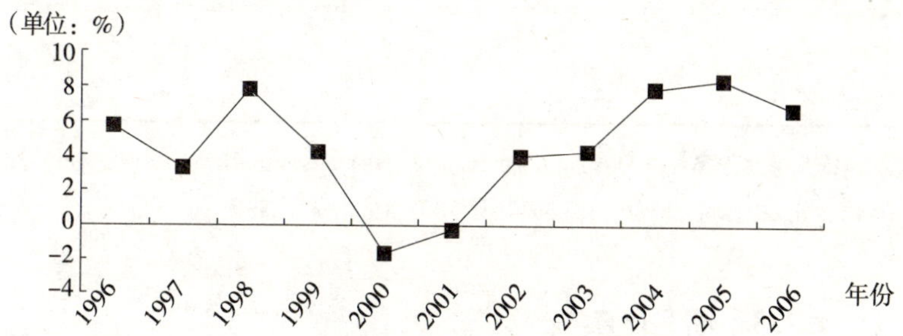

图4-14 越南消费者物价指数变化趋势图

资料来源：Asian Development Bank (ADB)—Key Indicators 2007。

---

① 王龙虎：《2005年越南经济发展状况及2006年展望》，《东南亚》2006年第1期。

② 《2006年越南经济形势综述及2007年经济发展目标》，越南《经济时报》2007年3月2日，www.texnet.com.cn。

4.7.2 失业率

1996年越共八大提出要大力推进国家工业化与现代化。2001年越共九大确定建立社会主义市场经济体制，并确定了三大经济战略重点，即以工业化和现代化为中心，发展多种经济成分、发挥国有经济主导地位，建立市场经济的配套管理体制。经过二十年的革新，越南经济保持较快增长，经济总量不断扩大，失业率较低。1998年至2006年的9年间，越南年平均失业率仅为3.04%。2004年达到2.1%的历史最低，2005年和2006年略有上升，2006年达到4.4%（见表4－10）。

表4－10 越南失业率 （单位:%）

年份	1998	1999	2000	2001	2002	2003
失业率	4.5	4.4	2.3	2.8	2.2	2.2
年份	2004	2005	2006			
失业率	2.1	2.5	4.4			

资料来源：Asian Development Bank (ADB) —Key Indicators 2007, http://www.adb.org/Documents/Books/ADB/2007/Update/default.asp。

4.7.3 债务比率

由表4－11可知，越南的债务比率由1989年的2.15%下降到了2005年的0.73%，下降幅度明显，但总体上还是一个负债比较高的债务国。最低的债务比率在2000年也达到了0.66%。较高的债务比率对越南经济的持续稳定发展是个隐患。但是，在越南市场经济发展初期资本缺乏的情况下，政府大举借债以支持经济快速发展也是情有可原，况且，在越南的债务结构中大部分是长期债务，政府偿债压力相应减小。

表4-11　越南债务比率　（单位:%）

年份	1989	1990	1991	1992	1993	1994	1995	1996	1997
债务比率	2.15	2.36	2.28	2.24	2.13	2.08	2.01	1.91	1.47
年份	1998	1999	2000	2001	2002	2003	2004	2005	
债务比率	1.39	1.31	0.66	0.60	0.60	0.69	0.73	0.73	

资料来源：Asian Development Bank(ADB)—Key Indicators 2007。

总的来看，越南改革开放二十多年来，发展成效显著。在今后的发展中，越南仍具有众多的发展优势。

首先，越南有着丰富的自然资源。越南的土壤、气候和生物资源具备了发展农、林、渔业的条件，可以养活众多的人口并有多种产品出口。越南的矿产资源特别是能源丰富。这几年，原油成为该国的第一大出口产品，煤炭也进入了主要出口产品的行列。此外，该国还有比较丰富的林业资源、渔业资源及旅游资源等，这些资源将会进一步得到开发和比较充分的利用。

其次，越南人力资源潜力较大。劳动力资源丰富，劳动力价格低廉，有利于吸引外资，有利于降低生产成本。越南的劳动力具有具有较好的教育基础，经过培训后能较快地掌握科学与技艺，这为加快越南的经济发展创造了有利条件。

再次，越南地理位置比较优越。越南地处中南半岛东部，位于重要的国际交通线上，有3200多公里长的海岸线。全国省市中有半数以上的省市临海，沿海多良港，具有明显的沿海优势。优越的地理位置，使越南具备了发展对外经济、吸收国外投资、发展经贸合作以及航空、航海、旅游等方面的有利条件。

最后，越南已具备了一定的物质基础。经过二十多年的革新开放，越南的物质财富逐渐增加，出口增长较快，经济具有了一定的积累。三次产业的发展以及大量的基础设施的建设，将对加快越南的经济发展发挥重大作用。

越南发展的骄人成绩已经吸引了世界的目光。在今后的发展中，如果越南能够有效地利用自身的发展优势，一如既往地坚持革新开放的发展道路，借鉴和吸收其他国家发展的成功经验，那么，越南经济将会迎来更广阔的发展空间。

5 缅　甸

5.1 国家概况

缅甸位于中南半岛的西部，在西藏高原和马来半岛之间。总领土面积为67.67万平方公里。海岸线长3200公里。属热带季风气候。缅甸森林资源丰富，全国拥有林地3412万公顷，森林覆盖率占总面积的50%以上，是世界上柚木产量最大的国家。缅甸将柚木视为国树，被称为“树木之王”、“缅甸之宝”。缅甸盛产的玉石和宝石在世界上享有盛誉。①

缅甸是一个历史悠久的文明古国，最早于1044年形成统一国家，曾经历了蒲甘、东坞和贡榜三个封建王朝。英国于1824—1885年间先后发动了3次侵缅战争并最终占领了缅甸，完全占领缅甸后，1886年英国将缅甸各地合并，称为英属缅甸。1897年英国驻印度总督根据印度议会法案，宣布缅甸为印度的一个“自治省”。1937年缅甸脱离英属印度殖民地，直接受英国总督统治。第二次世界大战前夕，缅甸民族主义者的政治组织为了争取独立，赶走英国统治者，纷纷建立了自己的武装，但非常缺乏武器，日本答应向缅甸民族主义者提供武器援助和军事训练。缅甸民族主义者最终发现了自己引狼入室，1942年日军占

---

① 林锡星：《揭开缅甸神秘的面纱》，广东人民出版社2006年版，第14页。

领缅甸。1945年缅甸自由同盟在全国人民的支持下，武装起义，配合盟军反攻，收复仰光，缅甸光复。第二次世界大战后英国重新控制缅甸。在当时全球民族独立解放的大趋势下，1947年10月，英国被迫公布缅甸独立法案。1948年1月4日，缅甸脱离英联邦宣布独立，建立缅甸联邦。1974年1月，改称缅甸联邦社会主义共和国，1988年9月23日改称“缅甸联邦”。

缅甸独立后，经历了吴努议会党派时期（1948年—1963年3月）、奈温缅甸社会主义纲领党政府时期（1963年3月—1988年8月）、缅甸国家恢复法律与秩序委员会军人政府时期（1988年9月至今，1997年11月改为国家和平与发展委员会）。总的来说，从1964年开始，缅甸经济形势每况愈下，外交关系日益孤立，在当今日新月异的全球化时代，成为名副其实的“隐士”国家。由于军人政权拒绝承认1990年5月的民主大选结果，不接受欧美提出的把政权交给民选政府和同反对派领袖昂山素季对话的要求，因此，缅甸长期受到欧盟与美国的制裁。

长期以来，缅甸人口增长平稳。从1950年到2006年，人口数量从1783万增加到5540万，用半个多世纪大约增长了三倍多，人口的增长与亚洲一些国家相比不算很快。人口年均增长速度在2%左右①，每年人口增长约一百万人，增长率非常平稳（见图5-1）。缅甸一直没有实行任何的人口政策，而实行自由生育，所以人口的增长保持着自然增长率的速度。

缅甸人口密度较高（世界人口密度大约为33人/平方公里），从1950年的26人/平方公里增加到2006年的82人/平方公里，

---

① 1988年缅甸人口增长率突然加快，接近6%。原因是缅甸经历了大约二十多年的社会主义纲领政府的统治后，在1988年缅甸成立了国家恢复法律与秩序委员会军人政府，全缅甸都对这一届政府抱有较大的期望，同时缅甸政府在1988年接收了因战乱流浪在外的一些移民，使缅甸人口在短时间内有大量的增加。

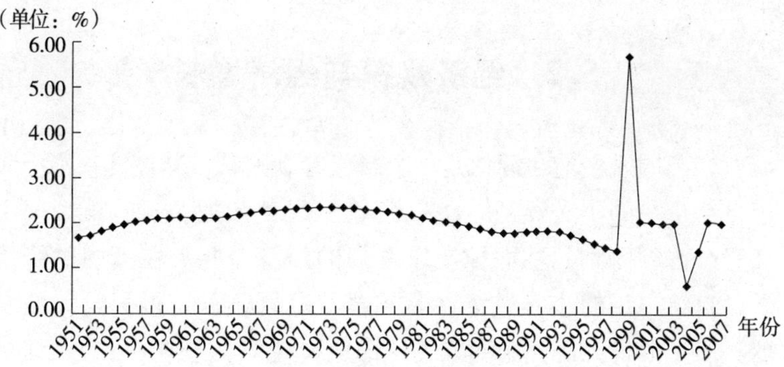

图5-1 缅甸人口增长率

资料来源：IMF: International Financial Statistics, 2007。

同人口总数一样，五十多年来人口密度大概增加了三倍多。人口密度一直保持正增长，每年大概增加1—2人/平方公里，增长率非常平稳，具体如表5-1所示。

表5-1 缅甸的人口密度 （单位：人/平方公里）

年份	1950	1951	1952	1953	1954	1955	1956	1957	1958	1959
人口密度	26	27	27	28	28	29	29	30	31	31
年份	1960	1961	1962	1963	1964	1965	1966	1967	1968	1969
人口密度	32	33	33	34	35	35	36	37	38	39
年份	1970	1971	1972	1973	1974	1975	1976	1977	1978	1979
人口密度	40	41	42	43	44	45	46	47	48	49
年份	1980	1981	1982	1983	1984	1985	1986	1987	1988	1989
人口密度	50	51	52	53	54	55	56	57	58	59
年份	1990	1991	1992	1993	1994	1995	1996	1997	1998	1999
人口密度	60	61	62	64	65	66	67	68	69	73
年份	2000	2001	2002	2003	2004	2005	2006			
人口密度	74	76	77	79	79	80	82			

资料来源：IMF: International Financial Statistics, 2007。

5.2　经济规模与经济增长

在英国入侵前，缅甸是一个封建专制国家，其经济基本上属于自给自足的小农经济。1885年第三次英缅战争后，英帝国主义完全占领缅甸，从而控制了缅甸的经济命脉。在英国的统治下，自给自足的小农经济逐渐瓦解，商品经济获得了较大的发展。但是缅甸经济完全变成了殖民地型经济。① 独立后，缅甸实行了一系列的经济改革。首先是对部分外资企业实行国有化政策、土地国有化政策、兴办国营企业、辅助工商私营企业等，使得缅甸经济有了恢复性增长。独立后，新诞生的缅甸政府积极恢复与发展国民经济，并制定和执行了若干个经济计划。有《缅甸经济发展二年计划》、《缅甸经济与社会发展综合计划》、第一、二个"四年"计划，全面地推进了缅甸经济的发展。但第一个"四年"计划执行得并不好，按计划第一个年度国内生产总值增长5.4%，实际仅达到2.4%；第二个年度国内生产总值原定增长8%，但实际出现负增长。②

与相邻的几个"经济小龙"如泰国、新加坡、马来西亚相比，缅甸过去在经济上可谓是"默默无闻"。有人曾这样形容，从泰国的曼谷到缅甸的仰光就好比从一座繁华的大都市来到一个偏僻的县城。然而，今天的缅甸却让人们刮目相看，特别是进入20世纪90年代后，缅甸创造出经济连续几年高速增长的奇迹，增速高于西方主要发达国家和国际社会同期的平均增长速度。

---

① 杨长源、许清章、蔡祝生：《缅甸概览》，中国社会科学出版社1990年版，第24页。

② 杨长源、许清章、蔡祝生：《缅甸概览》，中国社会科学出版社1990年版，第57页。

2006年缅甸的国民生产总值达到267亿美元，经济增长率为12%。此外，通货膨胀也得到了有效控制，失业率呈下降趋势，国外投资迅速增加，泰国、新加坡、中国香港、日本、中国、韩国等地的商家纷纷前来缅甸投资办厂。

缅甸经济发展的动力来自自身的改革。早在1988年军人接管政权后，缅甸当局就着手实施将中央计划经济逐渐向市场经济过渡的战略，对经济结构进行大刀阔斧的调整。缅甸国家恢复法律与秩序委员会军人政府时期，缅甸宣布经济实行对外开放，提出“要发展以扩大出口为目标的民族工业”，并出台了一系列的措施，如私人企业家可以出口除石油、珠宝、柚木和矿石以外的所有物质；外国公司可以通过合伙公司和与缅甸私营企业建立的合资公司同政府或政府的合作企业进行贸易等。这些改革使得缅甸几十年来形成的封闭型经济发展模式逐渐被打破。

缅甸经济大部分的年份一直保持着增长的势头①(见图5-2),国内生产总值从1976年的1436.78亿美元增加到2006年的7181.33亿美元,二十年大约翻了两番多,经济有了长足的发展。总的来说,经济保持稳定的增长,在20世纪80年代初和80年代末,曾出现了几年的负增长,但随后又迅速地得到恢复。在90年代末的东南亚金融危机中,缅甸的经济波动很小,还出现正增长,这在一定程度上说明缅甸还是一个封闭的经济体。20世纪90年代后,缅甸经济增长速度明显加快,这主要得益于国家恢复法律与秩序委员会军人政府特别重视经济的发展。政府对缅甸的农业、饲养业、林业、矿业、工业、电业、建筑业、交通邮电业、金融业、贸易业、传播媒介事业及群众娱乐事业等国民经济的各个方面,都制定了详细

---

① 只有1978年及1988年出现微弱的下降趋势。这可能是由于1988年缅甸国家恢复法律与秩序委员会的军人政府正式推翻了奈温的缅甸社会主义纲领党政府，政治上对经济存在着一定的冲击，影响了经济的增长。

的改革措施,明确了缅甸经济的发展方向与道路。进入21世纪后,缅甸经济增长再次提速,GDP年增长最高达千亿美元。

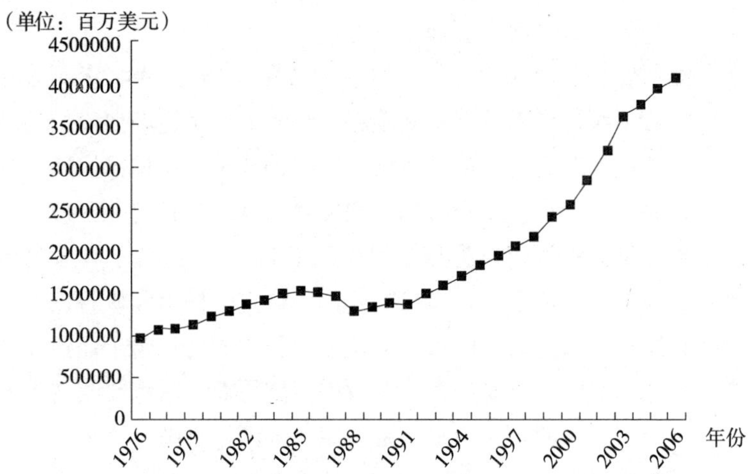

图5－2 缅甸国内生产总值变化情况

资料来源：IMF: International Financial Statistics, 2007。

经济改革使得缅甸经济总规模显著扩大，但其人均国内生产总值水平较低。如表5－2所示，1976年缅甸的人均国内生产总值只有170多美元，即使是2006年也仅有232.25美元。同时，缅甸的人均国内生产总值波动幅度很大，且波动很不规则，如1989年的人均国内生产总值为496.53美元，但到了下一年，即1990年就只有68.36美元，缩减了七倍左右。这与前一年发生的政治运动有一定的关系。①

① 缅甸还有一个奇特的现象，2006年美元对缅元的官方汇率大概为1美元=6缅元，市场汇率却是1美元=850—1000缅元，如果按市场汇率计算，那用美元表示的缅甸经济规模将缩水100多倍。同理，缅甸的人均GDP也将减少100多倍，那缅甸的人均GDP就只有几美元了。

表5-2　缅甸人均国内生产总值　（单位：美元）

年份	1976	1977	1978	1979	1980	1981	1982	1983
人均 GDP	170.91	179.67	186.41	193.1	186.24	179.70	181.86	184.49
年份	**1984**	**1985**	**1986**	**1987**	**1988**	**1989**	**1990**	**1991**
人均 GDP	184.21	197.97	233.98	292.54	321.14	496.53	68.36	57.22
年份	**1992**	**1993**	**1994**	**1995**	**1996**	**1997**	**1998**	**1999**
人均 GDP	63.41	72.78	93.79	122.63	108.74	100.35	134.13	172.74
年份	**2000**	**2001**	**2002**	**2003**	**2004**	**2005**	**2006**	
人均 GDP	177.64	129.19	129.91	196.64	198.63	219.94	232.25	

资料来源：International Monetary Fund: World Economic Outlook Database, October 2007。

从图5-3可以看出，缅甸经济大部分年份均保持着正的增长，除了1978、1986、1978、1988及1991年5年外①，其余年份的GDP增长速度均为正值。20世纪90年代后，经济的增长率相对比较平稳，大多在7%左右波动。进入21世纪以后，经济增长又出现了大幅度的摆动，不过增长率均处于正值并表现出很强的势头。2003年更是达到13.8%的增长高速。

① 1988年缅甸经济出现了11.4%的负增长，这主要是因为当时以奈温将军为首的缅甸“革命委员会”接管了全国政权，宣布了一项“缅甸式社会主义”的政治纲领，声称要建立“社会主义经济制度”，其后相应地采取了一系列重要的政策措施。奈温统治的缅甸社会主义纲领党政府把缅甸带到了崩溃的边缘，在奈温执政的二十多年中，民族问题一直是缅甸社会的一个主要问题。反政府武装林立，比较大的就有十多股。奈温曾自嘲地说：“若要问哪一个国家的反政府武装最多，那就是缅甸。”由于长期的局势动荡，经济出现大幅度滑坡，直接导致1988年9月苏貌接管了政权，宣布实行军事管制。

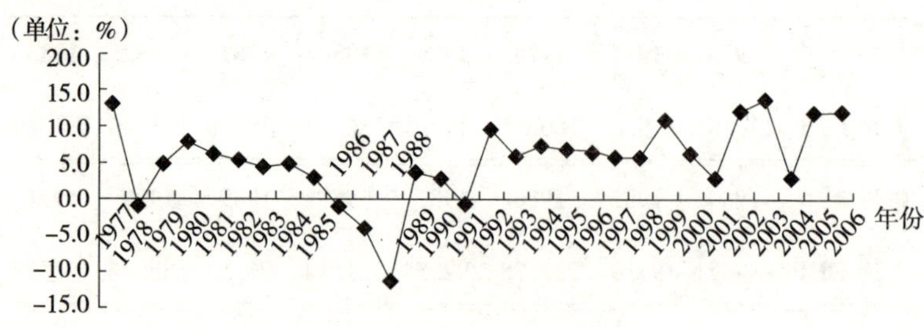

图 5-3 缅甸 GDP 增长率

资料来源：Asian Development Bank (ADB)—Key Indicators 2007, 2003。

5.3 产业增长

5.3.1 农业发展状况

独立后，缅甸当局为恢复农业生产做了许多工作。首先进行土改，打击非法从事耕作的大地主，通过分配征用来的土地建立一个殷实的农户阶层。同时还垄断农产品的收购和进口，制定了一系列农业的发展规划。

农业是缅甸国民经济的基础，缅甸的农作物主要有稻谷、小麦、玉米、棉花、甘蔗和黄麻等。由于缅甸农业在国民生产中所占比重较大，缅甸政府一直十分重视农业的发展，尤其是主要农作物稻米的生产。自 20 世纪 70 年代末期的第二个“四年”计划实施以来，所有类型农作物的生产率都在不断增长，尤其是 20 世纪 80 年代中期以来，缅甸的农业有了巨大的发展，农业总产值从 1985 年的 1159.64 亿美元增长到 2004 年的 3812.35 亿美元，增长了将近 3.29 倍（见表 5-3）。进入 21 世纪以后，农业增长进一步加快，多数年份实现了两位数的增长率。

表 5-3　缅甸农业产值及增长率

（单位：百万美元，%）

年份	1985	1986	1987	1988	1989	1990	1991
农业产值	115964	129791	143312	118967	121289	133714	131247
增长率	2.1	0.5	-4.8	-12.5	4.4	1.8	-2.4
年份	1992	1993	1994	1995	1996	1997	1998
农业产值	139415	145614	163887	174898	177571	172778	188424
增长率	10.5	4.6	5.9	4.8	5.0	3.7	4.5
年份	1999	2000	2001	2002	2003	2004	
农业产值	204728	215818	234591	269087	328549	381235	
增长率	11.5	11.1	8.7	6.0	11.7	11.0	

资料来源：Asian Development Bank（ADB）—Key Indicators 2007，2003。

5.3.2　工业发展状况

20 世纪 80 年代中期以来，缅甸工业发展迅速，工业总产值从 1985 年的 122.98 亿美元增加到 2004 年的 1089.67 亿美元，增加了 8.86 倍（见表 5-4）。目前，缅甸正在推行国营企业私有化，鼓励发展私营企业和合资企业。合资形式可以是政府与国内私营企业合资经营，也可以是政府与外国私营企业合资经营。这一改革将使国营经济成分在国民经济中所占比例大幅度下降。这不仅使政府彻底甩掉国营企业长期亏损的沉重包袱，减轻财政补贴的负担，而且使政府从中回收一大笔资金，用以支援国家的重点建设。

缅甸人的目标是追赶亚洲“四小龙”。他们清楚，只有国家工业的快速发展，才能达到所追求的目标。缅甸的工业产值一直保持稳定的上升趋势，在 1985 年到 1988 年还只是缓慢的增长，1988 年以后增长幅度明显加大，20 世纪 90 年代后增长率大多在 20%—40% 之间，其中，2002 年工业总产值比 2001 年增加了将近615亿美元，2003年环比增长752亿美元，2004年环比增长764亿美元。尽管如此，缅甸的工业增长率波动还是很明显，如2002年的工业增长率高达94.9%，而1986年和1987年工业增长率则为负值。

缅甸一直主张发展进口替代型工业，比如，停止进口国外汽车的同时，加大了对国产汽车的生产规模。目前生产的掸邦星、亲墩江、超级曼德勒、PKLL等多种吉普车非常畅销。同时，缅甸还积极利用外资或国外借款建设了一批各类工厂，使其工业实力得到进一步增强。

表5－4　缅甸工业产值及增长率

（单位：百万美元，%）

年份	1985	1986	1987	1988	1989	1990	1991
工业产值	12298	12833	14105	11137	12546	14329	14626
增长率	2.6	－6.3	－5.2	－16.8	15.4	5.5	1.5
年份	1992	1993	1994	1995	1996	1997	1998
工业产值	15842	17562	20585	23617	25286	25842	28605
增长率	12.7	11.0	10.3	12.7	10.7	8.9	6.1
年份	1999	2000	2001	2002	2003	2004	
工业产值	31732	36548	44515	65004	85801	108967	
增长率	13.8	21.3	21.8	35.0	20.8	21.5	

资料来源：Asian Development Bank (ADB)—Key Indicators 2007, 2003。

5.3.3　服务业发展状况

缅甸的服务业规模相比于农业和工业并不算小，2004年农业产值为3812.35亿美元，工业产值为1089.67亿美元，而服务业产值有2617亿美元，大于工业产值而小于农业产值。

缅甸的服务业增长趋势非常明显。服务业产值由1985年的407.92亿美元增长到2004年的2617亿美元，在不到20年的时间里增加了6.42倍（见表5－5）。此外，缅甸服务业增长率的变化也很明显，经过1988年政府换届后，服务业有了比较大的增长，达到了60%。以后就表现出一种周期波动的特征。每隔约4—5年就是一个周期，但周期的波幅呈现扩大的趋势。

表5－5 缅甸服务业产值及增长率

（单位：百万美元,%）

年份	1985	1986	1987	1988	1989	1990	1991
服务业产值	40792	40812	40833	40853	40874	40895	40915
增长率	3.9	－1.2	－2.6	－8.3	－0.4	3.1	0.7
年份	1992	1993	1994	1995	1996	1997	1998
服务业产值	40936	40956	40977	40997	41018	41038	41059
增长率	7.6	6.1	8.3	7.3	6.5	6.7	7.0
年份	1999	2000	2001	2002	2003	2004	
服务业产值	41079	41100	140711	174684	218730	261700	
增长率	9.2	13.4	12.9	14.8	14.6	14.5	

资料来源：Asian Development Bank (ADB)—Key Indicators 2007, 2003。

虽然缅甸的服务业有了显著的增长，但如果依据服务业在不同经济发展阶段的特点进行分类，缅甸服务业主要是生产方式比较传统的，技术与知识密集程度低的服务业。此外，缅甸的服务业主要就是对外贸易的发展，占到服务业的72%，1985年对外贸易为17亿美元，2004年达到了1751亿美元。占服务业比重较大的还有交通运输业，年平均比重为24%。由于缅甸恶劣的道路环境，致使缅甸普通老百姓都对交通有着超额的需求，造成缅甸的交通业虽然很差，但业务量仍然很大。仅对外贸易和交通运输业就占到服务业的96%，可见缅甸服务业结构的严重畸形。

缅甸的金融业刚刚起步，规模相当小。1985 年的金融业产值只有 1.72 亿美元，即使到了 2004 年也只有区区的 12 亿美元。缅甸金融业产值的变化十分稳定，除了 1988 年和 1989 年受到政治风暴的影响，增长率下降到 1.6% 和 -86.0% 以外，其余年份的增长率大多在 20% 和 40% 之间波动（见表 5-6）。金融业的开放程度远不及工业及制造业的开放程度，发展相对缓慢。

表 5-6　缅甸金融业产值及增长率

（单位：百万美元,%）

年份	1985	1986	1987	1988	1989	1990	1991
金融业产值	172	204	250	254	35	45	53
增长率		18.8	22.3	1.6	-86.0	26.3	18.5
年份	1992	1993	1994	1995	1996	1997	1998
金融业产值	59	81	127	174	206	221	269
增长率	10.6	38.3	56.5	37.3	17.9	7.4	22.0
年份	1999	2000	2001	2002	2003	2004	
金融业产值	296	326	487	767	925	1205	
增长率	9.8	10.4	49.3	57.4	20.6	30.3	

资料来源：Asian Development Bank (ADB)—Key Indicators 2007, 2003。

综合对比缅甸三次产业的发展状况（见图 5-4），我们发现 20 世纪 80 年代中期到 90 年代以前，三次产业均处于负增长的状态。进入 20 世纪 90 年代以后，三次产业先后进入正增长的轨道。从总产值来看，虽然缅甸的农业实际上只是一个作物种植部门，但农业在国民经济中历来占据首要地位。尽管如此，从三次产业的增长率来看，农业增长率最低，大都在 5% 左右波动。进入 21 世纪以后，农业增长率有所提高，年平均增长率近 10%。缅甸服务业的增长速度与农业增长速度相似。20 世纪 90 年代以前增长率都是负值，20 世纪 90 年代以后增长率基本保持在 6%—8%，进入 21 世纪后，服务业增长率超过 10%，最高时达到 14% 的水平。与农业和服务业相比，缅甸的工业增长速度最快。整个 20 世纪 90 年代，工业增长率一直保持在 10% 以上，进入 21 世纪以后，工业增长速度更是突飞猛进，2002 年竟然达到了 34.98% 的历史最高水平。

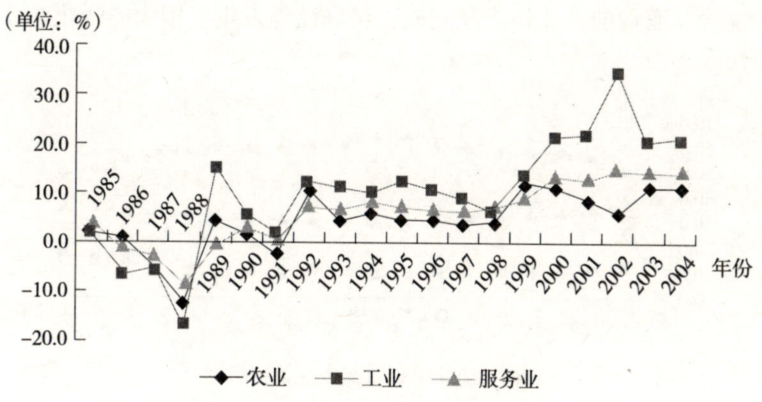

图 5-4　缅甸三次产业的增长状况

资料来源：Asian Development Bank (ADB)—Key Indicators 2007, 2003。

由图 5-4 还可以明显地看出，三次产业增长率的波动情况，工业增长率波动最为明显，农业和服务业的变化相对平稳。

5.4　产业结构

20 世纪 90 年代以来，缅甸经济进入了一个转型时期，缅甸政府对其长期实行的经济发展模式与管理体制进行了结构性改革。缅甸政府放松对经济的干预程度，实行总体上自由，但又不放弃宏观调控的经济管理新体制，同时把半封闭的经济转变为半

开放的市场经济。缅甸政府对国营经济部门进行治理整顿，削减公营企业经济的规模，对长期亏损的公营企业实行关、停、并、转；取消对公营企业的保护性政策，逐步减少对公营企业的投资保障，使其通过金融市场向社会集资，减少公营企业对政府的依赖。同时扩大对外开放，大力吸引外资，积极促使缅甸经济同国际转轨。

经过缅甸国家恢复法律与秩序委员会军人政府将近 20 年的统治，缅甸的产业构成及其成长格局已经发生了很大的变化。

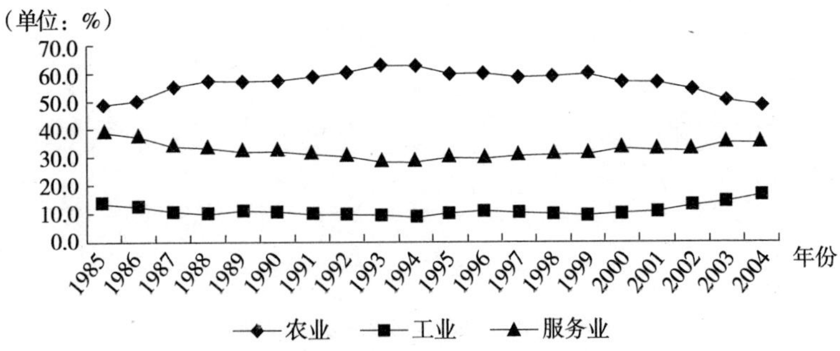

图 5－5　缅甸农业、工业、服务业占 GDP 百分比

资料来源：Asian Development Bank (ADB)—Key Indicators 2007, 2003。

如图 5－5 所示，缅甸的产业结构中农业占有突出的地位，农业占 GDP 的比重大多年份都在 50% 以上，1993 年和 1994 年更是达到了 63% 的最高水平。服务业产值占到 GDP 的 1/3 左右。工业的比重明显偏低，大都在 10% 左右徘徊，不足 20%。由此可知，缅甸的产业结构呈现出“一、三、二”型的特征。按照普通国家或地区经济结构的演变规律，通常是由“一、二、三”型向“二、一、三”型，最后再到“三、二、一”型的顺序发展。

从缅甸现有的产业结构来看，缅甸经济发展中，农业的支柱地位长期以来没有本质的变化，加之工业产值所占比重偏低（不足20%），导致缅甸经济总体上仍然处于农业经济阶段。与此同时，在工业没有充分发展的情况下，服务业占GDP的比重（30%—40%）超过工业。这与通常情况下，工业的发展领先于服务业的发展，通过工业化的进程带动服务业发展的产业成长轨迹不相一致。对这一特殊现象可能的解释是，由于欧美国家对缅甸长期的经济封锁，严重制约了其工业技术的引进和工业原材料的进口。

欧美国家对缅甸的经济封锁，导致缅甸只有向近邻不太发达的东南亚国家求助，大力发展与这些国家之间的贸易，进口东南亚国家的工业制成品，然后大量出口本国的原材料。这样一进一出不仅实现了缅甸对外贸易的发展，而且也极大地促进了服务业的发展。

5.5 需求结构

5.5.1 总需求各部分的增长率

20世纪80年代中期以来，缅甸居民消费支出除了在1986、1987、1988和1991年出现负增长外，进入90年代以后一直保持着平稳增长的态势。进入21世纪以后更是保持了12%以上的快速增长。居民消费支出从1985年的63.94亿美元增加到2000年的3426.28亿美元。十五年间变化显著。

总资本形成的增长率在20世纪90年代以前大多是负值，90年代以后实现正的增长，增长率最高达到29.15%（1990年），在2003年和2004年均是24%以上的增长率。总资本形成从1985年的11.17亿美元增加到2004年的1934.84亿美元。总资本形成的变化幅度很大，保持高位振荡，最高的增长率达30%，最低的增长率为-20%，两者相差高达50%（见图5-6）。

缅甸商品与劳务进出口规模较小且变化不大。商品与劳务出

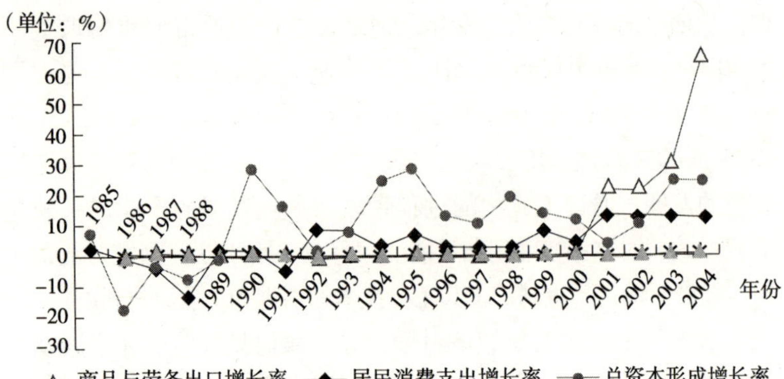

图 5-6　缅甸总需求各部分增长率的变化

资料来源：Asian Development Bank (ADB) —Key Indicators 2007, 2003。

口从 1985 年的 3.31 亿美元增加到 2004 年的 30.48 亿美元，商品与劳务进口从 1985 年的 6.62 亿美元增加到 2004 年的 20.70 亿美元。从增长速度来看，商品与劳务出口在 21 世纪以前增速缓慢且波动很小，2001 年后突然提速，增长率达到 20% 以上，2004 年更是达到了惊人的 64.56% 的高速度。商品与劳务的进口几乎连年负增长，仅有 1990、1993 和 2004 年是正增长，但波动幅度很小，都没有超过 1%。商品与劳务进出口规模偏小且增长不显著的现实，表明缅甸外向型经济发展十分有限，本国与国际的交流往来并不密切。

最后来看缅甸的投资规模与储蓄的变化情况。如图 5-7 所示，缅甸的投资和储蓄一直保持较高的增长速度，投资的增长率多在 12% 左右，投资规模由 1985 年的 11.22 亿美元增加到 2004 年的 1996.78 亿美元，增长显著。国民储蓄规模由 1985 年的 7.59 亿美元增加到 2004 的 2006.35 亿美元。随着经济的发展，缅甸人民也有了一些储蓄。国内储蓄规模由 1985 年的 8.34 亿美元增加到 2004 年的 2006.56 亿美元。国内储蓄和国民储蓄相差无几，说明缅甸在国外的居民较少向国内汇款，或者缅甸在国外的居民本来就很少。

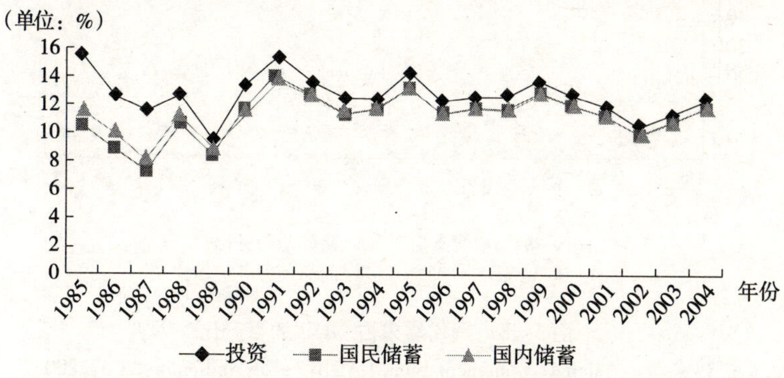

图 5－7　缅甸投资和储蓄增长率

资料来源：Asian Development Bank (ADB)—Key Indicators 2007, 2003。

缅甸的总投资中外国投资的比例不断加重。据不完全统计，现已有 1000 多家进出口公司、650 家外国企业在缅甸注册或开业。据缅甸官方数据，1988 年至 1997 年 7 月，外国在缅甸的投资金额累计已达 63.61 亿美元。①

5.5.2　总需求各部分占 GDP 的比重

由图 5－8 可知，1985 年到 2004 年间，居民消费支出在缅甸的国内生产总值中一直占有相当大的比重，始终保持在 87% 以上的比例，大部分年份接近 90% 甚至超过 90%。总资本形成所占的比重不算大，一般在 12% 左右徘徊。而商品与劳务进出口所占比重明显偏低，并且呈现出逐年递减的趋势。商品与劳务的

① 小齐：《缅甸的外国投资环境现状及前景》，《东南亚南亚信息》1998 年第 9 期，第 23 页。

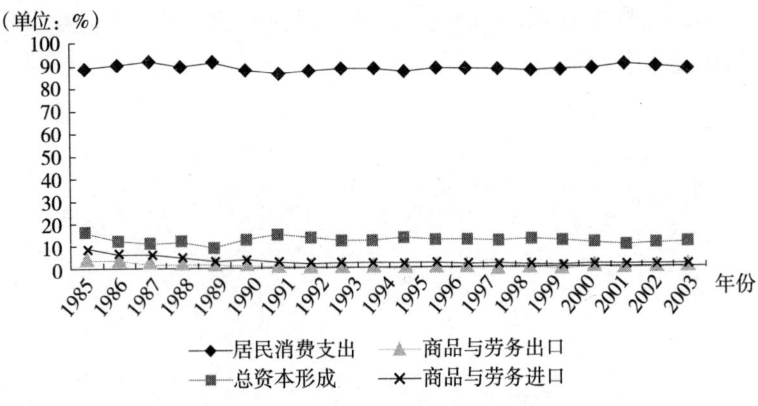

图 5－8　缅甸需求占 GDP 的百分比

资料来源：Asian Development Bank (ADB)—Key Indicators 2007, 2003。

进出口占 GDP 的比重在 1985 年为 13.2%，到 2004 年却只有 0.3%。这一情况再次说明了缅甸外向型经济发展水平十分有限。

5.6　经济开放

缅甸独立后相当长的时期内，政府过分强调“自力更生”和保护民族工业的发展，致使缅甸经济基本上处于一种半封闭的状态。21 世纪初以来，政府果断地改变了以往的做法，积极改善投资环境，大力吸引外资，实行新的外资管理政策，简化外资企业的审批手续，成立专门机构，协助外商到缅甸直接投资，逐步废除进口许可证制度，加强对外贸易，颁布新的自由贸易政策，大幅度降低公司税与关税等。外资方面，从以国际借款为主转变为以吸引直接投资为主，并鼓励外资优先投入电力、通信、运输、电子等基础工业设施与高新技术领域。

为了吸引更多的外资发展本国经济，缅甸不断改善基础设施，筑路、架桥、修码头、建机场、增加通讯线路。在短短的几

年内，使缅甸的基础设施得到了很大的改善：1988 年以前，缅甸全国公路总长度为 4573 英里，截至 1990 年年底，已经达到 8300 英里，净增 2727 英里；1988 年以前，缅甸全国铁路总长度为 1976.35 英里，截至 1996 年 9 月，已经达到 2757.34 英里，净增 780.99 英里；新建桥梁 160 座，民航增加了新的航线，内河航运新添了 80 多艘轮船，扩建和新修了 5 个飞机场，新增电话 112233 门。同时，投资的软环境也不断得到改善。1988 年 11 月 30 日，缅甸政府颁布了《缅甸联邦外国投资法》，同年 12 月，缅甸政府又颁布了《缅甸联邦外国投资法实施细则》，并成立了外国投资委员会，负责审查和批准外国在缅甸的投资项目。根据上述两个有关外国投资的法律，缅甸政府允许外商以外汇、机械设备、营业执照、商标及生产专利等形式在缅甸投资，投资方式可以独资，也可以合资，但合资企业外国资本不能低于 35%。①

5.6.1 进出口总量

外贸在缅甸经济中占有很重要的地位。出口贸易一直是缅甸获取外汇的重要来源之一（另外的来源是国际经济组织和外国的援助和贷款）。缅甸所需要的大部分生产资料和部分消费资料也都是依靠进口。缅甸一直对外贸实行政府管制，出口主要由国营农产品贸易局、木材局、橡胶出口与发展公司和半官方的缅甸联邦批发合作社控制，这些政府机构负责统一采购大米、柚木、

---

① 缅甸特别能吸引外国投资商的青睐，主要因为：丰富的自然资源，全国拥有林地 3800 万公顷，森林覆盖率达 50%；矿产资源种类繁多，主要有石油、天然气、锑、锡、钨、铅、锌、金、银、煤等，缅甸宝石、玉石以储量大、质地优而享誉世界。缅甸江河纵横，水力资源理论蕴藏量居东南亚各国首位，尤以萨尔温江（在我国境内为怒江）蕴藏量最丰，缅甸拥有大陆架 12 万平方公里，因此渔业资源也很丰富，年理论捕捞量为 230 万吨以上，目前仅开发 70 万吨左右。

橡胶和棉花四种重要的出口产品，并垄断这些产品的出口。其他产品既可由官方经营，也可由私商出口，但私商在出口前需向有关部门申请批准。在进口方面，缅甸政府垄断了主要民用品的进口，但也允许私商经营部分进口，除政府规定的一些商品可以自由进口外，其他商品都必须向政府申请签发进口许可证才能进口。

如图5－9所示，近二十年来，缅甸的进出口额都保持了一定的增长幅度，出口额从1985年的3.43亿美元增加到2005年的34.68亿美元，增加了10倍多；进口额从1985年的6.2亿美元增加到2005年的19.34亿美元，增加了3倍多。虽然出口额的增长明显快于进口额的增长，但是从总量上来看，长期内多数年份的进口规模大于出口规模，所以1985年到2001年，缅甸的对外贸易一直处于逆差状态，直到2002年以后，情况才有所改变，2002年至2005年对外贸易转为顺差，并且顺差幅度较大。

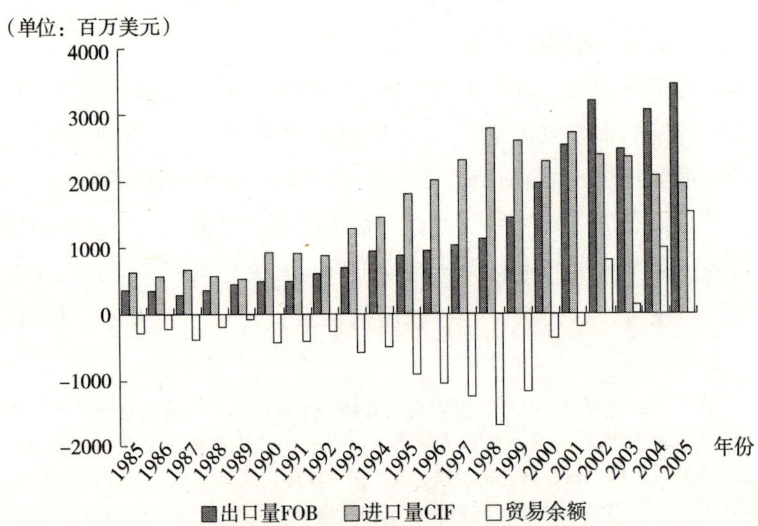

图5－9　缅甸进出口量与贸易余额

资料来源：Asian Development Bank (ADB)—Key Indicators 2007, 2003。

缅甸经常账户余额占 GDP 的比重不断下降（见表 5－7），这再次说明，相对于经济总的增长速度而言，缅甸进出口的增长速度明显滞后。可以说，在未来的经济发展中，如果缅甸要保持持续稳定的经济增长速度，就应当在如何显著加快其外向型经济发展方面做出更大的努力，否则进出口增长缓慢的短板对总体经济增长的制约作用将会越来越明显。

表 5－7 缅甸贸易占 GDP 的比重 （单位:%）

年份	1985	1986	1987	1988	1989	1990	1991
经常账户余额	－3.1	－3.7	－1.7	－1.5	－0.4	－1.8	－0.9
年份	1992	1993	1994	1995	1996	1997	1998
经常账户余额	－0.31	－0.3	－0.1	－0.3	－0.2	－0.2	－0.2
年份	1999	2000	2001	2002	2003	2004	
经常账户余额	－0.13	－0.03	－0.03	0.001	－0.002	－0.01	

资料来源:Asian Development Bank（ADB）—Key Indicators 2007，2003。

5.6.2 进出口商品结构

在缅甸历年的出口商品结构中，食品与原材料出口一直占有很大的比重，约占出口商品总额的 90% 以上。燃料、矿石与金属和制造品出口所占的比重在 21 世纪以前都是相当小的，三者加起来还不足 1%，其中燃料的出口在 2000 年以前每年都只有几百万美元。进入 21 世纪以后，全球对原材料需求的迅速增长及全球能源危机的出现，世界对能源燃料的需求增多，缅甸也搭上顺风车，迅速增加了燃料的出口，2000 年的燃料出口是 1999 年的 36 倍多。2002 年仅燃料一项的出口就占到 GDP 的 5.5%。

矿石与金属的出口情况与燃料出口比较类似，在 2000 年以前也是只有几千万美元左右，但 2000 年以后就有了突飞猛进的增长，2002 年的矿石与金属的出口就达到了 1.381 亿美元，并且还呈现逐年上升的趋势。缅甸的矿业发展一直比较缓慢，其中主要的金属矿产品包括锡矿、铅矿、钨矿、锌矿、镍矿、铜矿、锑矿等。20 世纪 80 年代以后，缅甸大力发展矿业，并采取了一系列的措施，如允许外国公司取得开采权、对勘探区实行公开招标，以此筹资来扩大开采量等。制造品的出口变化也比较大，总的趋势是在增加，但有时也会降到谷底。20 世纪 90 年代以前都是在 2000 万美元左右徘徊，1990 年猛增到 3.44 千万美元，随后 1991 年又降到了 1.08 千万美元，1992 年再次上升到 4.52 千万美元。总的来说，制造品的出口波动很不规则。

总之，缅甸的出口商品结构在 21 世纪初发生了一些显著的变化，21 世纪以前主要以出口食品和农业原材料为主，之后，受世界经济发展变化的影响，开始向主要以出口工业原材料和燃料为主转变（见图 5－10）。

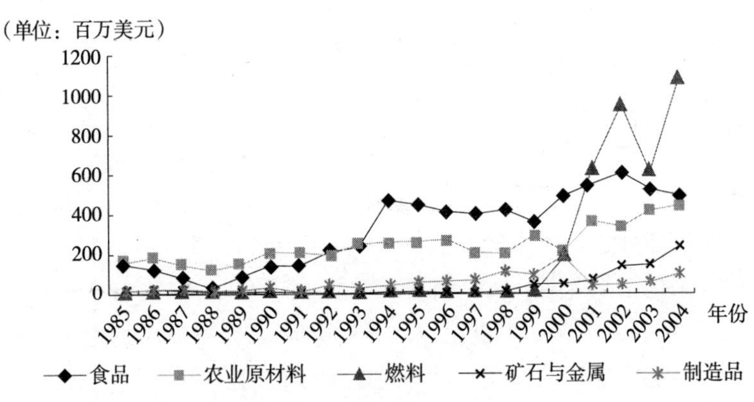

图 5－10　缅甸出口商品结构

资料来源：Asian Development Bank (ADB)—Key Indicators 2007, 2003。

缅甸进口商品结构与出口商品结构恰恰相反。制造品进口占有相当大的比重，超过了食品、农业原材料和燃料三者比重之和。制造品进口占 GDP 的比重最高达 8% （1998 年），最低为 2.4% （2004 年）。制造品进口额最高时达到 63.48 亿美元（1998 年），最低时也有 14.47 亿美元（1988 年）。

农业原材料进口最少，每年只有几千万美元，最低的是 1986 年，只有 4 百万美元；最高的是 1999 年，也不过 3.2 亿美元。农业原材料进口占 GDP 的比重多数时间都在 0.5% 左右徘徊，进入 21 世纪后还有逐年递减的趋势，2004 年农业原材料进口占 GDP 的比重仅为 0.04% 。

食品进口略高于农业原材料进口，1989 年达到了 1.14 亿美元，但波动的幅度较大。即使进入 21 世纪还是不稳定，2002 年食品进口额为 6.84 亿美元，而 2003 年却只有 3.39 亿美元，减少了一半。食品进口占 GDP 的比重也很小，从来没有超过 1% 。

燃料进口总体上表现出上升的趋势，由最初的 1985 年的 1 亿美元，增加到 2001 年的 38.39 亿美元，增加了 38 倍多。特别是在 21 世纪初的几年增长较快。燃料进口占 GDP 的比重略高于食

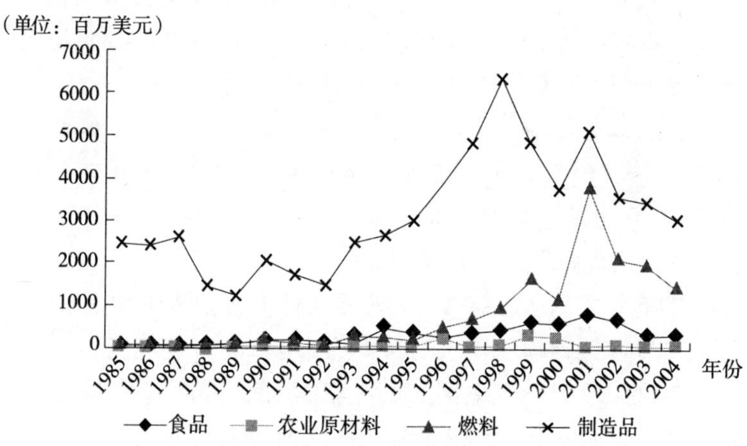

图 5－11 缅甸进口商品结构

资料来源：Asian Development Bank (ADB) —Key Indicators 2007, 2003。

品进口，1998 达到 1.2% 后，一直稳定在 1% 以上。

5.6.3 主要贸易伙伴

目前，缅甸由于受到欧美国家的经济制裁，与缅甸有贸易往来的国家较少，主要是东盟国家。缅甸中央统计局公布的最新统计数字表明，东盟已成为缅甸最大的贸易伙伴。缅甸未加入东盟前的 1996—1997 年财政年度，缅甸同东盟的双边贸易额仅为 11.76 亿美元，而 1997 年 7 月 23 日加入东盟后，缅甸同东盟的双边贸易额大幅增长。1997—1998 年财政年度，增至 15.65 亿美元，1998—1999 年财政年度，增至 19.04 亿美元，分别比缅甸入盟前增长了 33.09% 和 61.95%，占缅甸当年进出口总额 39.95 亿美元的 47.66%。其中，缅甸从东盟成员国的进口额高达 16.37 亿美元，占缅甸当年进口总额 28.15 亿美元的 58.13%，而缅甸向东盟成员国的出口额为 2.68 亿美元，占缅甸当年出口总额 11.8 亿美元的 22.7%。

东盟成员国中同缅甸双边贸易额最多的国家是新加坡，其余依次为泰国、马来西亚和印度尼西亚。缅甸的其他主要贸易伙伴分别是中国、日本、韩国、美国和印度。

据缅甸中央统计局最新公布的数据折算，2006 年缅甸进出口贸易总额为 69.76 亿美元，同比增长 20.9%，其中，出口 44.3 亿美元，进口 25.46 亿美元，同比分别增长 15.5% 和 31.6%，实现贸易顺差 18.84 亿美元。

2005 年中国从缅甸第三大贸易伙伴上升到 2006 年度的第二位，2006 年缅甸前三位贸易伙伴为泰国 20.95 亿美元，占缅甸贸易额的 30.03%；中国 10.46 亿美元，占缅甸贸易总额的 15.0%；新加坡 10.05 亿美元，占缅甸贸易总额的 14.4%。缅甸前两位出口市场为泰国 18.18 亿美元、印度 6.79 亿美元。中国是缅甸第三大出口市场，缅甸对中国出口 4.06 亿美元。缅甸

第一、二、三位进口来源地分别是新加坡 8.07 亿美元、中国 6.40 亿美元和泰国 2.76 亿元。①

5.6.4 国际储备

首先，从总量上来看，如表 5－8 所示，缅甸的国际储备较小，1985 年只有 4360 万美元，即使是 2005 年也只有 7 亿多美元。如此小的外汇储备，致使缅甸抵御国际动荡的金融市场的力量非常小。

表 5－8 缅甸国际储备 （单位：百万美元）

年份	1985	1986	1987	1988	1989	1990	1991
国际储备	43.6	43.9	39.7	89.3	274.9	325.3	271.0
黄金储备	9.7	10.8	12.5	11.8	11.6	12.5	12.6
外汇储备	33.9	33.1	27.1	77.3	262.8	312.0	258.2
特别提款权	0.02	—	0.1	0.1	0.6	0.8	0.2
年份	1992	1993	1994	1995	1996	1997	1998
国际储备	292.2	315.0	434.9	573.2	240.8	260.7	326.3
黄金储备	12.1	12.1	12.8	12.0	11.6	10.9	11.4
外汇储备	280.1	302.6	421.9	561.1	229.1	249.7	314.6
特别提款权	0.01	0.3	0.1	0.1	0.1	0.1	0.3
年份	1999	2000	2001	2002	2003	2004	2005
国际储备	276.6	233.5	410.6	481.0	562.3	684.7	782.3
黄金储备	11.1	10.6	10.2	11.0	12.0	12.6	11.6
外汇储备	265.3	222.8	399.9	469.9	550.1	672.1	770.5
特别提款权	0.2	0.1	0.6	0.1	0.1	0.05	0.2

资料来源：Asian Development Bank（ADB）—Key Indicators 2007，2003。

---

① 华言：《2006 年度缅甸对外贸易简况》，《东南亚南亚信息》1999 年第 20 期。

其次，从国际储备的结构来看，1985 年至 2005 年的 20 年间，外汇储备占总储备的年平均比重为 93.1%，黄金储备占总储备的年平均比重为 6.8%，其中黄金储备在 1985 年到 2005 年间几乎保持很稳定的量，一直都在 1000 万美元左右徘徊。特别提款权每年只有几十万美元，占总储备的年平均比重几乎为 0。

5.6.5 外债总量与结构

1985 年至 2005 年的 20 年间，缅甸的外债规模由 30.97 亿美元扩大到 66.45 亿美元，扩大了一倍多（见图 5－12）。从外债结构来看，如图 5－13 所示，长期外债占绝对比重。20 世纪 90 年代末期以前，长期外债所占比重均超过 90%，之后，这一比重有所下降。相应地，短期债务比重有所上升，20 世纪 80 年代中期不足 3%，到 21 世纪初期已超过 20%。

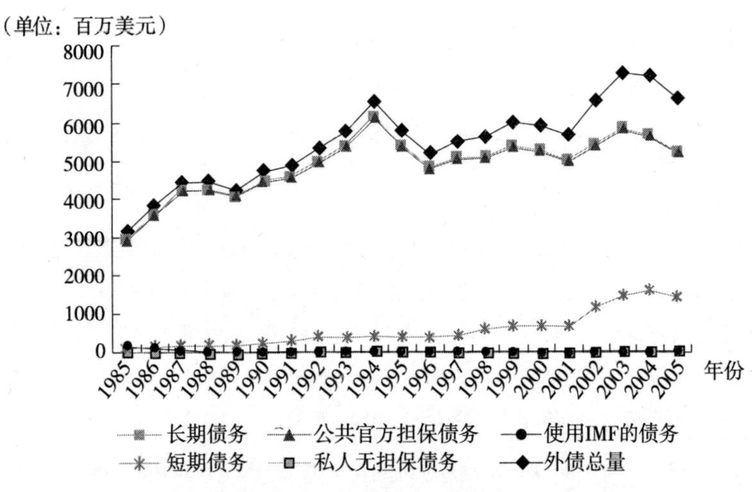

图 5－12 缅甸外债总量

资料来源：Asian Development Bank (ADB)—Key Indicators 2007, 2003。

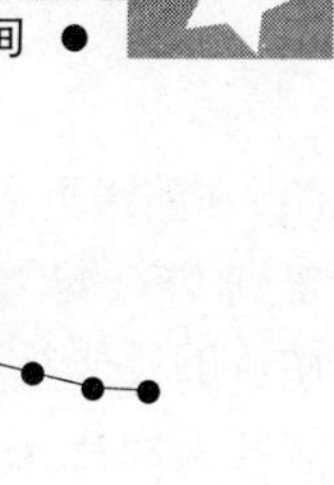

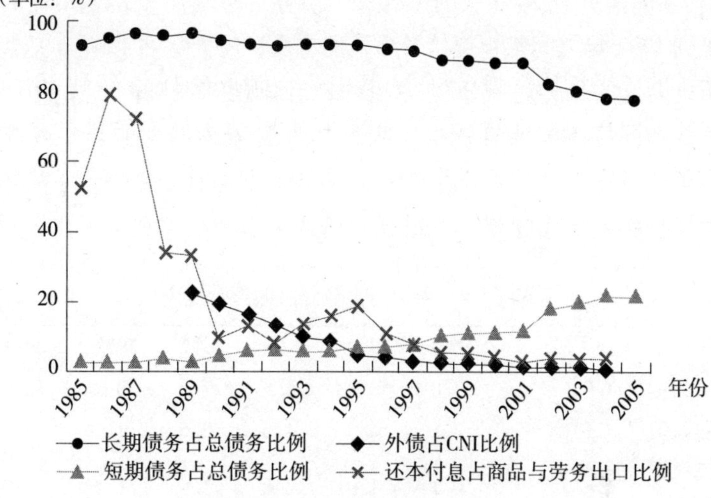

图 5－13 缅甸外债结构

资料来源：Asian Development Bank（ADB）—Key Indicators 2007，2003。

缅甸的所有外债都是公共官方担保的债务，债务结构中始终没有私人担保债务。此外，从 1990 年开始，缅甸就不再使用 IMF 的债务了，这是由于 1988 年缅甸的新政，造成了欧美国家对其实施的经济封锁，几乎隔绝了缅甸与包括 IMF 在内的许多国际组织的关系。

5.6.6 与全球经济的整合

与全球经济的整合程度反映的是一国经济对外开放程度。对外开放的程度越高，则与全球经济的整合程度越高。从商品贸易与 GDP 的比值、服务贸易与 GDP 的比值及外商直接投资与 GDP 的比值等，衡量一国经济与全球经济整合程度的主要指标来看，缅甸与全球经济的整合程度日渐加深。

由表 5－9 可以看出，缅甸商品贸易与 GDP 的比值由 1989 年的7.0%上升到2005年的32.0%。服务贸易与GDP的比值在1989年到1997年之间都还保持着增长的势头，特别是在1997年达到了历史高点的8.3%，然而在以后的8年里始终保持着7.7%的比例，服务贸易几乎没有任何的发展。从外资流入情况来看，外资与GDP的比值从1989年占GDP的0.1%增加到2005年的2.2%，保持着稳定的小幅增长，最高时达到了3.3%（1997年）。

表5-9　缅甸与全球经济的整合程度　（单位:%）

年份	1989	1990	1991	1992	1993	1994
商品贸易/GDP	7.0	8.9	6.5	13.2	20.2	21.7
服务贸易/GDP	2.1	4.3	4.6	3.5	4.7	4.5
外商直接投资/GDP（净流入）	0.1	1.9	2.8	1.9	1.1	1.2
年份	1995	1996	1997	1998	1999	2000
商品贸易/GDP	23.1	23.4	25.9	26.7	24.2	26.2
服务贸易/GDP	6.4	6.6	8.3	7.7	7.7	7.7
外商直接投资/GDP（净流入）	2.4	2.6	3.3	2.4	1.8	1.8
年份	2001	2002	2003	2004	2005	
商品贸易/GDP	33.9	27.0	21.3	19.1	32.0	
服务贸易/GDP	7.7	7.7	7.7	7.7	7.7	
外商直接投资/GDP（净流入）	1.5	1.1	1.2	1.2	2.2	

资料来源：Asian Development Bank (ADB)—Key Indicators 2007, 2003。

外资流入不断增加主要得益于缅甸投资环境的改善。首先，缅甸自然资源丰富，全国拥有林地3800万平方公顷，森林覆盖率达50%，矿产资源种类繁多；缅甸江河纵横，水力资源理论蕴藏量居东南亚各国首位；缅甸旅游资源也很丰富，北部有4000米以上的高山雪景，中部有佛塔林，南部有典型的热带风

光，是目前世界上旅游资源几乎没有受到工业化污染的国家之一。其次，缅甸的劳动力资源丰富，且素质较高，缅甸工人的平均月工资2000多缅元，按目前黑市汇率折算仅为十多美元，比越南还低。缅甸居民识字率较高，80%的缅甸人受过中等以上教育，每年有3万大学生和8000多中专生毕业，他们一般都懂英语。再次，缅甸国内政局逐步趋于稳定。“国家恢复法律与秩序委员会”接管政权后，由于采取了高压与分化瓦解相结合的政策，使原来的16支反政府武装与政府达成协议，参与国家建设。因此，反政府武装已不再对缅甸的政治、经济和社会发展构成威胁。最后，缅甸政府为保障外国投资制定了一系列法规。1988年11月，政府颁布《缅甸投资法》，积极鼓励外商到缅甸投资，并制定了减免税收的办法，放宽了外汇管理。该投资法不仅保护了外国投资者的权益，同时也消除了他们的疑虑。国内舆论普遍认为，缅甸只要坚持改革，其经济发展前景将越来越好。原新加坡总理吴作栋认为，“缅甸是东南亚地区除马来西亚之外发展前景最好的国家”。这些条件都促进了缅甸的外资流入的持续增长。

5.7 宏观经济政策

5.7.1 通货膨胀率

通货膨胀率居高不下一直是缅甸经济发展中的一个突出问题。从图5-14可以看出，除少数年份外，缅甸的消费者物价指数涨幅均在10%以上，最高的2002年曾达到57%的惊人水平。2001年年初，缅甸社会传言缅甸最大面值的纸币将很快从市面流通中废除，引发人们疯狂脱手这种面值的钞票。后来虽然在政府干预下，恐慌性抛售这种面值的钞票之事渐趋缓和，但是缅币在非官方市场上仍然大幅贬值。本币贬值导致许多人通过抢购美元、黄金和进口汽车来保值，而对缅元的抛售又进一步加大了缅元的贬值幅度。

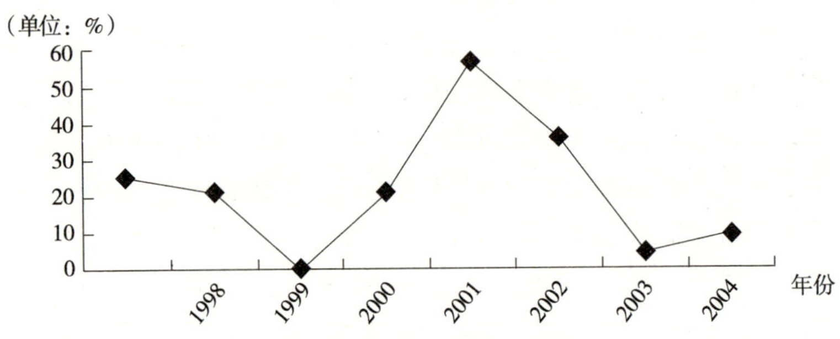

图 5－14 缅甸 CPI 增长率

资料来源：Asian Development Bank (ADB)—Key Indicators 2007, 2003。

由于货币贬值，国有企业和民营企业都面临来自于政府规定的汇率约束和自由市场汇率的压力，致使吸引外资、扩大生产成为一句空话，同时也使缅甸的外债偿还越加困难。①

5.7.2 失业率

经过二十多年的革新，缅甸经济保持较快增长，经济总量不断扩大，失业率较低。如表 5－10 所示，1985 年至 2003 年的 18 年间，缅甸年平均失业率为 3.9%，最低为 1987 年的 1.3%，最高为 4.2%，失业率较为稳定。

总的来看，缅甸在经历了四十多年的内战和民族纠纷后，在现军人政府的领导下正步入一个相对稳定、社会秩序良好、外部环境较为宽松的时期。加之缅甸自然条件优越、资源丰富等优点，缅甸仍有很大的经济发展潜力。

---

① 朱振明：《缅甸经济艰难缓慢的发展》，《印刷世界》2003 年第 8 期，第 32 页。

表 5－10　缅甸失业率　（单位:%）

年份	1985	1986	1987	1988	1989	1990	1991
失业率	2.2	1.7	1.3	—	—	4.2	4.2
年份	1992	1993	1994	1995	1996	1997	1998
失业率	4.2	4.2	4.2	4.2	4.1	4.1	4.1
年份	1999	2000	2001	2002	2003		
失业率	4.1	4.0	4.0	4.0	4.0		

资料来源：Asian Development Bank (ADB) —Key Indicators 2007, 2003。

6 老　挝

6.1 国家概况

老挝是位于中南半岛地区的唯一内陆国家，地处北回归线以南亚洲大陆和南洋群岛之间的陆桥位置。北面与我国云南接壤，边境线长 505 公里；南接柬埔寨，边境线长 435 公里；东邻越南，边境线长 2069 公里；西北达缅甸，两国以湄公河为界①，边境线长 236 公里；西南与泰国毗连，边境线长 1835 公里。

6.1.1 地理环境

老挝地形以山地和高原居多，低山丘陵次之，平原低谷较少。有"中南半岛屋脊"之称。老挝北部属山地，东南部多为高地，西部多是低山丘陵地，西南部为平原低地。老挝国土总面积为 23.68 万平方公里，高原占 30%，50% 为丘陵，平原和盆地约占 20%。可耕地面积为 5 万平方公里，老挝还有 1.5 万平方公里的草场资源，拥有 11.60 万平方公里森林，占国土面积的 47%，其中有近 37% 是原始森林，50% 多是可砍伐的混合林，

---

① 湄公河是亚洲第三大河，中南半岛第一大河，水量极其丰富，居东南亚之首。湄公河全长 4290 公里，发源于中国的青藏高原，在中国境内段称为澜沧江，占总长的 39.3%，老挝、缅甸、泰国、柬埔寨和越南等国境内段称为湄公河。

材积量约为4亿立方米，草原和低山丘陵广阔，牧草长青，是优良的天然牧场。农牧林业是老挝的支柱产业，在国民经济中占有主导地位。老挝的农牧林业资源很丰富，发展潜力很大。按照2006年人口计算，人均国土面积4.15平方公里，人均耕地面积0.87平方公里，人均森林面积1.95平方公里。可耕地面积、草原和森林面积共17.7万平方公里，占总面积的74.4%，全境都有发展农林牧业的潜力。

6.1.2 自然资源

老挝矿藏资源非常丰富，但是丰富的资源基本上没有得到有效的开采利用。现已发现的金属矿有铜、铁、锡、铅、锌、锰、金、钨等，非金属矿有白玉、黄玉、黑玉、翡翠、蓝宝石、水晶、琥珀、花岗岩和石英石等。老挝北部的西侧与缅甸的北部被认为是世界最重要的宝石矿带，老挝北部东侧与中国滇西南被认为是世界最重要的有色金属矿带。老挝的电力工业主要是水电。水电是老挝发展最快和最具潜力的产业，也是国际投资和合作的主要部门。水能是老挝最大的能源。煤是又一重要能源，水电和煤为老挝发展提供了能源保障。矿业发展为能源资源提供了市场，两类产业可以相互促进。从矿业发展来看，老挝的金属建材、农器具、家具和其他金属材料几乎都靠进口。锰、锌、铁、锡、钨、锑、金和玉石在国际市场上的需求不断增加，但是全球的产量在逐年减少。而这些走俏国际市场的商品，在老挝却是正待开发。因此，扩大这些矿业产品在国际市场上的占有率，是老挝开拓国际市场、增创外汇、发展外向型经济的优势领域。

6.1.3 人口

老挝是东盟国家中唯一“人少地多”的国家，以2005年人口计算，人口密度为每平方公里25人。人口总量从1985年的

3.59 万人增加到2005 年的5.91 万人。如表6-1 所示，老挝人口增长率十分平稳，在3.30%（1990 年）和2.00%（2005 年）之间波动。1990 年以来，人口增长率呈现稳步下降趋势。

表6-1　老挝人口增长率　（单位:%）

年份	1986	1987	1988	1989	1990
人口增长率	2.87	2.90	2.63	2.56	3.30
年份	1991	1992	1993	1994	1995
人口增长率	2.59	2.59	2.55	2.51	2.49
年份	1996	1997	1998	1999	2000
人口增长率	2.48	2.44	2.40	2.40	2.35
年份	2001	2002	2003	2004	2005
人口增长率	2.37	2.35	2.35	2.31	2.00

资料来源：Asian Development Bank (ADB)—Key Indicators 2007, 2003。

6.2　经济规模与经济增长

1975 年12 月，老挝人民民主共和国成立，结束了长期为外国侵略和控制的地位，建立了人民民主政权，实行了社会主义政治和经济制度。开展了“三大革命”，即：生产关系革命、科学技术革命、思想文化革命。对内着重变革生产关系，推行了农业合作化、工业国有化和商业统购统销等政策。对外依靠社会主义国家的援助来搞建设，但是效果并不显著。1979 年11 月，老挝人民革命党召开了二届七中全会，提出老挝是在小生产经济的条件下进入社会主义的，主张过渡时期利用多种经济成分发展生产，并进一步指出管理经济要懂得掌握和运用各项经济规律。1979 年12 月19 日，老挝政府颁布了《关于管理政府的命令》，宣布废止“国家垄断贸易”和“禁止私商进口、收购和贩卖商品”等政策，决定开放市场，允许农民在自由市场上出售粮食、

农副产品和手工艺品。以后又宣布放宽对商品流通的限制，废除各省市之间的税收壁垒和商品检查站，并逐步取消商品流通的中间环节、价格双轨制和各种关卡，建立和扩展了商品网络和流通渠道。1980 年 1 月，老挝政府实施新的物价政策，大米、家禽、家畜和其他农副产品的收购价格提高了 4—5 倍，对国家经营的基本商品也不同程度地提高了价格，同时宣布取消国家对外贸易的垄断政策，把外贸权下放到各省市，并允许私商经营进出口贸易。1984 年以后，老挝政府逐步解散了国营农场，将土地和其他生产资料分给各个家庭经营，鼓励他们因地制宜，发展多种经营或专业化经营。1984 年 8 月召开的老挝人民革命党三届六中全会，提出把经济管理体制与生产经营机制分开，把生产经营权下放到企业，实行企业核算，自负盈亏。同年 10 月，提出要使利润动机合法化，提高私营企业的地位，企业可以直接和外商进行经贸活动等。在采取一系列放宽政策后，国内的市场开始活跃起来。

在这些改革措施的基础上，1985 年老挝人民革命党在“四大”上决定实行对外开放政策，首先考虑与泰国和东南亚国家发展经济贸易关系。1986 年老挝人民革命党四届七中全会确定，老挝仍处于“继续建设和发展人民民主制度，为逐步进入和发展社会主义创造基本条件阶段”，中心任务是“大力发展商品生产，由自然经济、半自然经济向商品经济过渡”，并开始实行改革开放。以此为标志，老挝从此走上了改革开放的道路。在其后的经济改革中，老挝政府逐步推行了从家庭承包责任制到土地私有化的政策，并提高了企业自主化经营程度。1988 年提出要用经济的手段管理经济，促进各种经济成分的发展。1988 年 7 月，老挝政府深化和完善了有关法律，颁布了《外国在老挝投资法》，对投资农业、林业、加工制造业、能源、矿业、交通运输业、建筑业、旅游业和服务业的外资企业给予优惠，还对外来投资者的权利和义务做出了明确的规定。

老挝人民革命党和政府在20世纪80年代末期提出的“对内充分搞活”的发展经济的政策和方针较有特色。除在农业中实行“分田到户”、在工商业中实行“租赁制”“拍卖制”外，还在1988年召开的老挝人民革命党四届五中全会上，做出了“发展职工家庭经济”这一具有老挝特色的经济决策。这一政策一方面可以补充工资收入不能满足生活所需的党政军机关和企事业单位职工的“家庭经济”，另一方面则可以改善农民的“家庭经济”。为了发展“职工家庭经济”，政府专门分配给每位职工一定数量的土地，提供一定数量的资助和贷款，让他们充分利用每周两天的公休日和7小时以外的时间进行家庭生产。随着老挝市场经济的发展，“职工家庭经济”已经从种植养殖和手工业发展到经商、流通、服务、科技和外贸等领域。这些“家庭经济”职工有些已经成为了“富翁”。“家庭经济”不但提高了人民的生活水平，而且对丰富商品，繁荣市场，降低物价发挥了积极的作用。

1986—1989年，老挝政府成功地实施了“新经济机制”的改革方案，及时地进行了金融和经济结构改革。同时，老挝政府大力实施了价格和贸易自由化改革，逐步取消了商品定价制度，采取了由市场自然调节和浮动的政策。

1991年，老挝人民革命党“五大”提出以商业为桥梁，利用各种经济成分大办商业，大力发展商业。老挝的国内贸易主要有商场贸易、商店贸易和集市贸易等形式，商场是老挝20世纪90年代最大的贸易市场。1996年以后老挝商品几乎全部实现了私有化。1997年东南亚金融危机对老挝的商业影响很大。泰国等东南亚国家的商品大量涌入(大多是走私入境的)，政府无法控制，导致了老挝货币基普大幅度贬值，以基普计算的商品的价格也提高了10多倍，外商投资下降，出口减少，影响到经济和社会的稳定。为克服金融危机造成的困难，老挝人民革命党第六届中央委员会在1997—1999年采取了扩大出口，把林矿产品、电力等作为主要出口商品，争取外资，多方求援，扩大借贷，发展股份制，推行私有制，优先发展农业和手工业，加强金融监管，取缔黑市外汇交易，大幅度实行货币贬值等主要措施，这些措施在一定程度上减小了金融危机对老挝经济发展造成的负面影响，但未能从根本上遏制老挝经济的下滑。1997—1998年，老挝经济增长缓慢，通货膨胀率居高不下，商品价格波动幅度大，社会安定受到威胁。

老挝的对外开放政策对经济社会的发展起到了重大的作用，外商在老挝的投资迅速增长，外商投资成为老挝基本建设的主要资金来源，占老挝经济建设总投资的70%以上。此外，外国的援助不断扩大，成为老挝政府弥补财政赤字和外贸逆差的重要资金来源。外国贷款主要用于公路、航道、邮电、旅游和其他基础设施建设上。商品进口额逐渐减少，外来的投资、援助、贷款和合作，使老挝的自然资源得到有效的开发与利用。

老挝经济体制改革和对外开放政策的实施，加快了国民经济的增长速度。如图6-1所示，1985年老挝的GDP总量为7.91

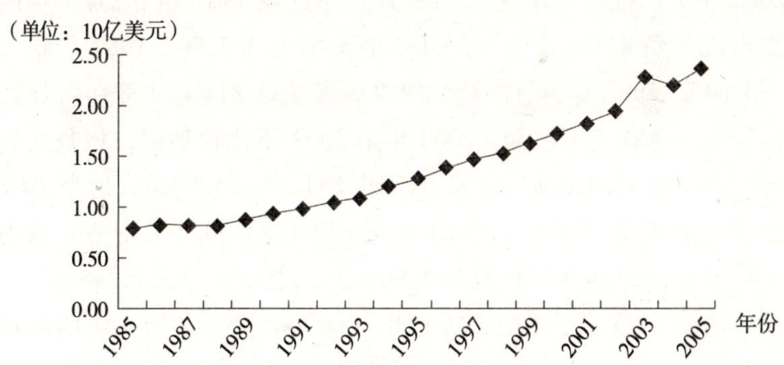

图6-1 老挝国内生产总值

资料来源：Asian Development Bank (ADB)—Key Indicators 2007, 2003。

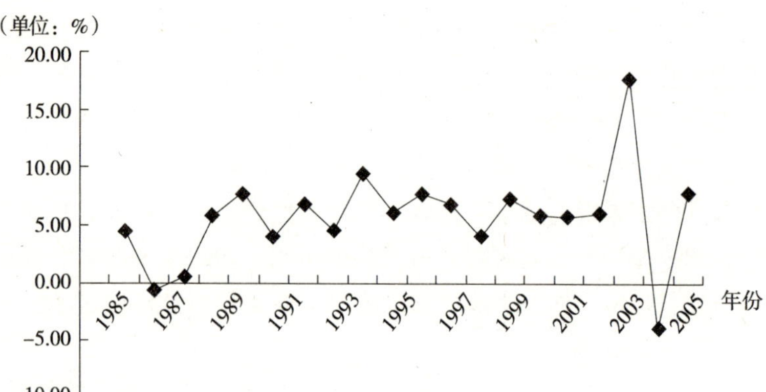

图 6-2　老挝 GDP 增长率

资料来源：Asian Development Bank (ADB)—Key Indicators 2007, 2003。

亿美元，1992 年首次突破 10 亿，达到 10.48 亿美元，1995 年为 12.75 亿美元，到 2005 年增长为 23.64 亿美元。前十年平均增长率为 3.25%，后十年的平均增长率为 12.56%。国民经济进入快速增长轨道。但是，从图 6-2 的走势来看，老挝经济增长波动显著。在 1989 年之前，经济增长率有一个比较大的跌升，2002 年又出现了一次更大的跌升。并且在 1987 年和 2004 年两次出现了负增长。1986 年 GDP 增长率为 4.57%，1987 年跌为 -0.64%，1988 年为过渡期，1989 恢复为 5.81%。1989 年以后，增长率一直在上下波动，2000 年至 2002 年比较稳定，但是之后却出现了更大的波动。2002 年 GDP 增长率为 5.99%，但是 2003 年突然上升为 17.66%，2004 年又下降了 21.78 个百分点，成为 -4.12%，2005 年又恢复为 7.86%，比上年上升了 11.98%。

由图 6-3 可以看出，从 1985 年到 2005 年，老挝人均 GDP 增长基本趋于稳定。只有两个阶段出现了明显的波动，其他年份趋于平稳。在 1987 年、1988 年出现了小幅的下降，2003 年和 2004 年，在前一年的大幅增长后，出现了较之前最明显的负增长。

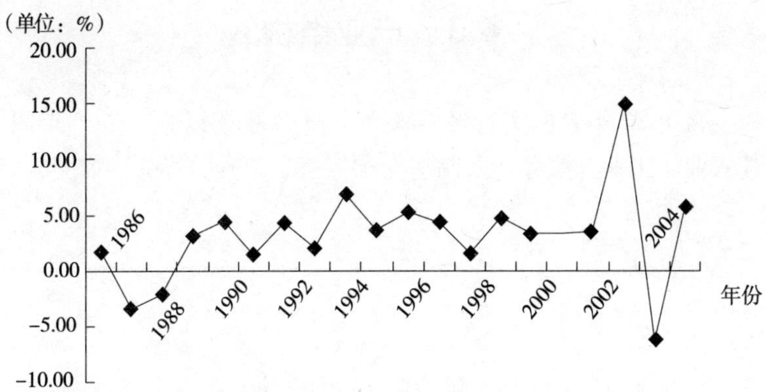

图 6-3 老挝人均 GDP 变化情况

资料来源：Asian Development Bank (ADB)—Key Indicators 2007, 2003。

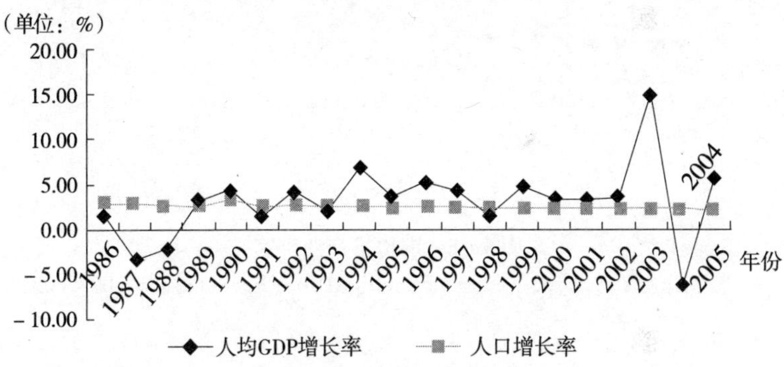

图 6-4 人口增长率和人均 GDP 增长率

资料来源：Asian Development Bank (ADB)—Key Indicators 2007, 2003。

从图 6-4 给出的人均 GDP 的增长率可以更清楚地看出，虽然人均 GDP 增长率曲线上下波动频繁，但是，大多数年份均为正的增长。除了 2003 年人均 GDP 增长率突然达到了 15% 以外，其他年份都集中在 0%—5% 之间，态势比较平稳。

6.3 产业结构

自 1986 年老挝实行经济改革与开放政策以来，二十年间，其农业、工业、服务业及制造业均保持了上升的势头。如图6－5所示。其中，农业占有首要的地位。老挝是一个以农业为主的国家，这与老挝人少地多的基本国情有关。其次，以旅游业为主的服务业在老挝经济发展中也占有重要的地位。2005 年旅游收入约为 1.4 亿美元。在三大产业中，工业的地位居于最后。老挝的工业基础非常薄弱，工业在经济中的地位和作用还不显著。虽然老挝政府出台了不少政策鼓励发展本国工业，但是由于工业基础薄弱，工业对经济发展的作用一直未能明显显现。工业总产值直到 2003 年以后才赶上服务业总产值，到 2005 年超过服务业产

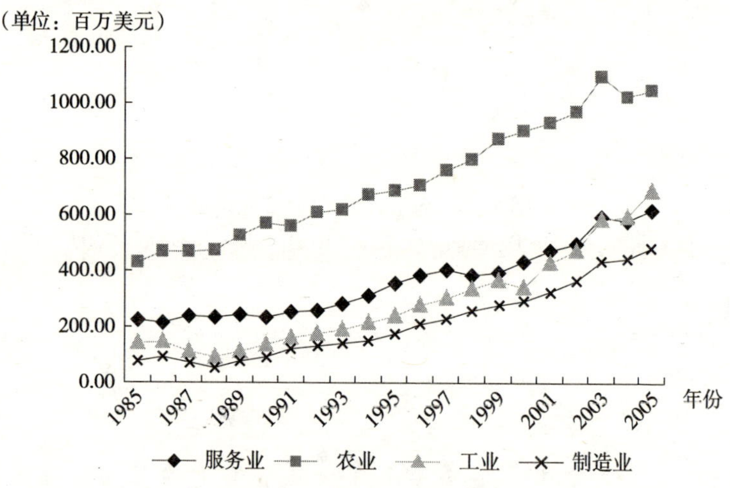

图 6－5　老挝各产业产值

资料来源：Asian Development Bank（ADB）—Key Indicators 2007, 2003。

值。老挝基础设施建设速度较快，尤其水电建设已有长足发展。截至 2005 年，老挝共有水电站 11 个，总装机容量 67.15 万千瓦，当年发电约 34.92 亿度，出口创汇约 9100 万美元。

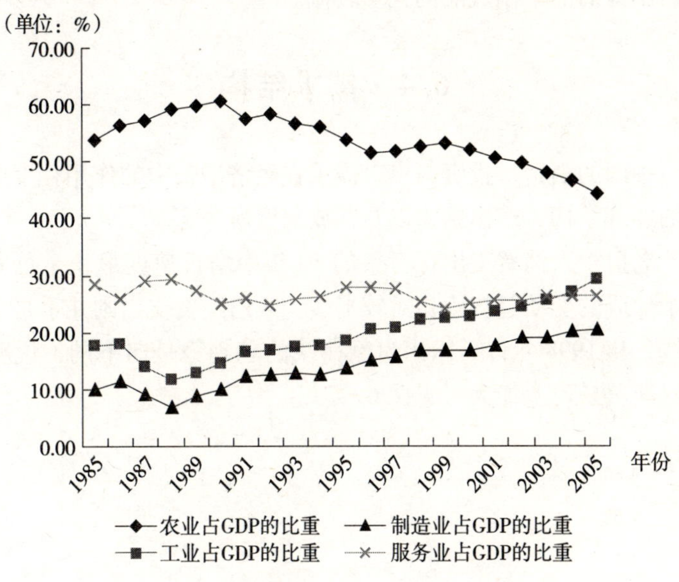

图 6－6　老挝各产业占 GDP 的比重

注：工业包括：采矿业、制造业、电力、煤气和水、建筑业；服务业包括：商业贸易、运输和通讯、金融、公共管理以及其他。计算公式：各产业当年的增加值/当年的 GDP 总额 ×100%。

资料来源：Asian Development Bank（ADB）—Key Indicators 2007，2003。

从各产业占 GDP 的比重来看，如图 6－6 所示，1990 年之前，农业所占比重逐年上升，1990 年之后，农业所占比重则呈现下降走势。服务业所占比重基本持平，工业和制造业的比重 2005 年比 1985 年上升了 10 个百分点。老挝在 1986 年经济改革后，产业结构调整成果逐渐显现。第一、二、三产业的比重由 1985 年的 53.8∶17.7∶28.5 转变为 2005 年的 44.4∶29.2∶26.4。国家工业化程度有所提高。尽管如此，农业仍是老挝国民经济的主要组成部分，老挝作为农业国的地位没有改变。以农业为主的产业结构特征，导致老挝出口商品的结构以初级产品、大宗产品为主，出口商品中制成品的比重较低。

6.4 需求结构

一国的消费、投资与出口需求在经济增长中的作用程度由该国的经济结构、产出结构以及开放程度所决定。

老挝个人消费支出在考察的10年中增长速度最快，总固定资本形成的变动趋势则相对较平缓，政府消费支出则几乎是一条直线，从1998年以后净出口额曲线的总趋势是向下的，说明这段时间贸易逆差加大（见图6-7）。

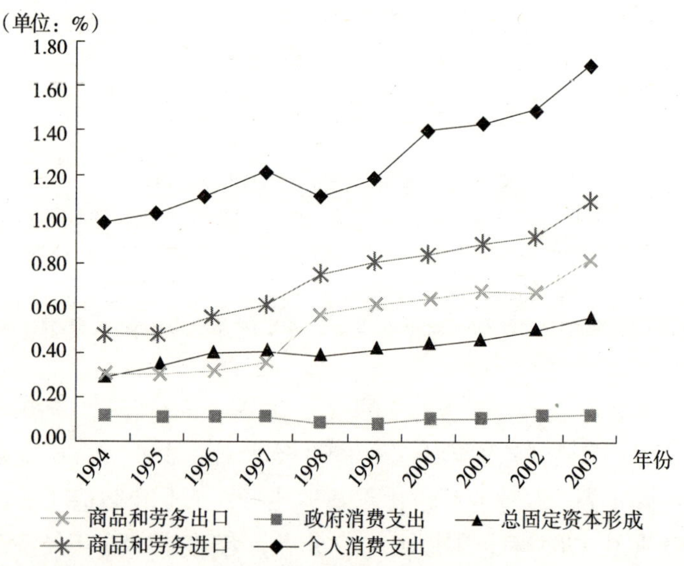

图6-7 老挝的需求结构

资料来源：亚太地区2004年年鉴数据。

此外，从各部分占 GDP 的比重来看，如图 6-8 所示，1994—2003 年十年间，老挝总需求中个人消费支出额最大，除了 1998 年和 1999 年为 72%，其他年份都保持在 80% 左右。其次是总固定资本形成，总固定资本形成占到 GDP 的 20%—30% 之间，保持一个较平稳的比例。然后是政府消费支出，政府消费支出占 GDP 的比重较小，并且呈下降趋势，最高时为 1994 年，占到 GDP 的 10%，其余年份均在 5%—7% 左右。净出口额占 GDP 的比重总体呈上升趋势。

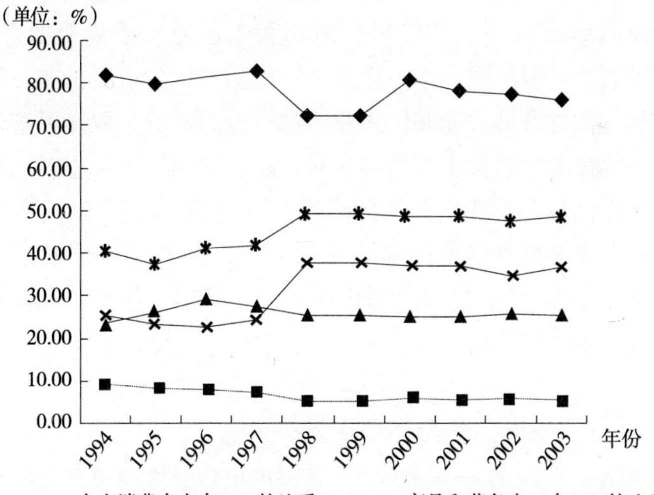

图 6-8 老挝总需求各部分占 GDP 的比重

资料来源：亚太地区 2004 年年鉴数据。

总之，从总需求的角度来分析，老挝是一个典型的靠内需拉动经济增长的国家，其中又以个人消费需求的拉动为主。个人消费需求占到 GDP 比重的 80% 左右，政府消费支出的比重仅占

5%左右，而净出口额保持了一个较稳定的逆差状态。外向型经济发展对经济增长的推动作用急需加强。

6.5 经济开放

20世纪90年代以前，老挝主要与苏联、越南和一些社会主义国家进行经贸往来，20世纪90年以后，老挝主要贸易伙伴转向泰国、新加坡、日本、美国和一些西方国家。商品出口也由原来的单纯资源和电力出口扩大到了服装、啤酒、工艺品和木竹藤器等商品的出口。1997年后，为克服东南亚金融危机的影响，老挝采取了争取外资、多方求援、扩大借贷、发展股份制、推行私有制、优先发展农业和手工业、加强金融监管、取缔黑市外汇交易及大幅度实行货币贬值等应对措施，从而在一定程度上减小了金融危机对老挝造成的负面影响。进入21世纪以后，老挝更加重视发展与世界其他国家的关系。2001年9月召开的老挝人民革命党“七大”，提出要深化和扩大与各国、各方、各界和各种形式的国际组织的经济合作。

6.5.1 进出口总量和经常账户余额

如图6－9、图6－10所示，老挝进出口总体上呈现出持续增加的态势，但是，进出口增长率波动十分显著，1992年和1993年进出口增长率达到峰值，两年进口增长率均超过60%，1993年出口增长率超过了80%。但是到了1994年，进出口的增长率双双锐减，1995年增长率继续下降，出口增长率仅为2.4%，进口增长率也仅为4.4%。

此外，1985—2005年间，老挝一直是进口额大于出口额，这导致其经常项目持续处于逆差状态，这一点可以从图6－11中得到清楚的说明。

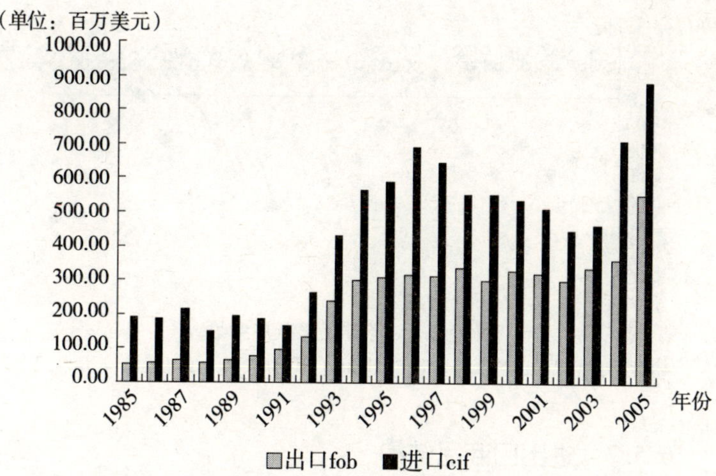

图 6－9　老挝进出口总量

资料来源：Asian Development Bank (ADB)—Key Indicators 2007, 2003。

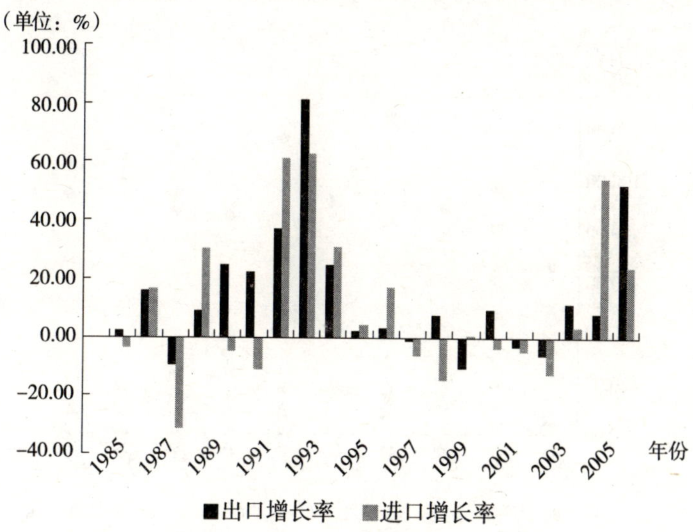

图 6－10　老挝进出口增长率

资料来源：Asian Development Bank (ADB)—Key Indicators 2007, 2003。

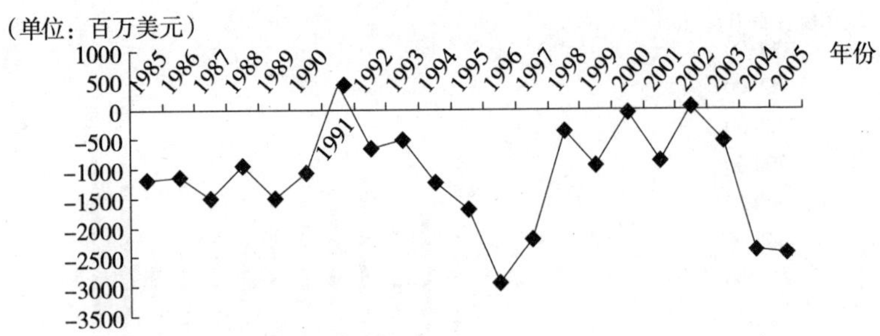

图 6－11　老挝经常账户余额

资料来源：Asian Development Bank (ADB)—Key Indicators 2007, 2003。

6.5.2　进出口商品结构

长期以来，老挝出口商品结构充分体现了其资源禀赋优势，出口商品以农牧林产品、电力及服装产品为主。如图 6－12 所示，1993—2002 年间，木制品、服装和电力在老挝出口商品中

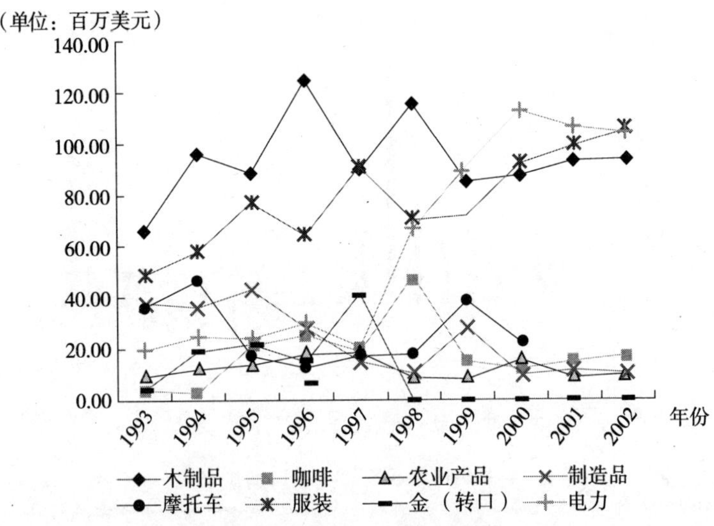

图 6－12　老挝出口商品结构 I

资料来源：International Monetary Fund: Country Report, 2000—2006。

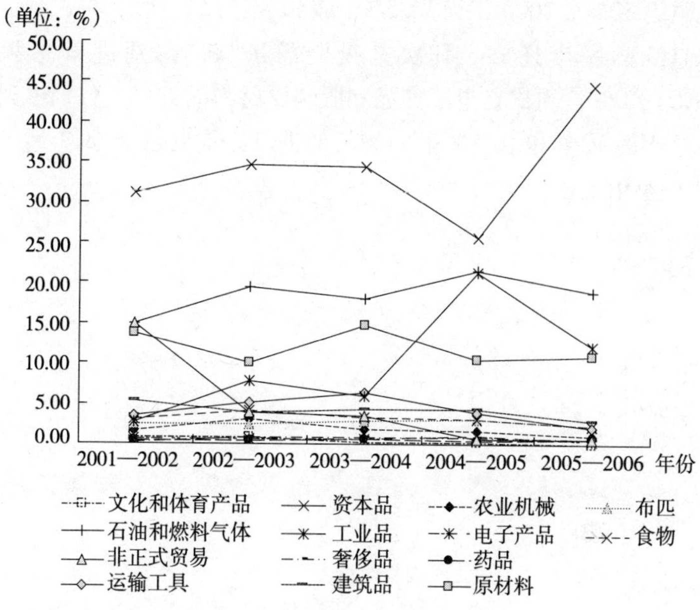

图 6－13　老挝出口商品结构Ⅱ

资料来源：http://www.moc.gov.la/Statistic。

所占的比重较大。其中，木制品的比重基本没有很大的变化，一直占出口总额的 30% 左右。2001—2002 年的电力出口比重仍然是最高的，超过出口总额的 50%。之后，老挝出口商品结构有了一些新的变化（见图 6－13）。2003—2006 年，木制品、服装和电力仍然是当年出口份额的大头，但是，木制品和电力的比重却都有明显的下降，矿业产品及金的出口比重持续增加。2005 年和 2006 年，电力出口比重下降显著，由 2001 年的 50% 多下降到不足 10%。相反，矿业产品出口比重显著上升，由 2001 年的 2.11% 上升到 28.29%。

从进口商品结构来看，如图 6－14 所示，1993 年至 2001 年间，老挝对消费品的进口占进口总额的最大部分，1993 年这一比重为52%，2000年为51.2%，2001年为51.7%，都占到了进口总额的一半还多。其次是投资品进口，占到进口总额的25%—40%。再次是电子产品和服装原材料的进口，分别占到进口总额的12%和10%左右。燃料的进口比重也在1998年后上升到10%以上。

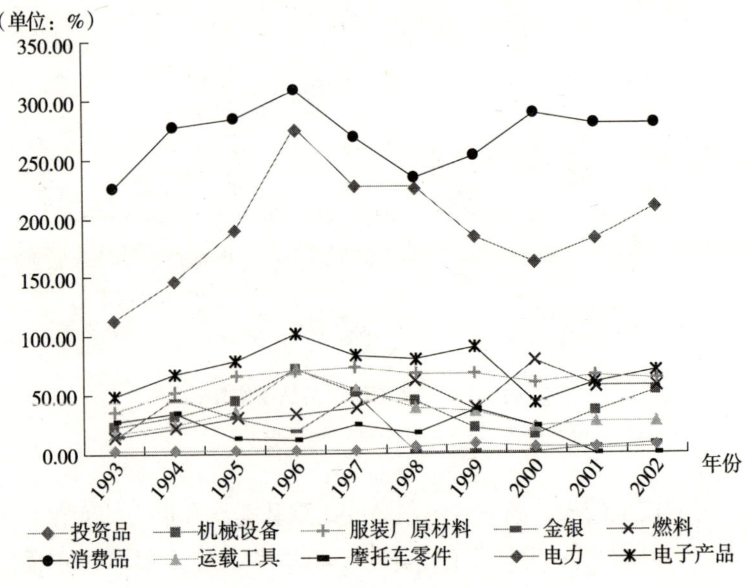

图6－14 老挝进口商品结构Ⅰ

资料来源：http://www.imf.org/external/country/LAO/index.htm 各年国别报告。

2002年以来，老挝进口商品结构有所改变（见图6－15）。非正式贸易品、建筑品、文化和体育产品、食品的比重在逐年下降，燃料、投资品及工业品的进口比重逐年上升。其中，投资品进口取代消费品进口成为占进口总额最大的部分，占到进口总额的1/3以上。燃料进口占到进口总额的15%—20%之间，原材

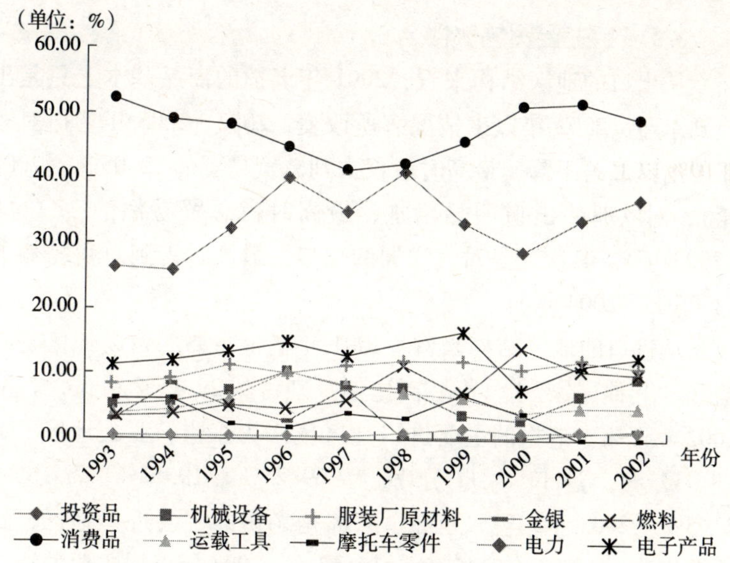

图 6－15 老挝进口商品结构Ⅱ

资料来源：http://www.moc.gov.la/Statistic。

料进口占到进口总额的10%—15%。这说明进入21世纪以后，老挝的工业化进程在加快。

综上所述，从结构上来看，老挝的出口商品主要是木材及其制成品、藤条和竹子、矿业、金、林业产品、牲畜、咖啡豆、其他农业产品、手工业品、服装、电力等资源型商品。出口商品总体上附加值较低，大多是初级产品或只经过简单加工后的产品。相反，进口商品主要是农业机械、文化和体育用品、布匹、食物、电子产品、药品、燃料、奢侈品、建筑材料、运载工具、服装原料、投资品等工业制成品。由此可见，老挝工业基础还很薄弱，工业化水平仍较低。

6.5.3 主要贸易伙伴

从出口的地区结构来看，2001 年老挝的商品基本上只是出口到东盟，2002 年以来情况有所改变，2002—2005 年老挝对东盟的出口显著下降，最高时也仅占到总贸易额的 52.05%（2002 年），对欧洲的出口明显增加，最高时占总贸易额的 27.06%（2003 年）。其次，是对大洋洲的出口，最高时占到总贸易额的 18.25%（2004 年）。

从进口的地区结构来看，2001 年老挝主要的贸易地区是东盟和“其他国家”①。贸易额比例分别占到 29.15% 和 66.37%。2002 年以来，老挝的主要进口地区依次为东盟、亚太地区、非洲、欧洲，进口比重分别为 69.25%、19.51%、6.16%、4.95%。2003 年东盟、亚洲、欧洲是老挝的主要进口地区，比重分别为 63.87%、81.27%、14.57%。2004 年老挝主要的进口地区是在东盟和亚洲，比重为 78.68% 和 93.96%。2005 年东盟、亚洲、欧洲是老挝的主要进口贸易地区，比重依次为 70.55%、89.24%、7.78%。

从贸易伙伴国来看，老挝主要的出口贸易合作伙伴是泰国，最高时占到总出口额的 85.76%（2001 年）。其次是越南，占到全年总出口额的 13.7%（2001 年）。主要的进口贸易伙伴仍然是泰国和越南，2002—2005 年间，老挝对泰国和越南的进口占其进口总额的比重分别为：59.34%、9.50%；53.82%、8.35%；63.05%、10.81%；55.74%、13.67%。

综上所述，老挝的进出口贸易主要集中在东盟和亚洲，而贸易伙伴国又以泰国和越南为主。

---

① 除东盟、亚太地区、欧洲、美洲之外的国家。

6.5.4 国际储备

老挝国际储备增长迅速，如图 6 - 16 所示，国际储备额从 1985 年的 25.9 百万美元上升到 2006 年的 334.2 百万美元，平均增长速度高达 58.7%。国际储备中外汇储备占据相当大的比重，并且与国际储备以同样的步调和趋势变化，而黄金储备和国际货币基金组织提款权则基本没有什么变化，保持在很低的水平。

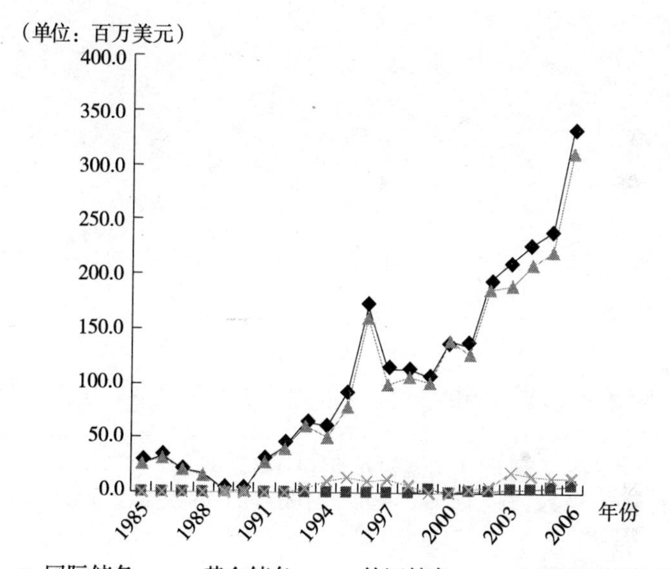

图 6 - 16 老挝的国际储备

资料来源：Asian Development Bank (ADB) —Key Indicators, 2007, 2003。

从国际储备的波动来看，从图 6 - 16 可以明显的观察到，1997 年，老挝国际储备有一个迅猛的增长，从上一年的 92.7 百万美元增长到 170.1 百万美元，几乎翻了一番，但是在 1998 年又突然下降到 112.8 百万美元，1999 年没有增长，2000 年进一步下降为 105.3 百万美元，之后进入持续增长时期。

6.5.5 外债总量与结构

外债在一定总量控制之下，若搭配合理，对债务国来说有助于其国内经济的发展。外债在一定程度上也体现了债务国与其他国家或者国际组织的经济联系。

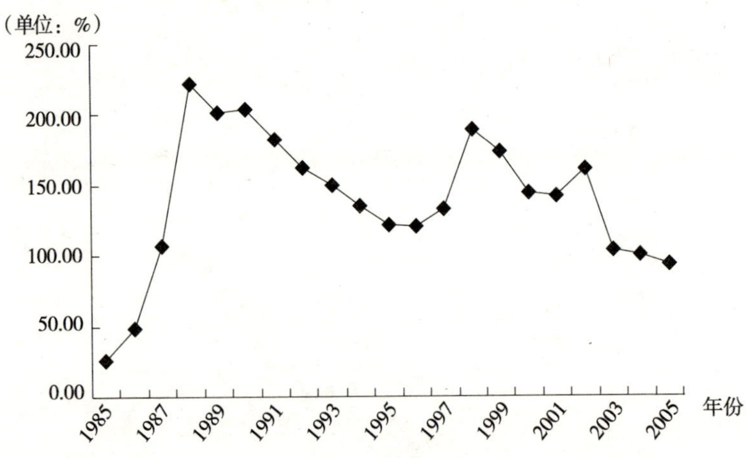

图 6－17 老挝外债与 GDP 之比

资料来源：Asian Development Bank (ADB) —Key Indicators, 2007, 2003。

与相邻国家相比，老挝的外债规模不算大，最高时也没有超过 30 亿美元（2002 年）。[①] 但是，从外债与经济总量的比较来看，从图 6－17 可以清楚地看出，老挝外债大多在 GDP 的 1—2 倍之间，其中，1988 年最高，外债水平超过 GDP 的 2 倍。这说明，相对于其经济总规模来说，老挝的外债规模过大，偿债负担

① 同期缅甸外债水平超过 60 亿美元，越南则达到了近 200 亿美元的水平。

较重。不过，所幸的是，老挝的外债几乎全都是长期债务，这一点又在一定程度上减轻了其偿债压力。

此外，从外债来源来看，如表 6 - 2 所示，老挝的外债多为多边信贷，主要来自亚洲开发银行、国际开发协会和国际货币基金组织。在双边信贷中，1993—1998 年间，排在前三位的分别是日本、法国和中国。1999 年以后，向俄罗斯和中国的借款有所增加。

表 6 - 2　老挝外债结构　（单位：百万美元）

	双边				多边						
	法国	中国	日本	其他	亚洲开发银行	欧盟	国际开发协会	国际金融公司	石油输出国组织	诺缔克基金	国际货币基金组织
1993	4	2	25	—	191	3	215	11	5	1	26
1994	4	2	27	1	222	3	251	14	4	6	46
1995	3	2	26	10	280	3	267	14	3	13	65
1996	2	2	22	21	343	3	307	16	3	17	68
1997	1	2	20	43	430	3	348	18	3	21	67
1998	1	2	19	—	500	2	363	19	5	23	73

	俄罗斯联邦	亚洲开发银行	国际开发协会	国际货币基金组织
1999	1303.2	540.4	380.7	55.2
2000	1297.5	541.5	393.6	48.1
2001	1213.0	575.0	407.0	37.0
2002		603.0	435.0	43.0
2003	387.0	715.0	485.0	46.0
2004	384.0	763.0	590.0	41.0
2005	385.0	810.0	649.0	32.0
2006	387.0	754.0	618.0	38.0

资料来源：International Monetary Fund: Country Report, 2000 - 2006。

2006 年老挝外债总额达 23.71 亿美元，多边信贷占 73.3%，双边信贷占 26.7%。多边信贷中又以亚洲开发银行贷款和国际开发协会贷款为主，分别为 7.54 亿美元和 6.18 亿美元，分别占多边信贷额的 39.6% 和 26%。双边信贷中，来自俄罗斯的贷款首屈一指，占到 16.1%，其次依次为中国(4.2%)、日本(3.2%)、泰国(1.2%)、瑞典(0.6%)(具体见表 6-3)。

表 6-3　2006 年老挝外债总量与结构

		数额（百万美元）	占总债务比重（%）
多边	**多边债务总额**	1738	73.3
	亚洲开发银行	938	39.6
	国际开发协会	617	26.0
双边	**双边债务总额**	633	26.7
	俄罗斯	382	16.1
	中国	100	4.2
	日本	76	3.2
	泰国	28	1.2
	瑞典	15	0.6
	法国	10	0.4
	朝鲜	9	0.4
	越南	7	0.3
	德国	4	0.2
	新加坡	4	0.2

资料来源：International Monetary Fund: Country Report, November 2006。

6.5.6　与全球经济的整合

首先，从老挝的外贸依存度来看，1985 年是最低的，只有 16.08%，最高是 1998 年，达到 69.22%。1998 年之前外贸依存度是一个上升的趋势，之后，开始下降。2003 年外贸依存度仅为 37.45%。2003—2005 年又是一个上升的时期。2005 年的外贸依存度为50%，没有超过1998年69.22%的水平。

其次，在引进外资方面，老挝在改革之初即确定实行对外开放政策，积极引进外来资金、先进技术和管理方法。为此，老挝政府制定并颁布了多部外资法律，改善投资环境。1988年2月，老挝人民革命党四届五中全会提出“要吸引外国来老挝投资，学习和借鉴外国先进的管理经验和科学技术，逐步走向国际市场”。1988年7月，老挝政府颁布《外国在老挝投资法》，1989年制定《外国在老挝投资法》的执行细则。1994年3月，颁布修订后的《促进和管理外国在老挝投资法》，2001年3月出台《促进和管理外国投资法实施细则》，在法律上确保外资的权利。此外，老挝政府承诺不干涉外资企业的经营事务，允许其汇出所有利润。承诺外资可在老挝建立独资或合资企业，五年内对外资企业不征税等。法律的保障给了外资以投资信心，自老挝颁布投资法以来，世界多个国家包括美国、英国、加拿大、日本、泰国、新加坡和中国等国的资本纷纷进入老挝寻找机会，为老挝的经济发展带来了前所未有的活力。

在争取外援和贷款方面，老挝也做出了积极努力。从1988年接受1.37亿美元的国际援助和贷款开始，老挝争取国际援助和贷款的数额逐年增加。国际援助主要用于基础设施建设，比如公路、水电站、农田水利等。至2001年年底，政府已批准外资项目860项，协议金额71.12亿美元。

同时，老挝政府开始改善与他国的关系，扩大对外经济联系，从“五大”到“七大”，老挝人民革命党都强调要不分政治制度和意识形态，与所有国家和国际经济组织进行广泛的、全方位的经济交流合作，“要创造出一个更为良好的环境来吸引外国的投资者”①。

① 马树洪、方芸：《列国志——老挝》，社会科学文献出版社2004年版，第151—154页、236—239页。

尽管老挝制定了很多优惠的引资政策，但是，从1988年开始引进外资以来，外商直接投资在老挝总投资中的份额还是非常小，从图6-18来看，1988年到2005年间，外商直接投资与GDP的百分比先是持续上升，从1988年的0.35%一直增长到1996年的6.83%，而1997年金融危机之后，投资者对老挝的市场信心不足，投资比例一直在下降，2002年该比例仅为0.24%，2005年为0.96%，有所增长，但不显著。

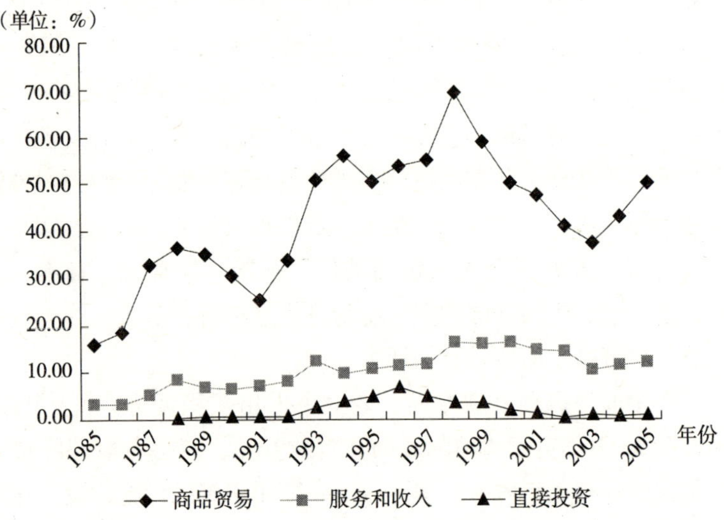

图6-18　老挝进出口总额、服务和收入及外商直接投资占GDP的比重

资料来源：Asian Development Bank (ADB)—Key Indicators, 2007, 2003。

综上所述，老挝的对外贸易结构反映了其以农业为主导、工业基础薄弱的产业结构特征。老挝出口品以林业产品、农业产品、矿石及电为主。进口品则以农业机械、运载工具、电子产品、奢侈品及燃料为主；老挝的对外贸易主要集中在亚洲地区，其中又以东盟地区为主，泰国是老挝最主要的贸易合作伙伴；与绝大多国家相同，老挝的国际储备以外汇储备为主，并且国际储备总额以一个很快的速度增长；老挝外债水平很高，1987—2003年间，外债规模一直是GDP的1—2倍，但所幸其外债几乎全部是长期债务。外债来源上，主要是多边债务，主要来自亚洲开发银行、国际开发协会和国际货币基金组织。双边债务上，来自俄罗斯的部分逐年减少，而来自中国和日本的外债逐年增加；此外，老挝对外贸易依存度在相邻国家中处于中等水平，1985—2005年的平均水平为42.4%，最高时达到70%（1998年）。

6.6 宏观经济政策

6.6.1 通货膨胀率

从消费者物价指数CPI的变动情况来看，如图6-19所示，1980年到1994年的25年间，老挝物价水平稳定，消费者物价指数上涨率均在20%以内。但是，1998年以后，物价水平以年均20%的幅度持续上涨，2006年消费者物价指数上涨率接近180%，国家面临严重的通货膨胀问题。

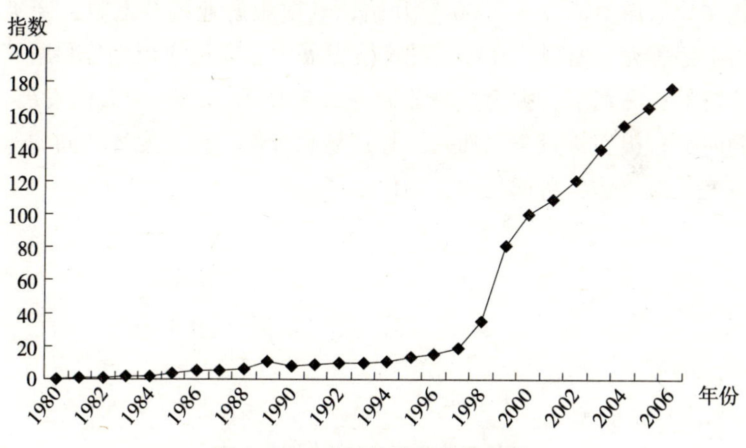

图6-19 老挝消费者物价指数

资料来源：International Monetary Fund: Country Report, November 2006。

6.6.2 失业率

由于数据缺失，从仅有的数据来看，老挝 1995 年失业率为 3.6%，2001 年失业率为 5.0%，2002 年失业率为 5.0%，2003 年失业率为 5.1%。失业率水平并不低。

综合老挝经济在物价及就业两方面的表现，一方面，持续的高通货膨胀使得本币基普的购买力持续下降，另一方面，物价上涨还伴随着并不很低的失业水平，这一局面不仅极大地困扰着老挝人民的生活，同时也对老挝经济的持续健康发展提出了严峻的挑战。

综上所述，改革开放以来，老挝的经济增长速度明显提高，经济增长的波动性逐渐降低，稳定性逐渐增强。但是老挝经济基础薄弱，以农业经济为主，现代工业不发达，第二、三产业还比较落后。经济规模、市场规模和人口规模都比较小，作为一个收入水平较低、积累能力较弱的国家，国内消费需求和投资都较低，对经济增长的拉动作用也有限。但是，老挝有着丰富的自然和文化旅游资源，从 2000 年开始，老挝旅游业的外汇收入突破了 1 亿美元。所以，在今后的经济发展中，老挝应当充分利用其丰富的旅游资源，大力发展旅游业，带动第二、三产业的发展，同时，积极引进投资，加强国际贸易和合作，努力发挥外向型经济增长对整体经济增长的拉动作用。

7 柬埔寨

7.1 国家概况

柬埔寨是一个历史悠久的文明古国，远在三四千年以前，柬埔寨人已居住在湄公河下游和洞里萨湖地区。从公元1世纪下半叶开始立国，历经扶南、真腊、吴哥等时期，最强盛时期是9—14世纪的吴哥王朝，创造了举世闻名的吴哥文明。1863年法国入侵柬埔寨，签订了“法柬条约”，并宣布柬埔寨为法国保护国。第二次世界大战时期，柬埔寨又于1940年9月被日本占领。1945年日本投降后，柬埔寨再次被法国殖民者占领。1949年11月，法国承认柬埔寨独立，但柬埔寨仍为法兰西联邦成员国。1953年11月9日，柬埔寨宣布完全独立。1958年7月19日，柬埔寨王国与我国建交。

柬埔寨位于东南亚中南半岛南部，北界老挝，西北部与泰国为邻，东和东南部与越南接壤，西南濒临泰国湾，海岸线长460公里。中部和南部是平原，东部、北部和西部被山地、高原环绕，大部分地区被森林覆盖。豆蔻山脉东段的奥拉山海拔1813米，为境内最高峰。湄公河在境内长约501.7公里，流贯东部。洞里萨湖是中南半岛的最大湖泊，低水位时面积达2500多平方公里，雨季湖面达1万平方公里。沿海多岛屿，主要有戈公岛、隆岛等。柬埔寨海陆交通便利，既有西哈努克等港口，又有太平洋与印度洋之间的国际航道通过，国内公路、铁路、航空等交通

运输设施亦逐步恢复和完善。

柬埔寨拥有其发展基本工业所必需的矿产资源，矿藏主要有黄金、铁、锰、煤、锡、铜、银、硫酸盐、宝石等，南部大陆架海洋蕴藏着丰富的石油和天然气，同时还拥有少量林业、渔业、果木等资源，其木材种类多达200余种，盛产贵重的柚木、铁木、紫檀、黑檀、白卯等200多种热带林木，并有多种竹类。但由于战乱，森林资源破坏严重，森林覆盖率由战前的71%下降为战后的45%。洞里萨湖为东南亚最大的天然淡水渔场，素有"鱼湖"之称。西南沿海也是重要渔场，多产沙丁鱼、金枪鱼、巴士鱼等。

柬埔寨国土面积为181035平方公里，人口1420万人（2006年），人口密度为每平方公里78人，其中农村人口占82.2%，城市人口为17.8%。柬埔寨有20多个民族，其中高棉族占80%，此外为占族、普农族、老族、傣族、斯丁族等少数民族。

1981—2006年，柬埔寨总人口从660万增长到1420万，20多年的时间里人口增长了1倍多，人口的增长与东南亚其他国家相比应该说处于一个较高水平。特别是1993—1997年这五年，人口增长率达到了5%以上，这主要得益于柬埔寨1993年的第一次大选，大选结束了柬埔寨20多年的战乱，使人民生活得到了改善。但在1997年以后，由于亚洲金融危机的影响，又加上1997年"七月事件"所造成的联合执政的两大政党即人民党与奉辛比克党之间的武装冲突①，使得柬埔寨的人口增长率迅速下降，此后柬埔寨的人口增长率一直维持在2%左右。柬埔寨人口规模及增长率变化如表7-1所示。

---

① 王士录：《1993年大选以来柬埔寨的经济发展》，《东南亚》1997年第4期，第24页。

表7-1 柬埔寨的人口规模及增长率

年份	1981	1982	1983	1984	1985	1986	1987	1988	1989
人口数量（百万）	6.6	6.8	7.0	7.2	7.5	7.7	7.9	8.2	8.3
增长率（%）	—	3.0	2.9	2.9	2.7	2.7	2.6	2.5	2.5
年份	1990	1991	1992	1993	1994	1995	1996	1997	1998
人口数量（百万）	8.6	8.8	9.0	9.5	10.0	10.5	11.0	11.6	12.1
增长率（%）	3.6	2.3	2.3	5.3	5.1	5.2	5.4	5.5	4.2
年份	1999	2000	2001	2002	2003	2004	2005	2006	
人口数量（百万）	12.4	12.6	12.8	13.1	13.3	13.5	13.8	14.2	
增长率（%）	1.8	1.8	1.8	2.4	1.7	1.7	2.1	2.4	

注：人口数为 Asian Development Bank (ADB) —Key Indicators 1999 and 2007 提供的每年7月1日的人口数量。

资料来源:Asian Development Bank (ADB) —Key Indicators 1999 and 2007。

柬埔寨人口密度较高（世界人口密度大约为33人/平方公里），从1981年的37人/平方公里增加到2006年78人/平方公里（见表7-2），但由于东南亚国家普遍人口密度较高，因此柬埔寨人口密度与东南亚其他国家相比较低（2006年泰国为127人/平方公里、越南为254人/平方公里、缅甸为86人/平方公里、老挝为24人/平方公里）。①

表7-2 柬埔寨的人口密度（单位：人/平方公里）

年份	1981	1982	1983	1984	1985	1986	1987	1988	1989
人口密度	36.5	37.6	38.7	39.8	41.4	42.5	43.6	45.3	45.9
年份	1990	1991	1992	1993	1994	1995	1996	1997	1998
人口密度	47.5	48.6	49.7	52.3	55.0	57.8	61.0	64.3	67.0
年份	1999	2000	2001	2002	2003	2004	2005	2006	
人口密度	68.2	69.5	70.7	72.0	73.4	75.0	78.0	78.0	

资料来源:Asian Development Bank (ADB)—Key Indicators 1999 and 2007。

① 资料来源：Asian Development Bank（ADB）—Key Indicators 2007。

7.2　经济规模与经济增长

2006年柬埔寨国内生产总值约59.2亿美元（2000年价格），GDP增长率达到10.8%，连续三年GDP增长率维持在10%以上，人均GDP也达到约418.48美元（见表7－3），这说明近几年的经济发展取得了显著的成效。

表7－3　柬埔寨国内生产总值及人均GDP

年份	1986	1987	1988	1989	1990	1991	1992
GDP总量(10亿美元)	5.8	7.0	7.8	8.3	8.7	9.4	6.5
人均GDP(美元)	768.2	908.0	983.4	1004.7	1029.9	1077.6	722.7
年份	1993	1994	1995	1996	1997	1998	1999
GDP总量(10亿美元)	3.1	3.6	4.0	3.9	3.7	3.1	3.4
人均GDP(美元)	336.2	332.0	357.0	340.8	309.2	251.0	272.2
年份	2000	2001	2002	2003	2004	2005	2006
GDP总量(10亿美元)	3.7	3.9	4.1	4.4	4.8	5.4	5.9
人均GDP(美元)	288.1	301.0	316.1	332.0	356.5	388.4	418.8

注：采用以2000年价格及2000年GDP平减指数等于100为基期计算并用美元表示的实际GDP总量及人均GDP，人均GDP用于计算所采用的人口数为International Monetary Fund，World Economic Outlook Database，October 2007提供的数据。

资料来源：International Monetary Fund, World Economic Outlook Database, October 2007。

农业在柬埔寨经济中占重要位置，农业人口约占全国总人口的82%（2006年），可耕地面积670万公顷。主要农产品有稻米、玉米、薯类等。湄公河流域和洞里萨湖沿岸为著名产米区，经济作物有橡胶、胡椒、棉花、烟草、麻类等。2006年农业总

产值为 17.5 亿美元，比上年增长 5.5%，占国内生产总值的 29.6%。柬埔寨工业基础薄弱，门类单调，自 1991 年年底实行自由市场经济以来，不少工厂转为私有。柬埔寨约有 70 家国营工业企业，现几乎全被国内外私商租赁经营。还有 3 万余家手工业企业，主要从事日用土特小商品生产。2006 年工业总产值 17.9 亿美元，比上年增长 18.3%，占国内生产总值的 30.2%。柬埔寨服务业特别是旅游业在柬埔寨经济发展中占有重要位置，旅游业受到国内政治因素及国外经济政治突发性事件影响较大，经历过 1997 年的“七月事件”、东南亚金融危机、伊拉克战争、SARS 疫情的传播等事件后，柬埔寨旅游业曾受到重创，使得服务业在此期间也受到严重影响。2000 年以后，由于柬埔寨国内政局稳定及世界、亚洲周边国家经济的复苏，柬埔寨旅游业得到快速发展，由此带动服务业产值在 2006 年达到近 25 亿美元，服务业占 GDP 的比重在 2006 年也达到 40.2%。

7.2.1 GDP 与人均 GDP

柬埔寨的 GDP 总量及人均 GDP 受各种因素影响波动较大。1986 年由于当时的金边政权制定了恢复和发展经济与社会事务的第一个五年计划（1986—1990 年），同时承认私有制，颁布了《外国在柬埔寨投资法》以吸引外商到柬投资及实行农村土地承包合同制①，极大促进了柬埔寨经济的发展，使得柬埔寨 GDP 总量及人均 GDP 分别从 1986 年的 58 亿美元、768 美元迅速增加到 1991 年的 94 亿美元、1077 美元。但由于柬埔寨国家财政连年赤字，通货膨胀历来是这个国家的最大难题，自 1989 年以来，通货膨胀呈上升趋势：1989 为 70%，1990 年为 157%，1991 年

① 邓淑碧：《80 年代以来柬埔寨的经济状况概述》，《东南亚》1998 年第 1 期，第 27 页。

为121%，1992年为200%。汇率更是一跌再跌：1990年为600瑞尔兑换1美元，1991年为520瑞尔兑换1美元，而1992年更是创纪录地达到2000瑞尔兑换1美元。① 这也造成1992年以后柬埔寨GDP总量及人均GDP大幅缩水，虽然1993年第一次大选制定了一些改善民生、发展经济的政策法规，但由于1997年东南亚金融危机及联合执政的两大政党之间武装冲突的影响，又加上人口增长过快，使得1993—1998年间柬埔寨GDP总量及人均GDP并没有明显增长，反而出现了倒退。可喜的是，从1999年开始，由于亚洲周边国家经济开始复苏，同时美国开始提高柬埔寨的成衣出口配额，使得1999—2006年间柬埔寨经济增长走上正轨，GDP总量及人均GDP也分别从1999年34亿美元、272美元增长到2006年的59亿美元及419美元。

7.2.2 GDP及人均GDP增长率

政局不稳始终影响柬埔寨的经济发展。柬埔寨GDP增长率及人均GDP增长率具有很大波动性，1987—1992年间，虽然当时的金边政权制定了恢复和发展经济与社会事务的两个五年计划，但同时国内战火连绵不断，经济遭到严重破坏，1989年的人均GDP增长率接近为零，1990年的人均GDP增长率更是为负。1993年第一次大选以后制定了一些促进经济发展的政策法规，柬埔寨GDP增长得到了稳定，但由于1997年东南亚金融危机的影响及此段时间人口增长速度较快，使得1993—1998年间柬埔寨人均GDP增长率严重落后于GDP增长率，1994年的人均GDP增长率竟为-7.6%，人民生活反而出现恶化。1999年以后由于亚洲周边国家经济开始复苏，又加上1998年柬埔寨第二次大选及2003年的第三次大选以后实行的更加有利于经济发展的

① 资料来源：Asian Development Bank（ADB）—Key Indicators 1999。

政策，柬埔寨 GDP 增长率及人均 GDP 增长率开始大幅提高，特别是 2004—2006 年，连续三年 GDP 增长率保持在 10% 以上，人均 GDP 增长率也保持在 8% 以上（见图 7－1）。

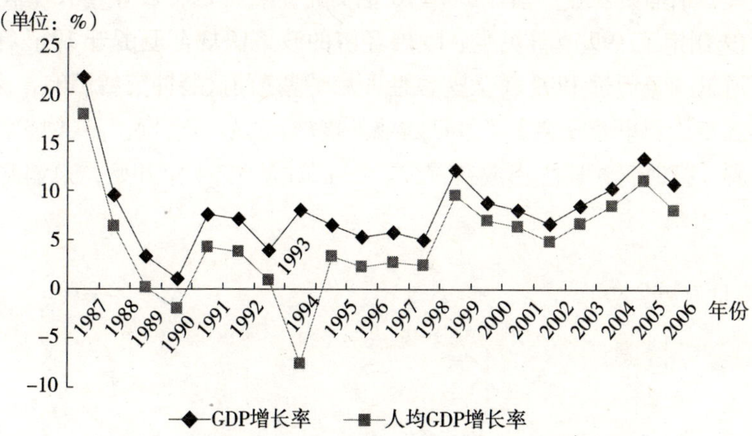

图 7－1　柬埔寨 GDP 总量增长率及人均 GDP 增长率

注：采用以 2000 年价格及 2000 年 GDP 平减指数等于 100 为基期并用柬埔寨当地货币计算表示的实际 GDP 增长率及人均 GDP 增长率，人均 GDP 增长率用于计算所采用的人口数为 International Monetary Fund，World Economic Outlook Database，October 2007 提供的数据。

资料来源：International Monetary Fund，World Economic Outlook Database, October 2007。

7.3　产业增长

7.3.1　农业产值及增长率

农业在柬埔寨经济中占有重要位置，农业人口约占全国总人口的 82%，2006 年农业产值占国内生产总值的 29.6%。但其国内 20 多年的战争使得柬埔寨农业基础设施建设遭到了严重破坏，再加之自然灾害频繁，农业抵御自然灾害能力极弱，因而柬埔寨农业的增长很不稳定，具有很大的波动性。如图 7－2 所示，在 1993 年第一次大选以前，由于国内政局不稳又加上自然灾害频繁，柬埔寨农业产值始终在 10 亿美元左右徘徊，农业增长率在 1990 年及 1992 年也只有 1.2% 和 1.9%，1993 年更是出现了负增长。经历过 1993 年大选以后，柬埔寨政府在其修订的第二个五年计划里着重突出了发展农业的措施："号召全国上下兴修水利，把改善人民生活放在首位。"① 因此从 1994 年开始，柬埔寨

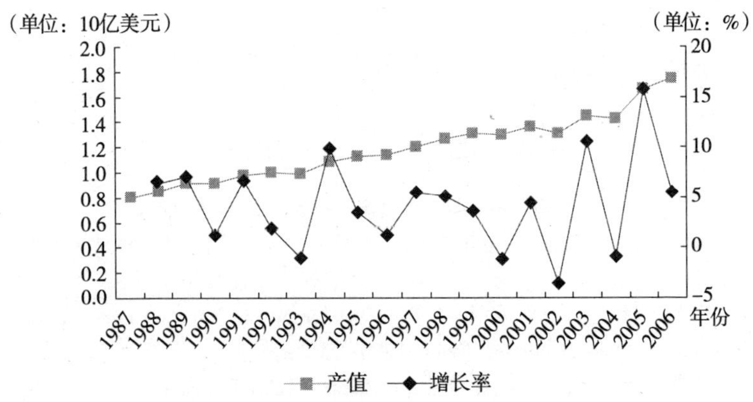

图 7－2　柬埔寨农业产值及增长率

注：1987—2006 年农业产值是以 2000 年不变价格为基期计算并用美元表示的实际产值。1988—2006 年增长率是根据 2000 年不变价格为基期的柬埔寨货币计算得出的。

资料来源：Asian Development Bank (ADB)—Key Indicators 2003 and 2007。

① 罗子余：《柬埔寨经济发展管窥》，《东南亚纵横》1995 年第 1 期，第 18 页。

农业生产有了很大的恢复和发展，虽然1994年遭遇旱涝两灾，但由于渔业发展完成较好，因此1994年农业增长率达到了惊人的9.9%。1997年东南亚金融危机对柬埔寨农业影响不大，但在2000年、2002年及2004年，柬埔寨遭遇了严重的旱灾和涝灾，使得这三年农业增长率为负值，可喜的是在2005年，由于扩大农业种植面积和实现渔业的复苏，又加上天公作美①，柬埔寨农业增长率在这一年达到了15%以上。总的说来，柬埔寨农业基础脆弱，自然灾害是影响柬埔寨农业发展的最大不利因素。

7.3.2 工业及制造业产值与增长率

柬埔寨工业基础十分薄弱，即便在2006年，柬埔寨工业产值也只占国内生产总值的30%。1989年，当时的金边政权将过去集中计划经济体制转变为市场经济体制，把许多国营企业租赁给私人经营②，此举为柬埔寨以后的工业经济发展注入了活力，同时在经历过1993、1998、2003年三次和平大选以来实行的各方面有利于经济发展的政策后，柬埔寨工业增长率大部分年份都保持在10%以上，有的年份甚至高达30%以上（见图7-3）。值得一提的是柬埔寨制造业的发展，也就是成衣制造业，在1993年新政府成立以后，大力发展自由市场经济和私有化以扶持民族工业发展，积极引进外资重建和新建了一批工业项目，柬埔寨成衣制造业在这期间异军突起，成为了柬埔寨的骨干工业部门③，

---

① 刑和平：《2005年：柬埔寨大吉大利的一年》，《东南亚纵横》2006年第5期，第4页。

② 邓淑碧：《80年代以来柬埔寨的经济状况概述》，《东南亚》1998年第1期，第27页。

③ 王士录：《1993年大选以来柬埔寨的经济发展》，《东南亚》1997年第4期，第28页。

同时美国在近十年来也大幅提高了从柬埔寨进口成衣的配额（2003 年更是增加到 18%），因此，成衣制造业成为拉动柬埔寨工业及经济增长的支柱产业，在成衣制造业的拉动下，柬埔寨制造业增长率基本都维持在 13% 左右甚至更高。即便在 1997 年东南亚金融危机时期，由于成衣制造业增长的拉动，柬埔寨工业增长也并没有出现倒退。

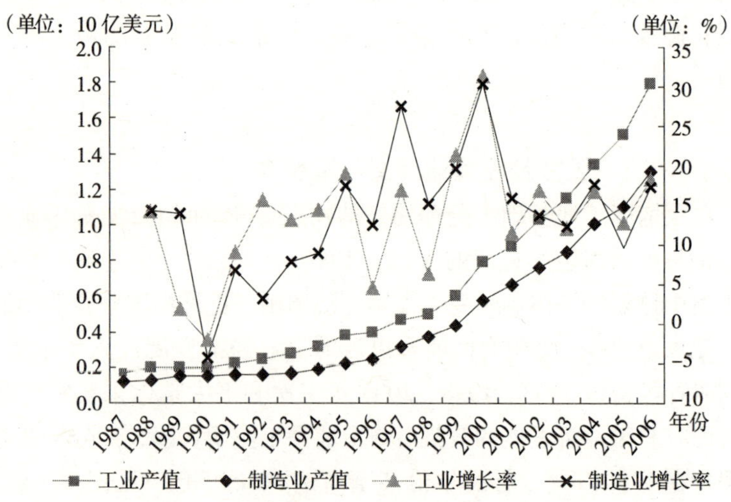

图 7－3　柬埔寨工业、制造业产值及增长率

注：工业包括矿业、制造业、水电气及建筑业；1987—2006 年工业、制造业产值是以 2000 年不变价格为基期计算并用美元表示的实际产值。1988—2006 年增长率是根据 2000 年不变价格为基期的柬埔寨货币计算得出的。

资料来源：World Bank——Cambodia Rehabilitation program: Implementation and Outlook, February 27, 1995; Asian Development Bank(ADB)—Key Indicators 2003 and 2007。

7.3.3　服务业、金融业产值及增长率

交通业、运输业及旅游业的发展决定了柬埔寨服务业的发

展。战争期间，柬埔寨的铁路、公路、港口、机场等重要的交通基础设施遭到严重破坏。20 世纪 80 年代中后期金边政权投入了一定的财力、物力及人力对一些严重破坏又急需恢复的交通设施进行了维修，1993 年大选前，联合国又投入了 30 亿美元帮助柬埔寨抢修基础设施建设，新政府成立后，继续把改善交通、通讯、电力供应等基础设施放在重要位置。① 在 1998 年及 2003 年两届政府的努力下，柬埔寨的基础设施建设取得了显著成绩。

旅游业则是在 1993 年新政府的重视下得到蓬勃发展，其后由于受到了 1997 年的“七月事件”、东南亚金融危机、伊拉克战争、SARS 疫情传播等因素的影响，旅游业遭到严重打击②，也使得这期间柬埔寨服务业的增长率出现明显下滑，但在其他年间柬埔寨服务业增长率一直稳定在 10% 左右。

金融业在柬埔寨经济发展中一直较为薄弱，起步较晚，这主要是因为柬埔寨国家财政连年赤字，通货膨胀比较严重，汇率更是在 1992 年以后一跌再跌，政府虽采取一些措施稳定物价，但无奈国家实力有限，金融业增长率也是一波三折，时而保持在 10% 以上，时而出现 -85% 的负增长。但近三年柬埔寨金融业增长出现了可喜的局面，连续三年金融业增长率稳定在 20% 左右，带动整个服务业增长率也保持在 10% 以上。柬埔寨服务业、金融业产值及增长率变化如图 7-4 所示。

---

① 王士录：《1993 年大选以来柬埔寨的经济发展》，《东南亚》1997 年第 4 期，第 28 页。

② 王士录：《东南亚报告：2003—2004》，云南大学出版社 2004 年版，第 28 页。

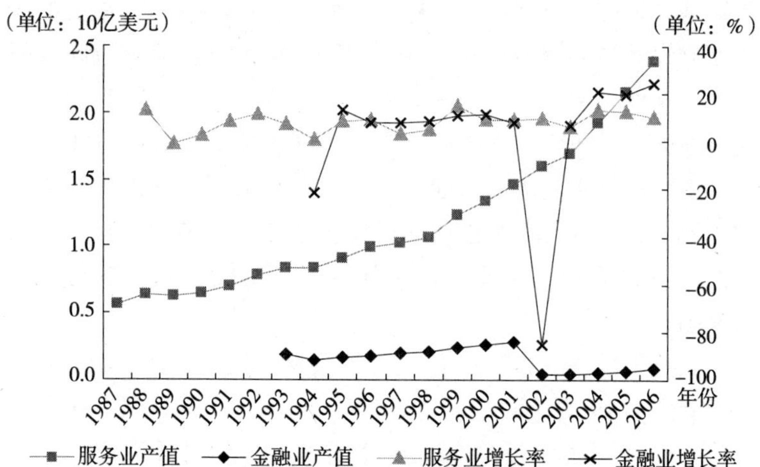

图7-4　柬埔寨服务业、金融业产值及增长率

注：1987—1992 年服务业包括贸易、运输、交通、公共管理及其他，1993—2006 年服务业包括金融业、贸易、运输、交通、公共管理及其他；1987—2006 年服务业产值及 1993—2006 年金融业产值是以 2000 年不变价格为基期计算并用美元表示的实际产值。1988—2006 年服务业增长率及 1993—2006 年金融业增长率是根据 2000 年不变价格为基期的柬埔寨货币计算得出的。

资料来源：Asian Development Bank (ADB)—Key Indicators 2003 and 2007。

7.4　产业结构

柬埔寨的产业结构大致经历了一个从“一、三、二”结构到“三、一、二”再到“三、二、一”的演变过程，这和一般产业结构演变模式有所不同。如图 7-5 所示，2000 年以前，虽然政府通过制定诸如《柬埔寨王国投资法》、《柬埔寨王国公司法》、《柬埔寨王国税法》等一系列法律法规引导工业发展，但由于柬埔寨工业本身基础就很薄弱，同时农业在柬埔寨经济中一

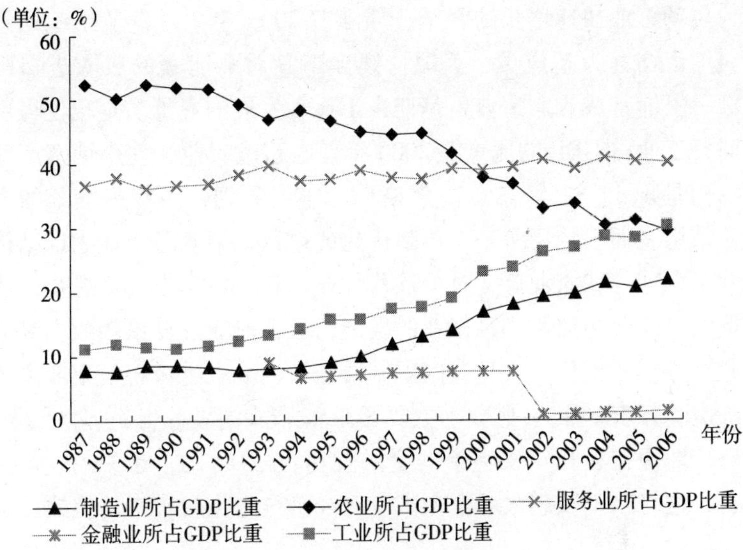

图 7-5 柬埔寨各产业所占 GDP 比重

注：农业、工业、制造业、服务业及金融业的产值是以 2000 年不变价格为基期计算并用美元表示的实际产值，GDP 等于以 2000 年不变价格为基期计算并用美元表示农业、工业及服务业的实际产值之和。

资料来源：World Bank—Cambodia Rehabilitation program: Implementation and Outlook, February 27, 1995; Asian Development Bank (ADB) —Key Indicators 2003 and 2007。

直处于基础地位，服务业特别是旅游业又是拉动经济的重要增长点，因此在 2000 年以前柬埔寨产业结构一直处于“一、三、二”的格局；在经历过东南亚金融危机旅游业萎缩后，旅游业开始重新成为拉动柬埔寨经济的主要动力，同时与旅游业相配套的交通基础设施及通信设施建设得到全面恢复，服务业所占比重首次超过农业成为柬埔寨的第一大产业。工业所占比重与农业差距也在不断缩小，柬埔寨产业结构呈现出“三、一、二”的局面；2000 年以后，柬埔寨工业特别是成衣制造业异军突起，成为拉动工业快速增长的骨干，伴随着2003年9月世贸组织同意接纳柬埔寨为新成员，美国持续提高其对柬埔寨的成衣进口配额，柬埔寨成衣制造业更是迎来了蓬勃发展的春天，这也使得柬埔寨工业占GDP的比重在2006年首次超过农业，使柬埔寨产业结构呈现出“三、二、一”格局。应当看到，虽然柬埔寨的产业结构表面上经历了一个不断优化的过程，但其各产业内部结构并不合理，如农业产业过分砍伐林业出口造成生态环境恶化，严重的旱灾及涝灾影响种植业的发展；工业产业过分依赖成衣制造业对美国的出口，一旦美国限制柬埔寨的成衣进口将使柬埔寨经济遭受打击；服务业产业主要还是依靠旅游业，金融业发展落后，即便在近几年柬埔寨的金融业所占GDP比重也只有1%左右，这将严重限制柬埔寨未来应对经济全球化所带来的挑战。

7.5 需求结构

7.5.1 总需求各部分占GDP的比重

根据宏观经济理论，一国的经济增长主要依赖于该国的消费、投资以及出口。这三者在经济增长和发展中所占的比重是由该国的经济结构、产出结构以及该国的开放程度所决定的。

1. 居民消费支出占GDP的比重

居民消费支出形成一国的内部需求，是经济增长的一个极其重要的因素，与投资和出口共同形成拉动一国经济增长的三个支柱，特别是对于像柬埔寨这样相对封闭的经济体，由于与世界其他经济体联系不大，该国必须依靠内需来拉动本国经济增长。由表7-4可知，在1988—1992年金边政权时期，由于长期的战争创伤，虽然金边政权实施了一些有利于增加居民收入的措施，但其国内通货膨胀严重造成本币大幅贬值，居民消费支出占GDP的比重从1988年的93.4%下降到1992年的83.9%。1993年第一次大选后通过的《柬埔寨王国宪法》中明确规定："柬埔寨王国实行市场经济体制"，政府还确立了以改善人民生活为中心的经济建设路线，制定新的《柬埔寨王国投资法》以吸引外商到柬埔寨投资建厂。[①] 在这些政策措施的共同作用下，一直到东南亚金融危机前，柬埔寨居民消费支出占 GDP 的比重持续增加。东南亚金融危机后，经历了几年的经济恢复，伴随着柬埔寨的成衣出口成为拉动经济新的增长点，居民消费支出占 GDP 的比重也由 1999 年的 89.6% 迅速下滑到 2006 年的 78.9%。

表 7－4 柬埔寨居民消费支出占 GDP 的比重 （单位:%）

年份	1988	1989	1990	1991	1992	1993	1994
居民消费支出占 GDP 比重	93.4	88.6	89.8	84.9	82.9	95.2	91.4
年份	1995	1996	1997	1998	1999	2000	2001
居民消费支出占 GDP 比重	93.2	96.2	90.1	94.5	89.6	86.7	82.4
年份	2002	2003	2004	2005	2006		
居民消费支出占 GDP 比重	81.4	80.9	82.8	81.9	78.9		

注：用支出法计算的 1988—1992 年的 GDP 不包括折旧，1992 年以后的 GDP 包括折旧。

资料来源：Asian Development Bank (ADB)—Key Indicators 2003 and 2007。

2. 政府消费支出占 GDP 的比重

政府消费支出是拉动经济增长必不可少的组成部分，是维持国家机器运行的基础。由于柬埔寨长期以来面临财政赤字，政府无力通过财政支出促进经济增长，一直都是依靠国外援助维持其基本预算，因此柬埔寨政府消费支出占 GDP 的比重偏小，基本保持在 5% 左右的水平（见表 7－5）。

① 王国平：《1993—2003 年柬埔寨的经济改革》，《东南亚》2003 年第 2 期，第 9、10 页。

表 7－5　柬埔寨政府消费支出占 GDP 的比重　（单位：%）

年份	1988	1989	1990	1991	1992	1993	1994
政府消费支出占 GDP 比重	5.4	7.7	7.2	7.4	9.5	4.2	6.7
年份	1995	1996	1997	1998	1999	2000	2001
政府消费支出占 GDP 比重	4.8	5.7	5.5	4.9	5.0	5.2	5.3
年份	2002	2003	2004	2005	2006		
政府消费支出占 GDP 比重	5.4	5.3	4.5	4.0	3.5		

注：用支出法计算的 1988—1992 年的 GDP 不包括折旧，1992 年以后的 GDP 包括折旧。

资料来源：Asian Development Bank (ADB) —Key Indicators 2003 and 2007。

3. 总资本形成占 GDP 的比重

总资本形成是投资的一部分，它与存货的增加一起构成一国的投资。投资与消费、出口一样，也是拉动一国经济增长的引擎之一，三者的相互协调发展，才能推动经济稳定持续的发展。总资本形成在柬埔寨经济发展的里程中起着很重要的作用，虽然柬埔寨国内私人投资意愿不是很强烈，但由于 1993 年以后，柬埔寨政府所制定的新的有利于外商投资的政策法规起到了明显的刺激作用，发达国家纷纷到柬埔寨进行大规模的投资建厂，这刺激了柬埔寨经济的增长。同时，柬埔寨还积极寻求国际援助支持其国内基础设施建设，从联合国开发计划署、亚洲开发银行及世界银行等国际组织得到了大笔无息贷款和无偿援助，有效拉动了经济增长。如表 7－6 所示，近 20 年来柬埔寨总资本形成占 GDP 的比重也在稳步提高。

4. 商品与劳务出口占 GDP 比重

虽然柬埔寨实行对外开放时间较晚，但在 1993 年新政府成立后，柬埔寨政府实行了一系列优惠的政策吸引外商到柬埔寨投资办厂，在借助外商的资金、技术实现工业化的同时，也带动了

表 7－6 柬埔寨的总资本形成占 GDP 的比重 （单位:%）

年份	1988	1989	1990	1991	1992	1993	1994
总资本形成占 GDP 比重	9.0	11.0	8.3	9.4	9.8	12.4	11.0
年份	1995	1996	1997	1998	1999	2000	2001
总资本形成占 GDP 比重	15.3	13.1	15.2	14.1	15.6	18.3	16.3
年份	2002	2003	2004	2005	2006		
总资本形成占 GDP 比重	19.7	19.7	20.3	22.5	23.9		

注：1988—1992 年的总资本形成包括存货增加，1992 年以后的存货增加不计入总资本形成。

资料来源:Asian Development Bank（ADB）—Key Indicators 2003 and 2007。

本国对外贸易的发展，特别是柬埔寨具有廉价的劳动力及较低的原材料成本优势，又加上 1996 年 10 月起美国给予柬埔寨以特惠关税待遇，外商在柬埔寨制造业部门的投资开始增加，柬埔寨成衣出口的大幅增加也带动了整个商品与劳务出口所占 GDP 的比重的增加。从表7－7中可以看到，柬埔寨商品与劳务出口所占

表 7－7 柬埔寨商品与劳务出口占 GDP 的比重 （单位:%）

年份	1988	1989	1990	1991	1992	1993	1994
商品与劳务出口占 GDP 比重	1.9	3.0	2.3	3.8	5.9	16.9	26.9
年份	1995	1996	1997	1998	1999	2000	2001
商品与劳务出口占 GDP 比重	34.1	26.1	34.5	31.7	38.8	49.9	54.0
年份	2002	2003	2004	2005	2006		
商品与劳务出口占 GDP 比重	57.2	58.6	68.3	69.9	75.3		

注：用支出法计算的 1988—1992 年的 GDP 不包括折旧，1992 年以后的 GDP 包括折旧。

资料来源:Asian Development Bank（ADB）—Key Indicators 2003 and 2007。

GDP 的比重迅速从 1993 年的 16.9% 增长到 2006 年的 75.3%，增长了 3 倍多。可以看出，柬埔寨现在是一个外贸依存度极高的国家，出口已经成为拉动其经济发展的重要引擎之一。

5. 商品与劳务进口占 GDP 的比重

进口和出口一样也是衡量一个国家经济对外开放度的指标，同时一个国家通过进口本国不具有优势生产的产品，或者由于资源禀赋的原因，本国没有的原材料，可以发挥比较优势的作用，优化经济结构，从而优化资源配置。柬埔寨自 1993 年结束长期战乱以来，由于国内缺乏发展经济所必需的燃料、金属等原材料，工业基础薄弱，需大量进口制造品，同时在遇到某些特大涝灾及旱灾的年份，粮食不能满足国内需要，必须依靠进口。因此，柬埔寨自 1993 年以来商品与劳务进口所占 GDP 的比重也是大幅提高，从 1993 年 34.1% 迅速增加到 2006 年的 82.7%，短短 14 年间增长了近 2 倍（见表 7－8）。

表 7－8　柬埔寨商品与劳务进口占 GDP 的比重（单位:%）

年份	1988	1989	1990	1991	1992	1993	1994
商品与劳务进口占 GDP 比重	9.6	10.3	7.6	5.5	8.1	34.1	41.0
年份	**1995**	**1996**	**1997**	**1998**	**1999**	**2000**	**2001**
商品与劳务进口占 GDP 比重	51.2	46.4	47.3	44.9	51.2	61.7	62.8
年份	**2002**	**2003**	**2004**	**2005**	**2006**		
商品与劳务进口占 GDP 比重	67.3	70.5	76.8	79.4	82.7		

注：用支出法计算的 1988—1992 年的 GDP 不包括折旧，1992 年以后的 GDP 包括折旧。

资料来源：Asian Development Bank (ADB)—Key Indicators 2003 and 2007。

6. 总储蓄占 GDP 的比重

经济增长的一个重要来源是投资的增加，而国内储蓄又是投资的一个潜在资金来源。著名的哈多模型也认为经济增长的均衡能否实现，既取决于资本—产出系数的高低，也取决于储蓄的多寡。从凯恩斯理论关于储蓄—投资分析中四部门经济的投资储蓄恒等式［I≡S＋（T—G）＋（M—X）］来看，由于柬埔寨人民大多生活于贫困线以下，居民储蓄 S 基本为零，政府又由于连年财政赤字，政府储蓄（T—G）甚至为负，因此柬埔寨总储蓄对经济增长的贡献很小，特别是经历 1996 年特大自然灾害及 1997 年的东南亚金融危机后，柬埔寨总储蓄占 GDP 的比重很小，在 1996 年甚至为 -1%，但自 2000 年以后，由于世界经济的复苏，又加上柬埔寨政府的努力，总储蓄所占 GDP 的比重开始稳步提高，始终稳定在 10% 以上（见表 7－9）。

表 7－9　柬埔寨总储蓄占 GDP 的比重　（单位：%）

年份	1988	1989	1990	1991	1992	1993	1994
总储蓄占 GDP 比重	1.1	3.7	2.3	7.9	7.4	-3.3	0.4
年份	1995	1996	1997	1998	1999	2000	2001
总储蓄占 GDP 比重	2.5	-1.0	6.4	2.3	7.6	8.1	11.6
年份	2002	2003	2004	2005	2006		
总储蓄占 GDP 比重	10.5	11.0	10.0	11.4	15.2		

注：总储蓄指国内储蓄；用支出法计算的 1988—1992 年的 GDP 不包括折旧，1992 年以后的 GDP 包括折旧。

资料来源：Asian Development Bank（ADB）—Key Indicators 2003 and 2007。

总的来说，如图 7－6 所示，柬埔寨自 1993 年第一次大选成立后，由于新政府采取了一系列有利于经济增长和改善人民生活

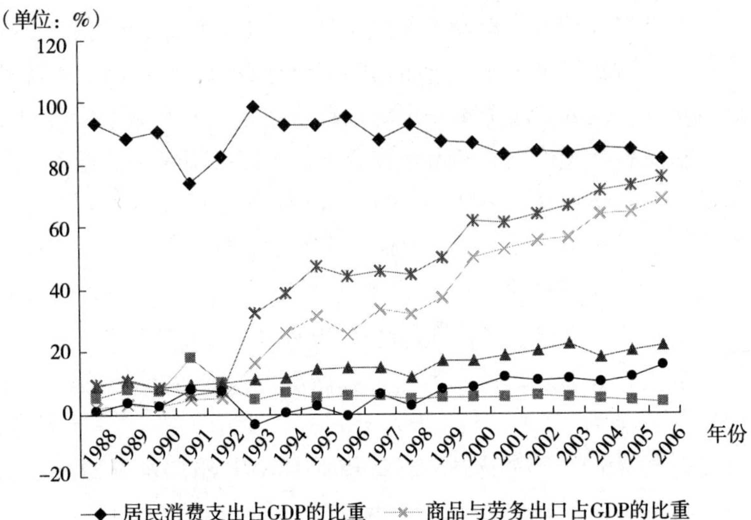

图 7－6　柬埔寨总需求各部分占 GDP 的比重

资料来源：Asian Development Bank（ADB）—Key Indicators 2003 and 2007。

的政策措施，柬埔寨经济增长主要是由居民消费、商品与劳务进出口拉动，政府消费、总资本形成及总储蓄在这一时期对经济增长贡献不大。在经历过 1996 年特大自然灾害及 1997 年东南亚金融危机后，随着 2000 年世界及亚洲周边国家经济的复苏，柬埔寨商品与劳务进出口成为拉动经济增长最强有力的引擎，总资本形成和总储蓄对经济增长的贡献也开始上升，居民消费支出对经济增长的贡献则逐步下降，同时由于国内连年财政赤字，政府消费支出占 GDP 的比重基本维持在 5% 左右。

7.5.2 总需求各部分的增长率

1993 年以前金边政权时期，由于其国内战乱不断，虽然当时的政府制定了各种政策维护经济的正常运行，但成效并不大，这一时期的居民消费支出增长率、政府消费支出增长率、总资本形成的增长率及商品与劳务出口增长率波动较大（如表 7－10 所

表 7－10 柬埔寨居民消费支出的增长率 （单位：%）

年份	1989	1990	1991	1992	1993	1994	1995	1996	1997
居民消费支出增长率	-1.8	2.5	1.7	4.5	—	4.8	8.6	8.8	-1.1
政府消费支出增长率	47.9	-4.6	10.2	37.5	—	71.6	-23.2	25.2	2.0
总资本形成的增长率	26.8	-23.5	22.0	11.3	—	-3.9	48.8	-10.1	23.1
商品劳务出口增长率	62.3	-23.5	80.2	66.3	—	73.5	35.1	-19.4	39.6
年份	1998	1999	2000	2001	2002	2003	2004	2005	2006
居民消费支出增长率	10.1	6.7	4.9	2.4	5.6	7.9	12.6	12.2	6.8
政府消费支出增长率	-7.4	16.8	12.4	8.8	9.9	4.8	-6.7	2.9	-4.9
总资本形成的增长率	-2.7	24.5	27.2	-3.8	28.9	8.4	13.6	25.5	17.9
商品劳务出口增长率	-3.5	37.7	39.4	16.5	13.2	11.2	28.2	16.2	19.3

注：由于数据缺失，1989—1992 年居民消费支出增长率、政府消费支出增长率、总资本形成的增长率及商品与劳务出口增长率采用 1989 年不变价格计算，1993 年的值空缺，1994—2006 年居民消费支出增长率采用 2000 年不变价格计算。

资料来源：Asian Development Bank （ADB）—Key Indicators 2003 and 2007。

示）。比如商品与劳务出口增长率会从1989年的62.3%突然下滑到1990年的-23.5%，再迅速增加到1991年的80.2%，这种波动是由于1990年开始的柬埔寨瑞尔大幅贬值所致，虽然本币贬值会有利于进口，但从长期来看，这种大幅波动对柬埔寨经济增长并不有利。在1996—1998年间，由于1996年特大自然灾害及1997年东南亚金融危机的影响，柬埔寨政府消费支出增长率、总资本形成的增长率及商品与劳务出口增长率出现了较大波动，在1998年这三项的增长率为负，居民消费支出增长率也在1997年首次为负值。1999年以后，柬埔寨的居民消费支出增长率、政府消费支出增长率、总资本形成的增长率及商品与劳务出口增长率出现了较为平稳的态势，虽然期间受到伊拉克战争、SARS疫情、自然旱涝灾害及国内、国际政治等不利因素的影响，但总的来说，对柬埔寨经济增长有显著效应的居民消费支出增长率及商品与劳务出口增长率波动不大，振幅始终在一个比较小的范围内，总资本形成的增长率与政府消费支出增长率则是在平稳增长过程中仍有较大波动幅度。

7.6 经济开放

7.6.1 进出口总量及增长率

一直以来，柬埔寨的对外贸易存在着较大的贸易逆差，在1993年新政府成立前，柬埔寨的出口量及进口量起点较低。1990年瑞尔兑美元大幅贬值以后，柬埔寨的出口量迅速从1990年的8500万美元增加到1991年的2.5亿美元，出口增长率达到了惊人的194.4%，但由于本币贬值，进口成本加大也导致柬埔寨进口量在1990年有所降低，进口增长率降为-7.1%。1993年第一次大选成立了新政府，新政府开始实施全方位的对外开放战略，如颁布新的《柬埔寨王国投资法》，以优惠条件大力吸引外资，坚持经济优先原则，扩大经济贸易关系等，同时美国在新政府成立后宣布解除对柬埔寨的贸易禁运，日本、法国、澳大利亚等国家也积极扩大同柬埔寨的经济贸易关系①，使得1994年及1995年间柬埔寨进出口量猛增，进出口增长率达60%—70%左右。但由于1997年金融危机及“七月事件”的影响，特别是1997年柬埔寨国内两大政党引起的“七月事件”，西方国家和国际组织纷纷终止了对柬埔寨的援助，柬埔寨国内通货膨胀率和物价也大幅度上涨，柬埔寨进出口遭到重大打击，关税收入锐减了70%②，进出口量也急速下降。1998年第二次大选后成立的第二届柬埔寨联合政府继续实行以建立“自由市场经济”为目标的经济改革，这一阶段的改革受到的政治干扰明显较少。从1999年起，柬埔寨政府实施了一系列发展经济的政策和措施，其中就包括了“继续坚持改革，扩大对外开放以吸引更多的外资，争取更多的外援”等，同时在《柬埔寨王国投资法实施细则》中对外资企业享受免除关税和国内税收待遇的条件作了详细规定，补充细则还对外资企业享受税收优惠的核算方式作了补充规定。这些政策措施对以后柬埔寨的对外贸易发展有很大的促进作用。伴随着1999年以后世界经济的复苏，柬埔寨进出口量从2000年开始大幅度增加，进出口量分别从2000年19.35亿美元、13.97亿美元迅速增加到2006年的47.37亿美元及36.9亿美元（如表7-11所示）。

---

① 王士录：《1993年大选以来柬埔寨的经济发展》，《东南亚》1997年第4期，第26页。

② 王国平：《1993—2003年柬埔寨的经济改革》，《东南亚》2003年第2期，第12页。

表 7－11 柬埔寨进出口总量及增长率

（单位：百万美元，%）

年份	1987	1988	1989	1990	1991	1992	1993
出口量	36.2	44.8	79.2	85.8	252.6	264.5	283.0
进口量	151.9	169.3	176.0	163.5	285.1	443.4	471.0
出口量增长率	—	23.8	76.8	8.3	194.4	4.7	7.0
进口量增长率	—	11.5	4.0	－7.1	74.4	55.5	6.2
年份	1994	1995	1996	1997	1998	1999	2000
出口量	489.8	853.9	643.6	861.6	802.0	1130.3	1397.1
进口量	744.4	1187.0	1071.6	1092.4	1165.8	1591.9	1935.7
出口量增长率	73.1	74.3	－24.6	33.9	－6.9	40.9	23.6
进口量增长率	58.0	59.5	－9.7	1.9	6.7	36.6	21.6
年份	2001	2002	2003	2004	2005	2006	
出口量	1571.2	1769.8	2086.8	2588.9	2910.3	3690.3	
进口量	2094.0	2360.5	2668.1	3269.5	3927.8	4737.1	
出口量增长率	12.5	12.6	17.9	24.1	12.4	26.8	
进口量增长率	8.2	12.7	13.0	22.5	20.1	20.6	

注：出口量采用的是离岸价格，进口量采用的是到岸价格。

资料来源：Asian Development Bank (ADB)—Key Indicators 2003 and 2007。

7.6.2 进出口商品结构

柬埔寨出口商品结构比较单一，1997 年以前主要是农业原材料出口，这主要是因为柬埔寨农业中林业及渔业具有较强的资源优势，这期间柬埔寨对外贸易结构基本上是以国内的初级农矿产品交换国外的工业制成品，农业原材料特别是林业是当时的主要出口创汇项目，但由于对林业的过度砍伐造成柬埔寨生态环境严重破坏，柬埔寨政府制定了新的森林保护政策，木材出口所占比重也是逐年缩小。东南亚金融危机以后，由于柬埔寨国内政局稳定，美国在1996年10月给予柬埔寨特惠关税待遇，发达国家的劳动密集型出口工业利用这一有利条件纷纷在柬埔寨投资制造工业部门，再加上柬埔寨具有廉价的劳动力及原材料成本优势，柬埔寨成衣制造业得到迅速发展，一跃成为柬埔寨出口比重最大的商品，成衣出口比重从1997年的35%迅速增加到2006年的73%，增加了1倍多（见图7－7）。

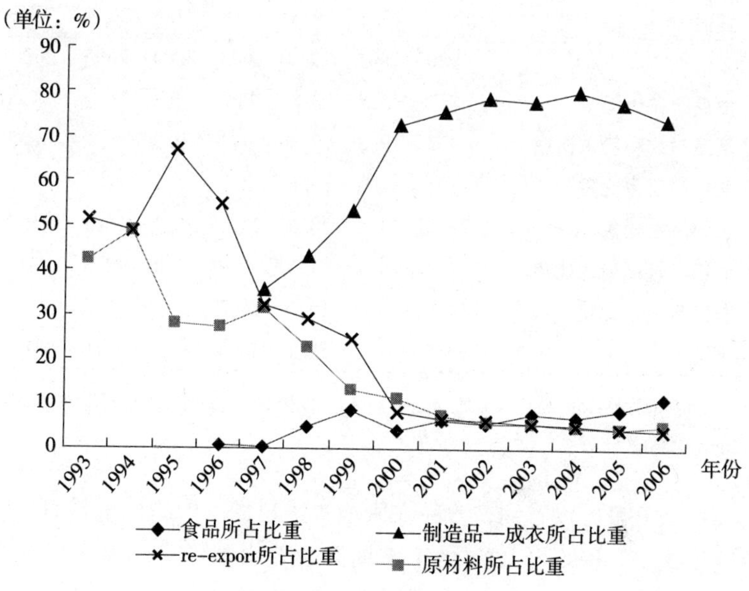

图7－7 柬埔寨出口商品结构

资料来源：International Monetary Fund: Country Report 1998、2002、2004、2006、2007。

柬埔寨从其他国家进口的商品种类较多，主要集中在食品、烟草与饮料、原材料、矿石与金属、燃料及制造品等，具体进口商品如表7－12所示。

表 7－12　柬埔寨进口商品结构　（单位：%）

年份	1993	1994	1995	1996	1997	1998	1999
食品所占比重	3.9	6.5	2.6	4.4	2.8	3.2	3.4
烟草与饮料所占比重	23.6	21.8	24.0	33.9	26.1	27.0	17.1
原材料所占比重	17.7	10.2	6.1	9.1	7.9	8.9	10.1
燃料所占比重	7.0	6.6	7.3	7.2	12.6	20.9	18.8
矿石与金属所占比重	11.0	19.6	38.5	7.4	19.0	0.8	6.8
制造品所占比重	32.8	23.0	13.9	14.0	10.3	17.7	15.8
其他	12.1	15.1	9.8	27.5	24.4	26.4	33.3
年份	2000	2001	2002	2003	2004	2005	2006
食品所占比重	1.7	3.8	3.8	0.7	0.8	1.4	1.5
烟草与饮料所占比重	9.2	9.8	9.3	9.2	9.5	8.1	8.7
原材料所占比重	11.7	11.8	12.9	12.3	11.2	12.7	11.5
燃料所占比重	23.2	24.6	20.6	24.0	20.1	16.5	18.0
矿石与金属所占比重	7.2	4.2	4.5	3.9	5.1	2.6	3.0
制造品所占比重	14.9	13.5	16.2	15.3	18.7	20.5	21.7
其他	38.5	37.7	38.7	40.5	39.8	43.6	40.2

资料来源：International Monetary Fund：Country Report 1998、2002、2004、2006、2007。

从上表可以看到，食品在柬埔寨进口商品中的比重总的来说逐步减少。1999 年以前由于柬埔寨农业自然灾害频繁，粮食产量不能自给自足，必须依靠大量进口以满足国内人民生活需要，1999 年以后由于遭遇 2000 年及 2002 年旱涝灾害，食品进口所占比重较大，2002 年以后粮食产量基本能自给自足，食品进口所占比重基本在 1% 左右。原材料、燃料及制造品所占进口比重则是逐年提高，这主要是由于柬埔寨作为一个农业占主导地位的国家，工业基础较为薄弱，在其工业化发展阶段，急需大量发展工业化的原材料、燃料和制造品等。因此，这一时期的柬埔寨的

进口商品结构中，发展工业化需要的原材料、燃料、制造品居于首要地位。1993 年至 2006 年，这三项商品平均进口比重分别为 11%、16% 及 17%。由于柬埔寨国内具有丰富的矿产资源，随着开发利用矿产资源技术的提高，柬埔寨矿石与金属所占进口商品比重基本呈下降趋势。同时，随着柬埔寨工业化水平的提高，其轻工业产品进口（如烟草和饮料进口）所占比重也是从 1993 年的 23.6% 减少到 2006 年的 8.7%。

7.6.3 经常账户余额与资本账户余额占 GDP 的比重

柬埔寨自 1989 年宣布由集中计划经济体制转变为市场经济体制以来，对外贸易依存度一直逐年提高。

从柬埔寨经常账户余额占 GDP 的比重来看（见图 7－8），柬埔寨存在着较大的贸易逆差。1990 年开始，由于柬埔寨财政连年赤字，再加上其国内政局不稳，造成了严重的通货膨胀及汇率大幅下跌，本币贬值刺激了柬埔寨的出口，经常账户余额赤字到 1993 年有所降低，经常账户余额占 GDP 比重在这期间也基本在 -2.0% 左右。1993 年以后，柬埔寨新政府制定了新的发展经济的政策措施，由于柬埔寨处在工业化发展初级阶段，急需进口大量发展工业化所必需的原材料、燃料和制造品，同时这一期间柬埔寨出口商品中木材出口量减少，故在东南亚金融危机前柬埔寨经常账户余额赤字又保持在一个较高水平。1997 年东南亚金融危机爆发，由于柬埔寨经济比较封闭，因此金融危机对柬埔寨影响较小，但其国内政治动乱又一次引起通货膨胀及汇率大幅缩水，一定程度上刺激了柬埔寨成衣制造业大幅出口，缩小了柬埔寨的贸易逆差。此后柬埔寨的对外贸易开始过多受到区域和国际市场变化的影响，特别是美国经济发展前景和其外贸政策变化的影响，柬埔寨经常账户余额赤字开始出现小幅波动。

资本账户余额记录了一国在一年内的资本流入和流出的情

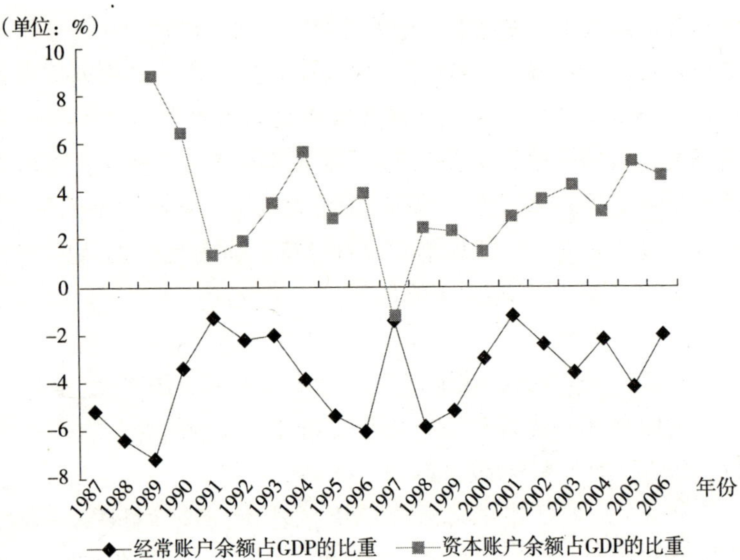

图 7－8　柬埔寨经常账户余额与资本账户余额占 GDP 的比重

资料来源：International Monetary Fund: Country Report 1998、2002、2004、2006、2007; World Bank: Cambodia Rehabilitation program: Implementation and Outlook, February 27, 1995; Asian Development Bank (ADB)—Key Indicators 2003 and 2007。

况。从图 7－8 中柬埔寨的资本账户余额所占 GDP 比重来看，柬埔寨资本账户余额大多数年间都保持着顺差，这与柬埔寨历届政府十分重视吸引外商投资有关。1993 年以前当时的金边政权就颁布了《外国在柬埔寨投资法》以吸引外商到柬投资，1993 年柬埔寨联合政府又颁布了新的《柬埔寨王国投资法》，以更优厚的政策吸引外商直接投资。外资的大量流入使得柬埔寨资本账户余额占 GDP 的比重持续提高。但由于柬埔寨国内政治不稳定，特别是 1997 年东南亚金融危机及柬埔寨两党武装冲突的“七月事件”的影响，使得 1995—1997 年间外商在柬的投资大量减少，甚至出现了资金外逃，柬埔寨资本账户余额也一路下滑，1997

年柬埔寨资本账户余额所占 GDP 比重更是首次为负。1998 年第二次大选后成立的第二届柬埔寨联合政府的改革受到的政治因素影响明显减少，在其通过的《柬埔寨王国投资法实施细则补充细则》中，对外资企业享受免除关税和国内税收待遇、外资企业进口商品享受免除进口税的条件作了详细规定。① 从 2000 年开始，伴随着世界经济及亚洲周边国家经济的复苏，流入柬埔寨的资金缓步增加，柬埔寨资本账户余额占 GDP 的比重也开始提高。

7.6.4 主要贸易伙伴

根据 2006 年亚洲开发银行的数据，按国别划分，从柬埔寨的十大出口国来看，美国是柬埔寨最大的出口国，出口额达 21.16 亿美元，德国居第二，出口额为 3.35 亿美元，英国居第三，出口额为 1.54 亿美元，法国居第四，出口额为 1.24 亿美元，加拿大居第五，出口额为 1.03 亿美元；从柬埔寨的十大进口国来看，中国香港是柬埔寨最大的进口地，进口额达 13.78 亿美元，泰国居第二，进口额为 7.67 亿美元，中国居第三，进口额为 6.12 亿美元，越南居第四，进口额为 5.05 亿美元，法国居第五，进口额为 1.19 亿美元。

按地区划分，美国及加拿大是柬埔寨最大的出口市场，出口总额达 22.19 亿美元，占柬埔寨出口总额的 66.4%，德国、英国及法国是其第二大出口市场，出口总额为 6.14 亿美元，占其出口总额的 18.4%，中国香港、越南、日本、新加坡及马来西亚是其第三大出口市场，出口总额为 4.06 亿美元，占其出口总额的 12.2%；从柬埔寨的主要进口地区来看，其前十大进口国

---

① 王国平：《1993—2003 年柬埔寨的经济改革》，《东南亚》2003 年第 2 期，第 13 页。

中有九个属于亚太地区，因此，亚太地区是柬埔寨第一大进口市场，进口总额为36.84亿美元，占其进口总额的87%，欧洲的法国为其第二大进口市场，进口总额为1.19亿美元，占其进口总额的2.8%。

7.6.5 国际储备

1994年以来，柬埔寨的国际储备水平随着外资的大规模流入而迅速提高，从1994年的1.18亿美元快速增加到2006年的14.1亿美元（如图7－9所示）。外汇储备自1994年以来稳步增加，从1994年的1.02亿美元增加到2006年的11.57亿美元。柬埔寨在1997年东南亚金融危机后开始设立黄金储备，其后黄金储备也是逐年增加。2000年柬埔寨经济走上正轨以后，国际货币基金组织特别提款权显著减少，由1994年的1500万美元大幅下降到2006年的20万美元。

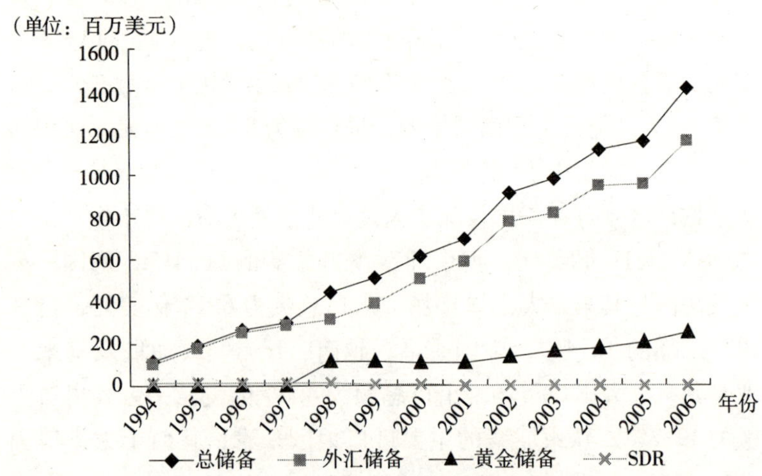

图7－9 柬埔寨国际储备总量与结构

资料来源：Asian Development Bank (ADB)—Key Indicators 2007。

柬埔寨国际储备结构主要由外汇储备构成（见图7－10）。为防范以后出现如1997年东南亚金融危机那样的风险，1998年柬埔寨设立了黄金储备，使得柬埔寨外汇储备所占比重开始缩小，国际货币基金特别提款权在柬埔寨国际储备中比重一直很小，即便在1994年也只有13%左右，在2000年以后国际货币基金特别提款权所占比重更是不足1%。

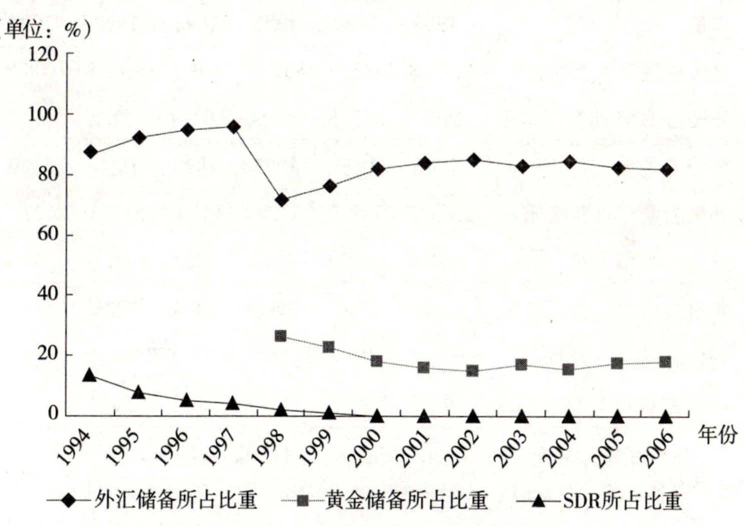

图7－10　柬埔寨国际储备结构的变化

资料来源：Asian Development Bank (ADB)—Key Indicators 2007。

7.6.6　外债总量与结构

长期以来，柬埔寨就是依靠国际援助的国家。由表7－13可以看出，柬埔寨外债总量一直呈上升趋势，这主要是由于柬埔寨长期战乱，农业基础设施遭到严重破坏，工业基础脆弱，加上国内财政收入较少，财政预算基本靠国际援助支撑，遇上旱灾和洪涝灾害的年份，农业歉收导致人民生活出现困难。从外债总量占

GNI 的比重变化率来看，虽然东南亚金融危机导致柬埔寨 1997 年外债比重出现了小幅增大，但在 1999 年以后随着柬埔寨经济增长总体上走向平稳，外债总量增长的幅度也远小于经济增长的幅度。因此，长期来看柬埔寨外债总量占 GNI 的比重逐年下降，从 1989 年的 156% 下降到 2005 年的 59.6%。

表 7－13　柬埔寨外债总量及占 GNI 的比重变化率

年份	1989	1990	1991	1992	1993	1994
外债总量（百万美元）	1678.8	1845.0	1852.3	1830.6	1820.5	1908.6
外债占 GNI 比重（%）	156.1	165.5	113.4	92.4	72.5	69.7
年份	1995	1996	1997	1998	1999	2000
外债总量（百万美元）	2283.5	2353.7	2382.8	2464.6	2517.4	2627.9
外债占 GNI 比重（%）	67.4	68.9	70.2	80.5	73.5	74.4
年份	2001	2002	2003	2004	2005	
外债总量（百万美元）	2696.5	2900.3	3193.4	3439.1	3515.3	
外债占 GNI 比重（%）	70.3	70.5	72.9	68.5	59.2	

注：外债总量指 Total debt outstanding and disbursed。
资料来源：Asian Development Bank (ADB)—Key Indicators 2007。

从外债结构来看，如表 7－14 所示，柬埔寨的长、短期外债比重比较稳定，长期外债比重基本保持在 90% 左右，短期外债比重则基本在 5%—7% 左右，这是因为柬埔寨主要是向联合国开发计划署、亚洲开发银行、世界银行及国际货币基金组织等国际组织借了大笔长期贷款以恢复其国内基础设施建设。这种比较稳定的长、短期负债比例也使得柬埔寨在 1997 年东南亚金融危机中并没有出现如泰国、马来西亚、菲律宾等国由于短期负债过高所引发的大规模金融风暴。

表 7－14 柬埔寨长、短期外债及 IMF 借款占总外债的比重

（单位:%）

年份	1989	1990	1991	1992	1993	1994
长期负债比重	92.0	91.2	90.9	91.5	92.3	91.4
短期负债比重	6.6	7.3	7.7	7.7	7.2	7.1
IMF 借款比重	1.4	1.5	1.4	0.8	0.5	1.5
年份	1995	1996	1997	1998	1999	2000
长期负债比重	92.4	92.5	92.0	91.8	91.1	88.6
短期负债比重	4.5	4.5	5.2	5.5	6.0	8.6
IMF 借款比重	3.1	3.0	2.8	2.7	2.9	2.8
年份	2001	2002	2003	2004	2005	
长期负债比重	88.7	89.2	89.6	89.3	89.7	
短期负债比重	8.3	7.5	6.9	7.6	7.9	
IMF 借款比重	3.0	3.3	3.5	3.1	2.4	

资料来源：Asian Development Bank（ADB）—Key Indicators 2007。

此外，从柬埔寨外债来源来看，1995 年以前柬埔寨向国际货币基金组织的借款比重并不高，基本维持在 1% 左右。1995 年以后，柬埔寨从这三个国际组织贷款比重开始增加，特别是向世界银行及亚洲开发银行的借款比重更是急剧上升，分别从 1995 年的 2.6%、3.3% 迅速上升到 2006 年的 13.5% 及 17.6%。由于国际货币基金组织向各成员国贷款具有很苛刻的条件，因此柬埔寨向国际货币基金组织的贷款比重在 1995 年以后始终维持在 3% 左右，2006 年这一比重甚至为零（见图 7－11）。

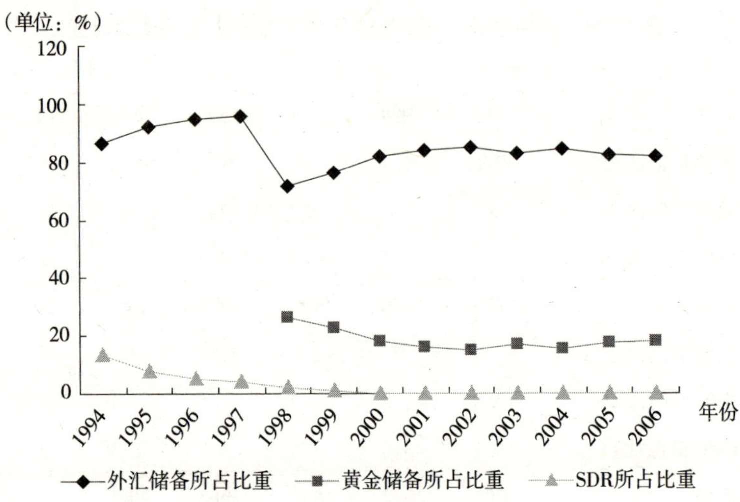

图 7－11　柬埔寨外债来源结构

资料来源：International Monetary Fund: Country Report 1998、2002、2004、2006、2007; Asian Development Bank (ADB)—Kcy Indicators 2007。

7.6.7　与世界经济的整合程度

随着时间的推移，柬埔寨对外贸易依存度逐年提高（见表 7－15），从 1987 年的 9.9% 增长到 2006 年的 151.2%，其中，商品贸易与 GDP 之比从 1987 年的 9.5% 迅速增长到 2006 年的 115.6%，增长了 10 倍多。服务贸易与 GDP 之比与商品贸易与 GDP 之比相比较低，但其也从 1987 年的 0.4% 迅速增加到 2006 年的 35.6%，增长速度令人吃惊，这与柬埔寨历届政府重视吸引外资及扩大对外开放战略是分不开的。

从外商直接投资净流入占 GDP 的比重来看，外商直接投资受到柬埔寨国内政治因素及国际经济政治因素影响较大。1993 年前后受国内政局不稳的影响，柬埔寨外商直接投资净流入占 GDP 的比重较小，大致在2%左右；2002年前后受伊拉克战争

表 7－15 柬埔寨与世界经济的整合程度 （单位:%）

年份	商品贸易占 GDP 的比重	服务贸易占 GDP 的比重	总私人资本流动占 GDP 的比重	外商直接投资占 GDP 的比重	
				净流入	净流出
1987	9.5	0.4	0.1	5.5	—
1988	11.9	0.6	0.1	6.1	—
1989	17.7	0.8	0.2	7.6	—
1990	17.8	1.2	0.2	6.7	—
1991	24.6	0.1	0.2	1.1	—
1992	35.8	1.7	0.5	1.7	—
1993	29.8	2.9	0.4	2.1	—
1994	44.3	8.8	0.7	2.5	—
1995	59.3	11.0	0.6	4.4	—
1996	49.0	14.0	0.6	8.4	—
1997	56.8	12.5	1.7	4.9	—
1998	62.9	17.7	2.8	7.1	—
1999	77.3	22.3	3.0	6.3	—
2000	90.9	27.6	3.9	3.9	—
2001	92.1	28.3	3.5	3.6	—
2002	96.0	29.9	3.4	3.2	—
2003	101.7	27.2	3.3	1.6	—
2004	109.8	31.2	3.3	2.3	—
2005	108.5	34.7	3.3	6.0	—
2006	115.6	35.6	4.2	6.5	—

资料来源：Asian Development Bank（ADB）—Key Indicators 2007。

及 SARS 疫情的影响，柬埔寨外商直接投资净流入占 GDP 的比重又维持在 2% 左右。总的来说，政治因素是影响柬埔寨的外商直接投资净流入的最大障碍。

得益于柬埔寨经济的发展，柬埔寨总私人资本流动逐步活跃，1987 年总私人资本流动占 GDP 的比重仅为 0.1%，但到

2006 年这一比重就增大到 4.2%。

综观柬埔寨近 20 年的经济发展，虽然在柬埔寨经济发展过程中出现这样那样的问题，但随着经济全球化的扩大，柬埔寨经济与世界经济的整合程度在不断提高。

7.7 宏观经济政策

7.7.1 通货膨胀率

受国内政治因素及柬埔寨财政问题的影响，柬埔寨通货膨胀率较高。如表 7－16 所示，1993 年以前金边政权时期，由于柬埔寨国内局势不稳定，每年总支出的 20%—30% 用于军费开支，柬埔寨连年财政赤字，政府无力应对通货膨胀，从 1990 年开始，通货膨胀呈上升趋势，CPI 指数从 1990 年的 7.81 迅速上升到 1993 年的 58.33，柬埔寨瑞尔兑美元的汇率也是一跌再跌，严重影响了柬埔寨人民的生活。1997 年东南亚金融危机本来对柬埔寨经济影响不大，但同年“七月事件”所造成的联合执政的两大政党即人民党与奉辛比克党之间的武装冲突后，一些国际组织

表 7－16　柬埔寨消费者物价指数

年份	1987	1988	1989	1990	1991	1992	1993
消费者物价指数	1.26	1.65	3.11	7.81	19.51	41.37	58.33
年份	1994	1995	1996	1997	1998	1999	2000
消费者物价指数	75.80	74.36	81.83	89.38	101.24	100.80	100.00
年份	2001	2002	2003	2004	2005	2006	
消费者物价指数	100.22	103.53	104.78	110.62	118.01	121.32	

注：以 2000 年价格为基期计算。

资料来源：International Monetary Fund, World Economic Outlook Database, October 2007。

和国家停止对柬埔寨的经济援助，使得严重依赖援助的国家财政陷入困境，旅游业也受到严重冲击，物价大幅上涨，柬埔寨瑞尔大幅贬值，大多数银行关门停业，整体经济运行陷入困境。由于柬埔寨政府财力有限，无力稳定物价，其后柬埔寨的 CPI 指数一路上升，在 2006 年 CPI 指数达到了 121.32。

7.7.2 失业率

作为世界上最不发达国家之一的传统农业国，柬埔寨农业人口约占总人口的 82%，农业从业人口占总从业人口的比重基本维持在 70% 左右。由于长期以来农业从业人口比重较高且比较稳定，因此农业生产生活中存在的大量隐性失业并没有得到真实反映，柬埔寨的失业率主要通过其非农产业来体现。如表 7－17 所示，柬埔寨的失业率基本维持在 2% 左右，有些年份甚至低于 1%。1998 年由于东南亚金融危机及国内政治动乱的影响，失业率猛增到 5.3%，1999 年以后，柬埔寨政府逐步推行了一系列有利于稳定经济和扩大就业的政策措施，再加上亚洲周边国家经济整体开始复苏及美国提高了对柬埔寨的成衣进口配额，柬埔寨成衣制造业和旅游业得到迅速发展，进而带动了整个经济的发展，同时也吸纳了大量的就业人口，柬埔寨的失业率也从 2000 年的 2.5% 稳步下降到 2005 年的 0.8%。

表 7－17 柬埔寨历年失业率 （单位:%）

年份	1994	1995	1996	1997	1998	1999	2000
失业率	2.5	2.5	0.9	0.7	5.3	0.6	2.5
年份	2001	2002	2003	2004	2005		
失业率	1.8	1.4	1.1	0.8	0.8		

资料来源：Asian Development Bank (ADB)—Key Indicators 2007; Association of Southeast Asian Nations-ASEAN Statistical Yearbook, 2006。

综上所述，从 1986 年柬埔寨金边政权制定恢复和发展经济与社会事务的第一个五年计划至今，二十多年来柬埔寨经济发展发生了显著的变化。但同时也必须指出，柬埔寨的经济发展中仍存在着不少的问题，面临着一系列的实际困难，如基础设施落后、道路交通不畅、电力供应紧张、劳动力素质不高、土地纠纷严重等状况还没有得到根本改变。此外，柬埔寨经济发展的前景，除受制于天气条件外，还易受区域和国际市场变化的影响，特别是美国经济发展前景和其外贸政策变化的影响，如不发生重大自然灾害，不发生影响地区和世界经济发展的重大突发性事件，那么柬埔寨经济发展将会一帆风顺。在经历过 1993 年的第一次大选、1998 年的第二次大选及 2003 年的第三次大选后，相信柬埔寨政府会以一种积极的姿态为实现其经济快速发展做出不懈的努力，国际社会也将会拥抱一个政治开明、社会稳定的柬埔寨。

8 五国经济发展综合比较

本书前述章节从国别的角度，对次区域五国的经济发展状况进行了分析与梳理，在此基础上，本章将从次区域整体的角度，主要运用对比分析法，对次区域国家经济增长、产业结构与经济开放等经济发展的主要方面进行进一步的实证研究，以此来对次区域国家展开货币金融合作的基础条件做一个初步的判断。

8.1 经济规模与经济增长

8.1.1 GDP 与人均 GDP

20 世纪 90 年代以来，作为亚太地区成长较快的经济体之一的次区域五国，其内部各国经济规模差异较为明显，既有泰国这样的新兴市场经济国家，也有越南、缅甸、柬埔寨及老挝这样的转型经济国家，经济发展水平有较大差异。

第一，从 GDP 总量来看，次区域五国的经济规模差距较大，但是差距正逐步缩小（如图 8 - 1 所示）。在次区域五国中，泰国的经济规模相对较大，缅甸、柬埔寨和老挝的经济规模相对较小，越南的经济规模介于前二者之间。东南亚金融危机前，作为次区域五国中经济规模最大的泰国，其国内生产总值是经济规模最小的老挝的约 90 倍左右。2006 年，泰国国内生产总值达到 1150.7 亿美元，老挝国内生产总值为 20.4 亿美元，两国差距缩小到 64 倍左右。

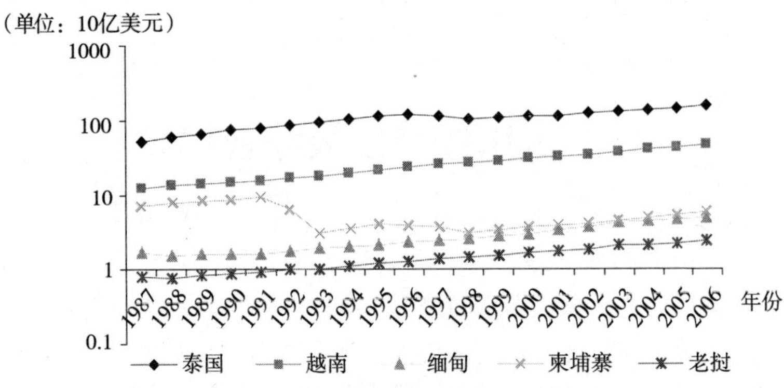

图 8－1　次区域五国国内生产总值

注：以 2000 年价格计算，考虑到缅甸的市场汇率和官方汇率差距巨大（2006 年约为 150:1），为真实反映其经济规模，本节缅甸的 GDP 采用市场汇率计算得到。

资料来源：International Monetary Fund, World Economic Outlook Database, October 2007。

第二，从人均 GDP 来看，次区域五国内部的社会发展水平和国民的富裕程度也表现出较大的差异性（如图 8－2 所示）。一直以来，泰国始终是次区域五国中最为富裕的国家，2006 年其人均国内生产总值达到 2386.8 美元，但与亚洲平均水平的 3162 美元及世界平均水平的 7372 美元仍有不小的差距。20 世纪 90 年代初期，缅甸与柬埔寨经济发展由于受其国内政治形势的影响，两国人均 GDP 出现较大滑坡。缅甸更是在 1990—1994 年连续五年人均 GDP 不足 100 美元。柬埔寨人均 GDP 也大幅缩水了近三分之二。比较而言，越南和老挝受到政治和其他外界因素干扰较小，两国人均 GDP 保持平稳增长。东南亚金融危机后，次区域五国政府都把主要精力放在了经济发展上，人均 GDP 差距开始逐步缩小，由 20 世纪 90 年代初期的近 25 倍缩小到 2006 年的 10 倍左右。

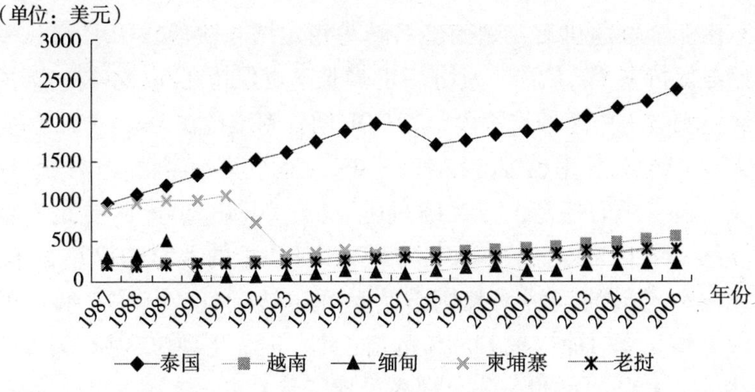

图8-2　次区域五国人均国内生产总值

注：以2000年价格计算。

资料来源：International Monetary Fund, World Economic Outlook Database, October 2007。

8.1.2　GDP及人均GDP增长率

经济增长速度不仅反映一个国家或者经济体在一定时期内创造财富的能力，也是一个国家国民平均富裕程度的重要指标。次区域五国经济增长速度的快慢不仅是本国经济发展水平和国民平均富裕水平变化的重要指标，而且对进一步加强大湄公河次区域经济合作将会产生重要影响。

在近20年的经济发展过程中，次区域五国的经济增长表现出以下特点：东南亚金融危机前，越南经济呈现高速增长趋势，从1992—1996年连续五年GDP增长率保持在9%以上，人均GDP增长率也保持在7%以上；泰国经济增长速度开始出现下滑，GDP增长率由1988年的13.2%下降到1998年的-10.4%，人均GDP增长率也由1988年的10.4%下降到1998年的-11.4%；缅甸、柬埔寨和老挝的经济增长则是时好时坏，出现较大的波动性，缅甸的人均GDP增长率更是出现由1989年的

54.6%到1990年的－86.2%再到1995年的30.8%的巨大波动。东南亚金融危机后，越南经济转为稳定增长阶段，GDP增长率始终保持在8%左右，人均GDP增长率也保持在6%左右；泰国经济则进入中速增长阶段，其GDP增长率维持在5%—7%之间，人均GDP增长率也维持在4%—6%之间；柬埔寨由于国内政局及周边市场的稳定，其经济高速增长，2004—2006年更是实现连续三年10%以上的GDP增长率及8%以上的人均GDP增长率；缅甸和老挝的经济增长则继续呈现出波动性，其中，缅甸的GDP增长率时而出现13.8%的增长率，时而出现3%甚至为负的状况，人均GDP增长率也同样出现了从－27.3%到51.4%的巨大波动（见图8－3、图8－4所示）。

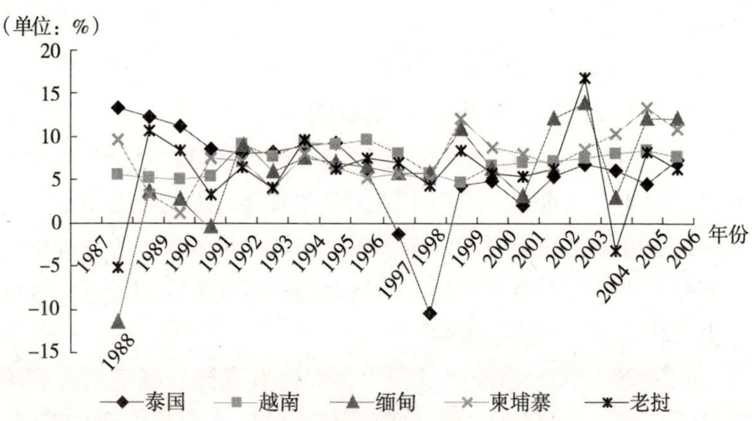

图8－3　次区域五国国内生产总值增长率

注：以2000年价格并用各国货币计算。

资料来源：International Monetary Fund, World Economic Outlook Database, October 2007。

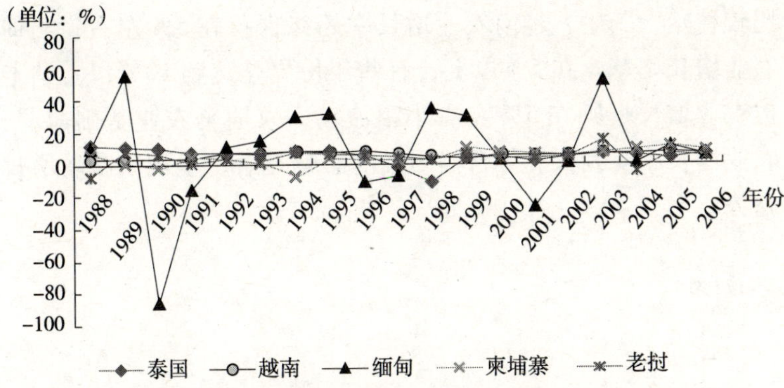

图8-4 次区域五国人均国内生产总值增长率

注：以2000年价格并用各国货币计算。

资料来源：International Monetary Fund, World Economic Outlook Database, October 2007。

8.2 产业增长

8.2.1 农业增长率

农业在次区域五国经济发展中占有重要位置，由于次区域五国经济体制及产业结构等方面的差异，农业增长表现各有不同(见图8-5)。泰国作为工业化国家，农业增长率受到其国内经济社会发展因素的影响，呈现出较大波动性。1986—1996年间，通过调整经济结构和产业布局，泰国经济得到快速发展，进而也带动了农业高速增长。东南亚金融危机导致泰国工业用农产品减少，也直接导致了农业的衰退，危机后，泰国经济发展得以恢复，居民信心增加，消费支出增加带动了工业的发展，进而推动了农业生产稳步回升；越南、缅甸和老挝是传统的农业国，农业在这三国国民经济中居主导地位，由于三国政府一直把发展农业摆在其国民经济建设头等重要的位置，因此三国农业增长率比较稳定，其中，越南农业增长率始终保持在5%左右，缅甸农业增长率基本在5%以上，有些年份更是达到10%以上，老挝农业增长率则在5%左右小幅波动；柬埔寨农业基础薄弱，农业增长率受到天气等自然因素的影响显著，呈现出波动增长态势。

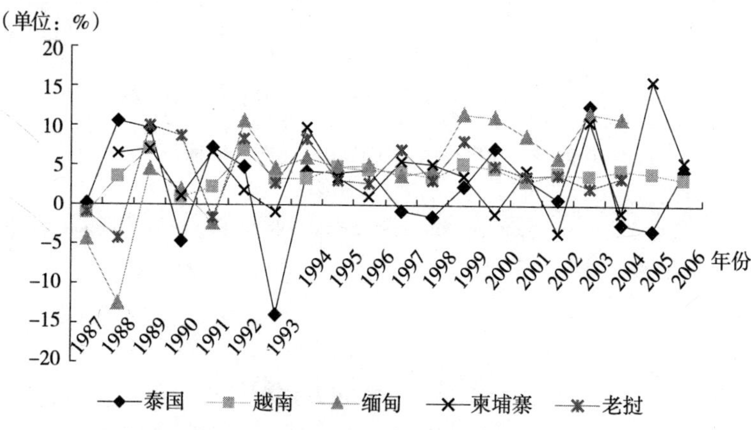

图8-5　次区域五国农业增长率

注：以2000年价格并用各国货币计算。

资料来源：Asian Development Bank (ADB)—Key Indicators 2003 and 2007。

8.2.2　工业及制造业增长率

在次区域五国的工业结构中，制造业一直都是一个重要的部门。泰国、缅甸、柬埔寨和老挝的制造业占工业总产值比重始终保持在70%以上，越南也达到50%以上，从图8-6、图8-7可知，次区域五国制造业增长率的快慢直接决定着其工业增长质量。20世纪80年代以来，次区域五国先后开始进行经济体制改革，并制定了各种优惠政策措施以吸引外资，发达国家也利用

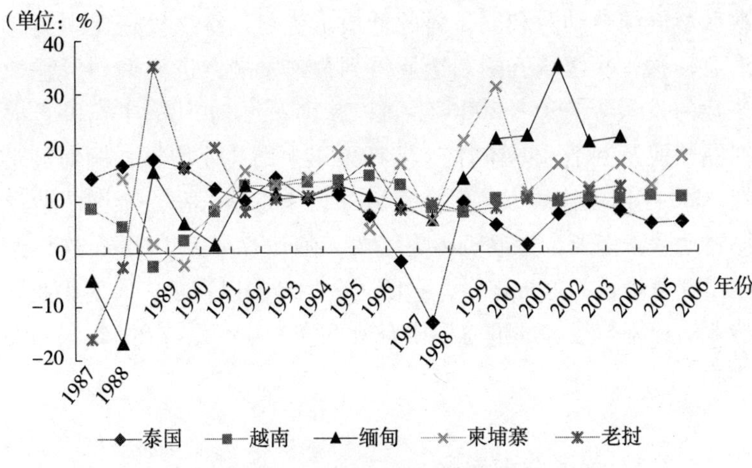

图 8－6 次区域五国工业增长率

注：以 2000 年价格并用各国货币计算。

资料来源：Asian Development Bank (ADB)—Key Indicators 2003 and 2007。

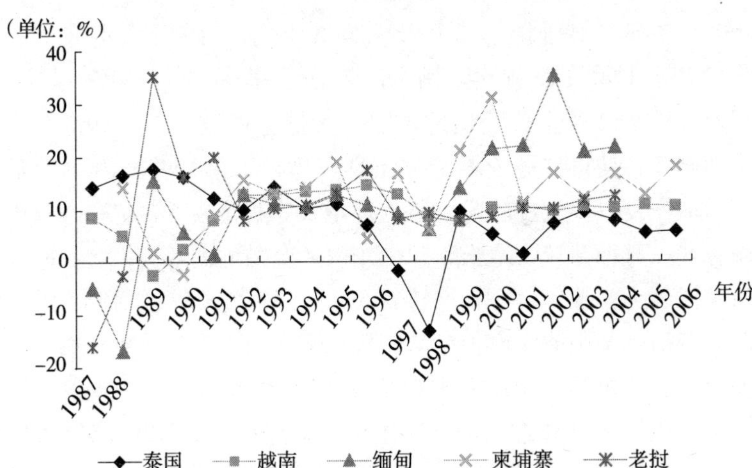

图 8－7 次区域五国制造业增长率

注：以 2000 年价格并用各国货币计算。

资料来源：Asian Development Bank (ADB)—Key Indicators 2003 and 2007。

次区域五国劳动力和原材料的低成本优势，纷纷投资建厂进行产业转移，次区域五国制造业得到快速发展，进而带动了整个工业的发展。1991—2006 年间，越南、缅甸、柬埔寨和老挝四国工业及制造业基本保持着 10% 以上的高速增长，缅甸甚至在 2000 年以后连续五年保持着 20% 以上的增长率。泰国工业及制造业受东南亚金融危机影响较大，在 1997 年及 1998 年连续两年出现负增长，危机之后，泰国工业生产得以恢复，但工业及制造业增长率与经济危机前相比有所下降，基本保持在 5%—10% 之间。

8.2.3 服务业增长率

加快产业结构调整，提高服务业对 GDP 增长和就业的贡献是各国政府的目标，对于次区域五国来说也是如此。

泰国服务业的发展大致经历了 1986—1996 年快速发展、1996—1998 年快速回落和 1998—2006 年危机后的恢复与发展三个阶段。1986—1996 年，服务业增长率保持在 10% 以上，1996—1998 年受金融危机的冲击，大量企业破产，特别是金融企业破产，使得服务业增长率出现负增长。在 1998—2006 年危机后的恢复以及发展阶段，服务业增长率稳定在 5% 左右；越南服务业一直保持较快增长，除受东南亚金融危机影响，增长率有所下滑外，其他年份一直保持着 8% 左右的增长率；缅甸、柬埔寨和老挝三国服务业增长率与其各自国家的工业增长率相似，东南亚金融危机后，缅甸基本保持着 15% 左右的增长率，柬埔寨也基本保持着 10% 左右的高速增长，老挝的增长率也达到 5% 以上，具体如图 8－8 所示。

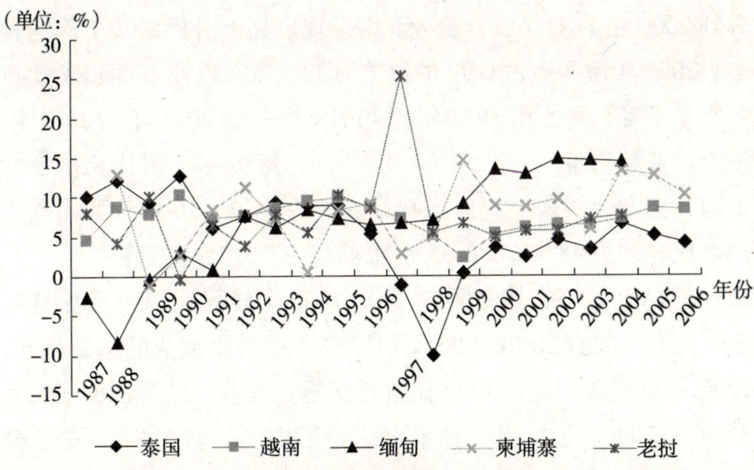

图 8－8　次区域五国服务业增长率

注：以 2000 年价格并用各国货币计算。

资料来源：Asian Development Bank（ADB）—Key Indicators 2003 and 2007。

8.3　产业结构

各国对经济发展模式和制度的不同选择，导致各国产业发展的优先秩序不同，因而造成国家间产业结构的差异，这种差异形成了国家间的产业互补，从而为推动区域经济合作创造了条件。

从次区域五国产业结构的演变趋势来看，五国产业结构呈现出较大的差异性。泰国的产业结构呈现“三、二、一”格局，服务业占 GDP 比重呈下降趋势，由 1987 年的 50.9% 下降到 2006 年的 44.7%，工业及制造业占 GDP 比重由 1987 年的 33.3%、24.3%稳步上升到 2006 年的 44.6%、35.1%，农业占 GDP 比重则由 1987 年的 15.7% 下降到 2006 年的 10%；越南工业增长较为显著，工业占 GDP 的比重由 1987 年的 28.4% 迅速上升到 2006 年的 41.6%，服务业则呈现出先上升后缓步下降的特点，2006 年服务业占 GDP 的比重为 38.1%，农业占 GDP 的比重一直呈下降趋势，由 1987 年的 40.6% 下降到 2006 年的 20.4%，整个产业结构呈“二、三、一”格局；缅甸和老挝作为传统农业国，其产业结构一直以来都是农业占主导，2004 年两国三次产业比分别为 48.4∶16.2∶35.4 和 47.0∶27.3∶25.7，呈“一、三、二”格局；柬埔寨服务业占 GDP 比重比较稳定，一直保持在 40% 左右，随着 20 世纪 90 年代以来工业与制造业的迅速崛起，2006 年柬埔寨工业占 GDP 比重首次超过农业，成为国内第二大产业，其制造业占 GDP 比重也达到了 22%，较 1987 年翻了两番，农业占 GDP 比重则由 1987 年的 52.3% 下降到 2006 年的 29.6%。具体如图 8－9、图 8－10、图 8－11、图 8－12、图 8－13所示。

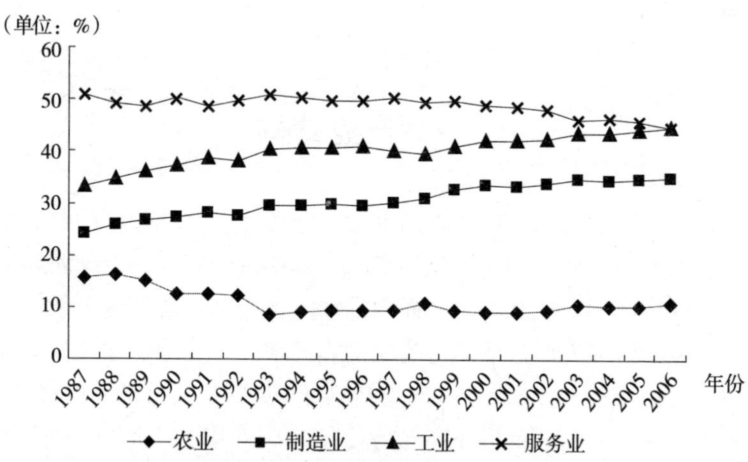

图 8－9　泰国产业结构

资料来源：Asian Development Bank (ADB)—Key Indicators 2003 and 2007。

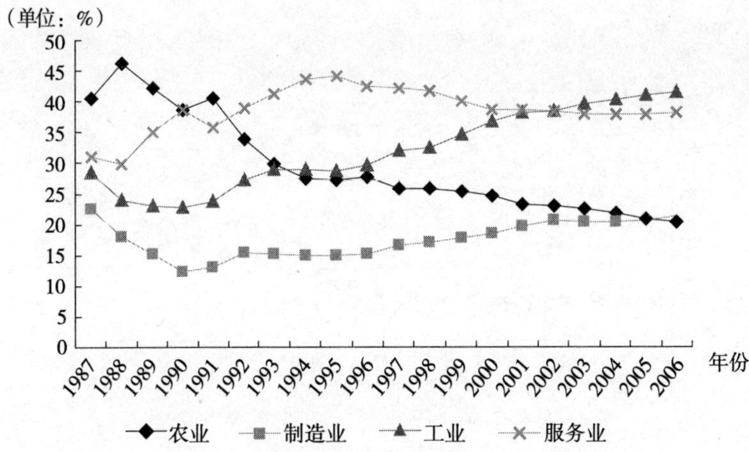

图 8－10　越南产业结构

资料来源：Asian Development Bank (ADB)—Key Indicators 2003 and 2007。

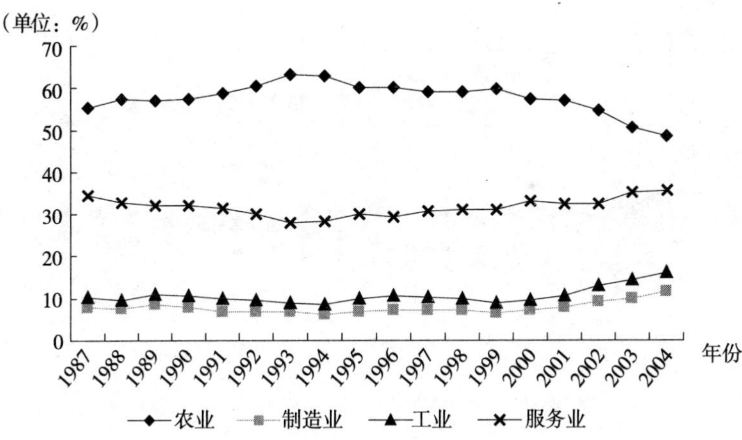

图 8－11　缅甸产业结构

资料来源：Asian Development Bank (ADB)—Key Indicators 2003 and 2007。

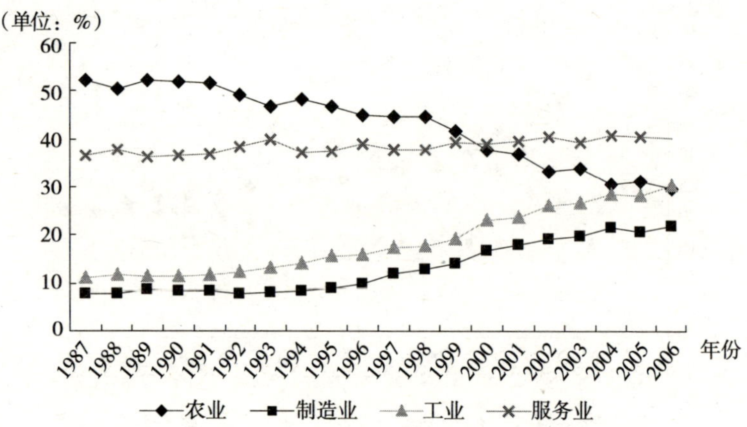

图 8－12　柬埔寨产业结构

资料来源：Asian Development Bank (ADB)—Key Indicators 2003 and 2007。

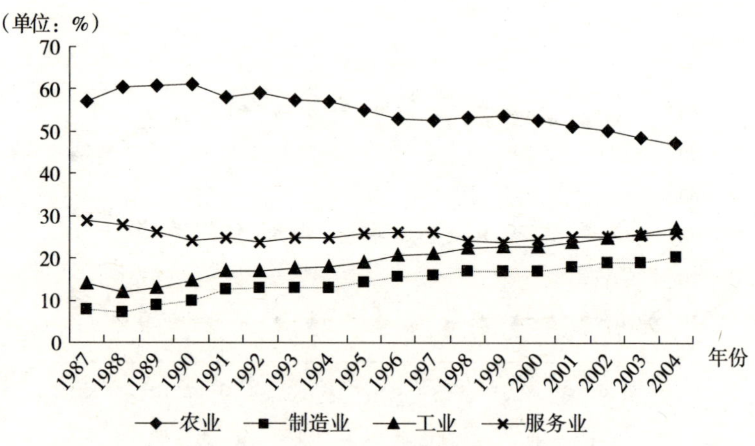

图 8－13　老挝产业结构

资料来源：Asian Development Bank (ADB)—Key Indicators 2003 and 2007。

8.4　需求结构

根据宏观经济理论，一国的经济增长主要依赖于该国的消费、投资和出口，由于各国经济体制、经济结构及对外开放程度的不同，造成这三者在经济增长和经济发展中所占的比重也会有所不同，需求结构与产业结构一样，其互补性是区域经济一体化的重要基础条件。

从次区域五国的需求结构来看，五国有其共性的一面，即政府消费支出占 GDP 的比重偏小。但也存在着巨大的差异性：泰国作为次区域五国中新兴的市场经济国家，东南亚金融危机前，其经济增长主要由居民消费支出、商品与劳务进出口及总资本形成拉动，其中居民消费支出占 GDP 比重呈缓慢下降趋势，商品与劳务进出口占 GDP 的比重快速增加，1997—2000 年间，金融危机造成泰铢大幅贬值，使得此期间商品与劳务出口迅速增加，商品与劳务进口基本停滞不前，居民消费意愿不强，总资本形成更是快速下降，危机之后，由于亚洲及世界经济出现明显复苏，泰国商品与劳务进出口快速增加，其占 GDP 的比重超过居民消费支出，成为拉动泰国经济增长的第一大引擎；越南的需求结构与泰国相似，但受东南亚金融危机影响较小，其居民消费支出占 GDP 的比重呈缓慢下降趋势，商品与劳务进出口占 GDP 比重则快速提高，与泰国需求结构不同的是，越南总资本形成占 GDP 的比重始终稳步提高，从 1990 年的 12.6% 上升到 2006 年的 35.7%；缅甸由于长期封闭，与外界联系不强，商品与劳务进出口占 GDP 的比重一直很小，近几年更是不足 1%，其经济增长主要依靠政府与居民消费支出推动；柬埔寨自 1993 年第一次大选后对外开放力度加大，虽然国内居民消费支出占 GDP 比重逐步减少，但商品与劳务进出口占 GDP 比重的迅速提高拉动了其经济发展；

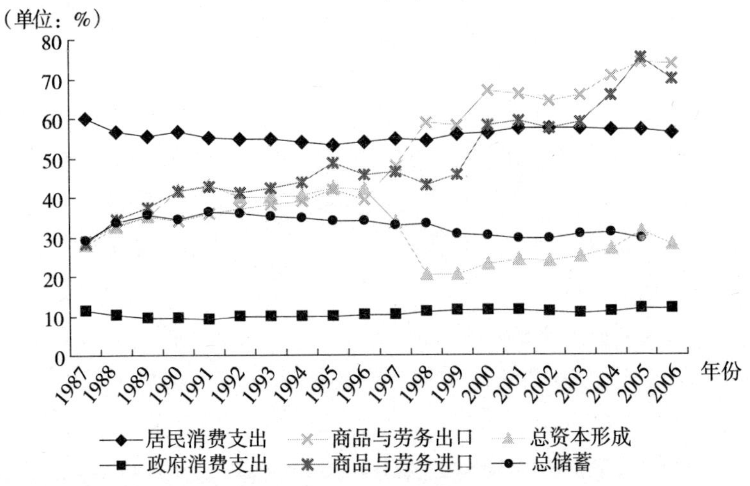

图 8-14 泰国需求结构

资料来源：Asian Development Bank (ADB)—Key Indicators 2003 and 2007。

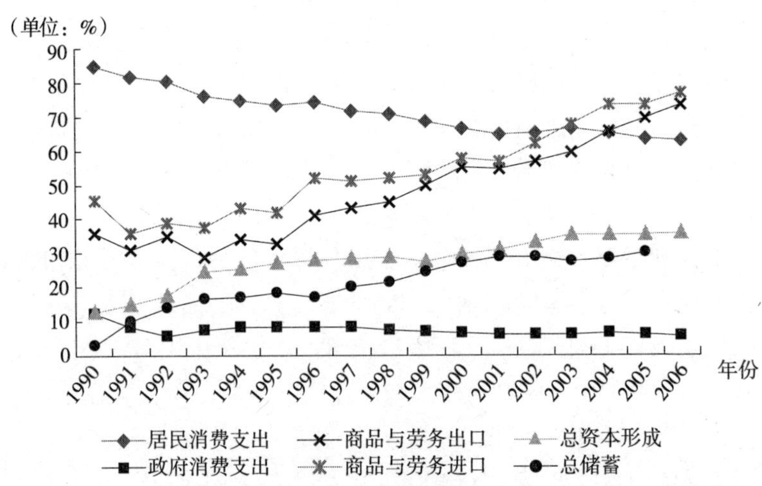

图 8-15 越南需求结构

资料来源：Asian Development Bank(ADB)—Key Indicators 2003 and 2007。

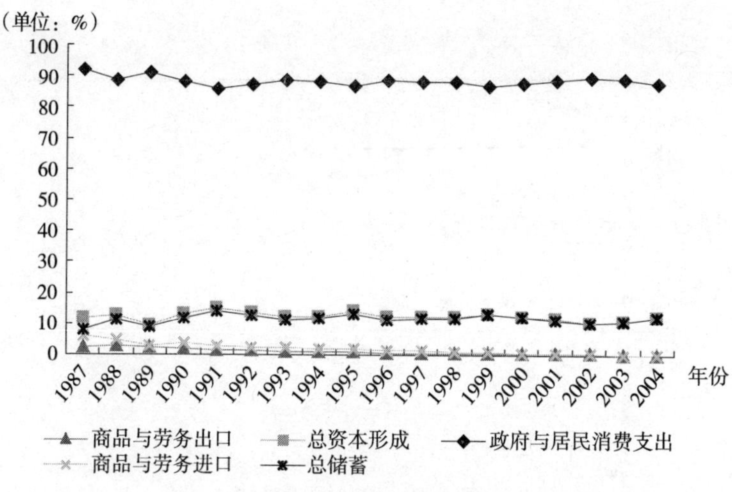

图 8-16 缅甸需求结构

资料来源：Asian Development Bank(ADB)—Key Indicators 2003 and 2007。

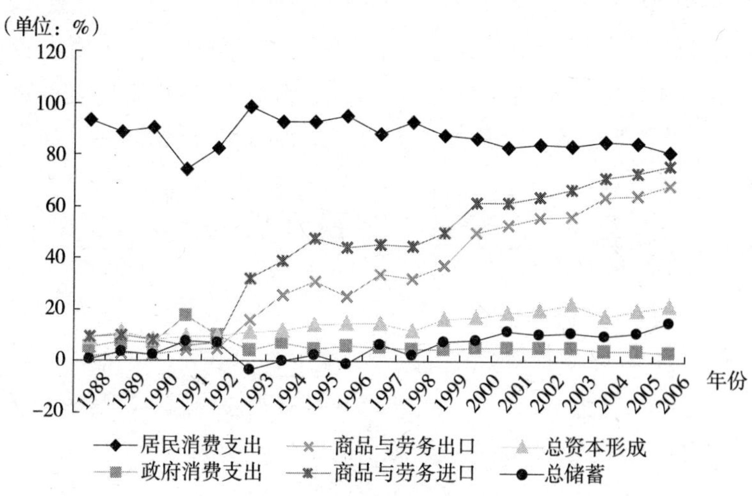

图 8-17 柬埔寨需求结构

资料来源：Asian Development Bank(ADB)—Key Indicators 2003 and 2007。

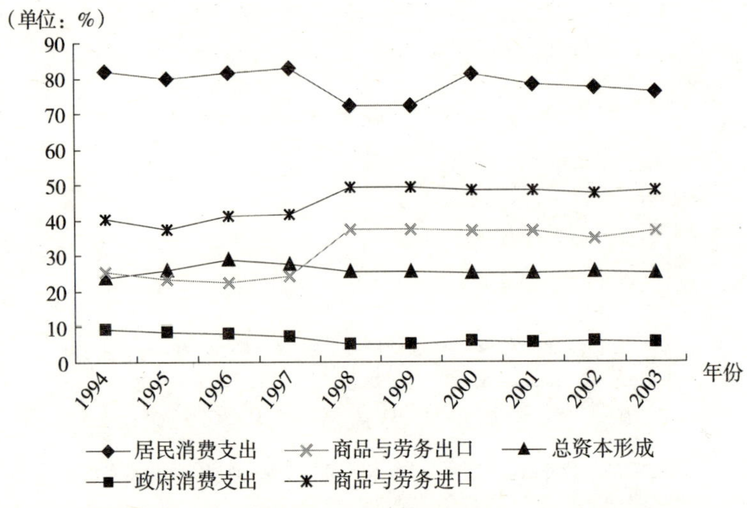

图 8－18　老挝需求结构

资料来源：Asian Development Bank(ADB)—Key Indicators 2007。

老挝的需求结构基本维持不变，居民消费支出占 GDP 比重最大，达到 80% 左右，商品与劳务进口占 GDP 比重在 48% 左右，商品与劳务出口占 GDP 比重在 35% 左右，总资本形成占 GDP 比重在 25% 左右。具体如图 8－14、图 8－15、图 8－16、图 8－17、图 8－18 所示。

8.5　经济开放

8.5.1　进出口

近 20 年来，次区域五国作为亚太地区经济增长最快的经济体之一，其进出口对拉动经济增长具有重要作用。次区域五国的进出口贸易表现出以下四个方面的特征。

第一，从出口规模来看，次区域五国差异巨大（如图 8－19 所示）。1987—2006 年，泰国出口贸易额始终是次区域五国中最高的，越南次之，柬埔寨居第三，缅甸与老挝的出口贸易规模最小。2005 年，泰国出口贸易额为 1080.2 亿美元，老挝出口贸易规模最小，仅为 5.5 亿美元，前者是后者的大约 195 倍。

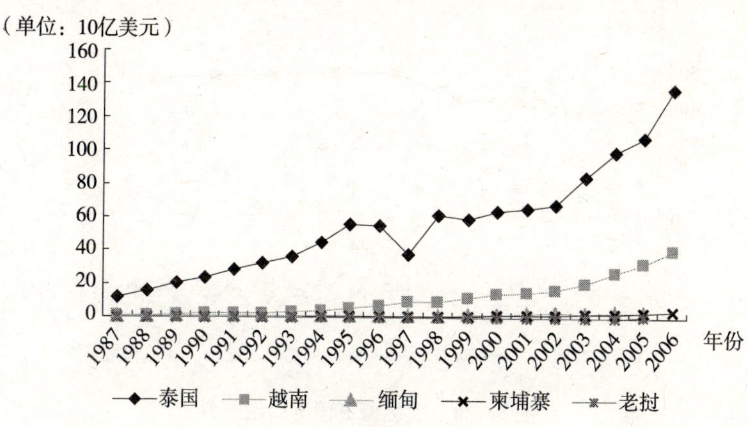

图 8－19　次区域五国出口总额

资料来源：Asian Development Bank(ADB)—Key Indicators 2003 and 2007。

第二,从出口贸易额增长速度来看,次区域五国出口贸易增长波动性特征明显(见图 8－20)。1988—1999 年,次区域五国出口贸易增长速度波动最为明显,波动幅度最高的是柬埔寨,达到了219%,泰国和越南居其次,波动幅度也分别高达 91.2% 和100.7%,缅甸和老挝由于比较封闭,出口规模较小,其出口增长速度波动也最小;1999—2006 年,次区域五国出口贸易增长速度波动幅度下降,进入稳定增长阶段,缅甸与老挝由于对外开放水平的提高,出口增长速度波动最大,但已降到 70% 以下,泰国、越南和柬埔寨的出口贸易呈稳步增长态势,波动幅度也大幅降低。

第三，从进口规模来看，次区域五国经济整体呈现发展态势，进口规模逐渐扩大，已经成为亚太地区重要的商品与劳务进口市场。2006 年，泰国作为次区域五国中经济发展最快、最富裕的国家，进口额达到 1350.2 亿美元，越南进口额为 440.9 亿

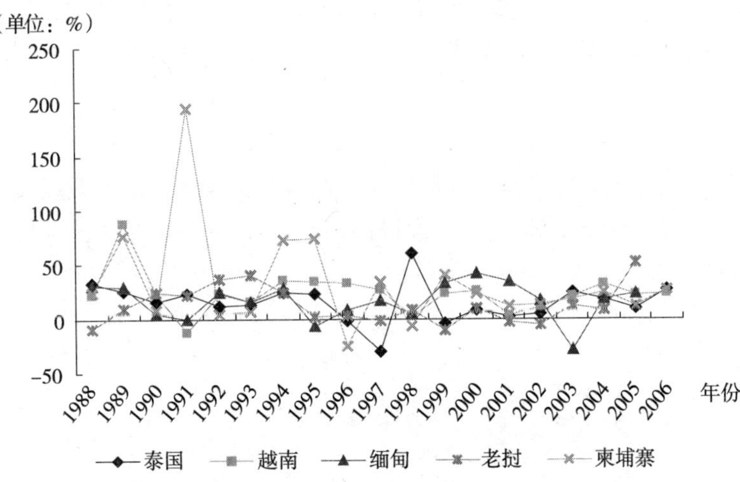

图 8－20　次区域五国出口增长率

资料来源：Asian Development Bank（ADB）—Key Indicators 2003 and 2007。

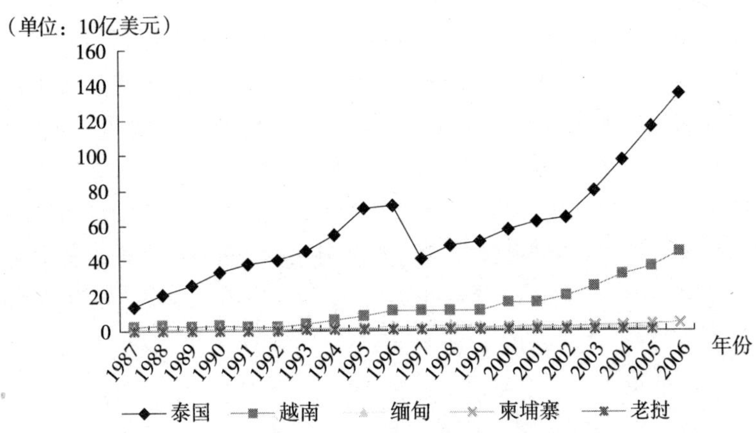

图 8－21　次区域五国进口总额

资料来源：Asian Development Bank（ADB）—Key Indicators 2003 and 2007。

美元，柬埔寨进口额为40.7亿美元，缅甸与老挝的进口额在2005年分别只有10.9亿美元和8.8亿美元。

第四，从进口贸易增长速度来看，次区域五国进口增长表现出更大的波动性与周期性特征。如图8－22所示，1988—1996年，次区域五国进口增长同时呈现高幅波动现象，波动幅度基本在50%以上，东南亚金融危机的出现，使得次区域五国进口遭

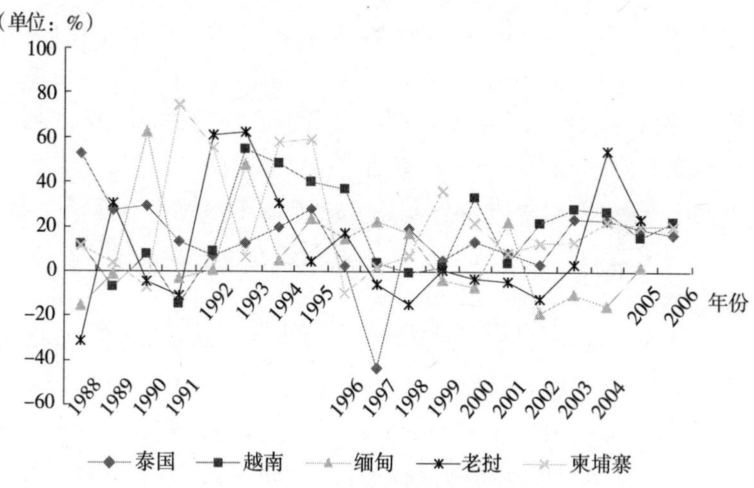

图8－22　次区域五国进口增长率

资料来源：Asian Development Bank(ADB)—Key Indicators 2003 and 2007。

受打击，进口增长速度出现了明显下滑，1999年以后，随着世界和亚洲经济的复苏，泰国、越南和柬埔寨的进口贸易进入平稳增长阶段，缅甸和老挝则继续呈现出较大的波动性，两国都曾出现连续三年负增长的状况。

8.5.2　进出口商品结构

进出口商品结构能否出现互补是今后次区域五国经济合作的

关键影响因素之一。

首先，从出口商品结构来看，近年来，泰国的出口商品中，机械运输设备出口比重呈显著上升趋势，2006 年，机械运输设备在出口总额中的比重已经增加到了 44.7%，较 1987 年增加了近 30 个百分点；越南的出口品依次为杂项制品、矿物燃料、润滑油及有关原料、食品及主要供食用的活动物。而制成品与机械运输设备的出口比重呈现显著上升趋势，分别由 1989 年的 27.9% 和 0.05% 上升到 2006 年的 39.0% 和 9.69%；缅甸出口商品结构中燃料出口自 2000 年以后快速提升，并成为缅甸第一大出口商品，所占比重由 2000 年的 9.3% 骤升到 2004 年的 35.5%；柬埔寨的成衣制造是其第一大出口商品，2006 年成衣出口比重为 73.8%，较 1997 年翻了一番；老挝的出口商品中，服装出口比重在近五年来基本保持在 25% 左右。

其次，从进口商品结构来看，近年来，泰国 40%—50% 的进口商品是机械运输设备，燃料进口比重也由 1989 年的 9% 上升到 2006 年的 20%，反映了工业在泰国经济发展中占据主导地位；越南的进口商品结构比较稳定，2006 年，占据越南进口商品比重前三位的依次为制成品、机械运输设备和化工产品；缅甸、柬埔寨和老挝等三国由于工业化水平较低，国内基础设施建设脆弱，为了加速工业化进程，三国的进口商品中制成品、机械运输设备和燃料的比重较大，其中老挝的原材料进口更是每年占到大概 10%—15% 的比重。①

① 以上数据根据 Asian Development Bank (ADB) —Key Indicators 2007; International Monetary Fund: Country Report 1998、2002、2004、2006、2007; Ministry of Industry and Commerce laoPDR 等资料经作者整理计算。

8.5.3　经常账户余额与资本账户余额占 GDP 的比重

经常账户余额是一国或地区进出口情况的综合反映。从图 8－23来看，缅甸由于基本处于一种半封闭状态，进出口规模

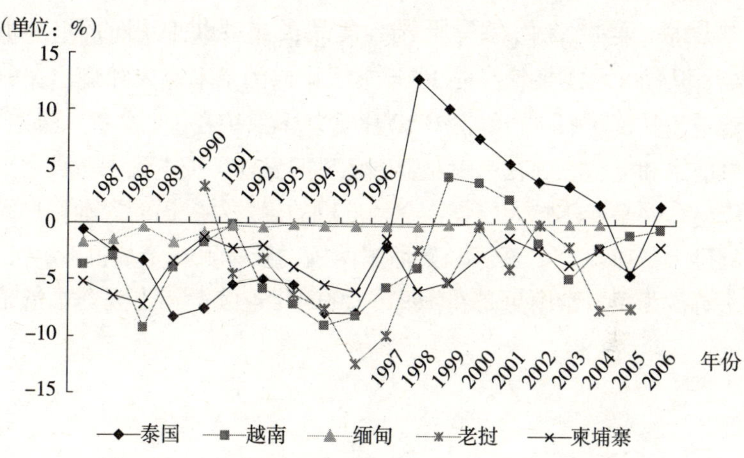

图 8－23　次区域五国经常账户余额占 GDP 的比重

资料来源：Asian Development Bank (ADB)—Key Indicators 2003 and 2007。

偏小，其经常账户余额占 GDP 比重一直徘徊在－1%左右甚至为0，而次区域泰国、越南、柬埔寨和老挝四国的经常账户余额占 GDP 比重变化则具有趋同性。东南亚金融危机前，四国的进口一直大于出口，存在着较大的贸易逆差，并在1996 年达到最大，四国经常账户余额占 GDP 比重在这一年分别为－7.9%、－8.2%、－6.1%及－12.5%；1997 年东南亚金融危机爆发，泰国和越南两国货币大幅贬值，本币贬值刺激了出口量的猛增，两国在 1998 年及 1999 年首次出现贸易顺差，其经常账户余额占 GDP 比重也达到最大，随后两国经常账户余额占 GDP 比重呈回

落趋势。柬埔寨受东南亚金融危机影响较小，危机过后，随着亚洲周边市场的经济复苏，柬埔寨的经常账户余额占 GDP 比重稳定在 -5% 左右，老挝在危机过后，经济增长恢复较慢，贸易赤字连年扩大，2005 年，其经常账户余额占 GDP 比重达到 -7.4%。

资本账户余额记录了一国在一年内的资本流入和流出的情况。从图 8-24 来看，近 20 年来，缅甸的资本流入和流出比较稳定，其资本账户余额占 GDP 比重基本保持在 1% 左右；泰国、柬埔寨和老挝三国在东南亚金融危机爆发前，资本流入一直大于流出，并呈连年扩大趋势，金融危机的爆发对三国的资本账户影响巨大，1997 年，泰国和柬埔寨两国的资本账户余额占 GDP 比重首次为负，泰国更是在 1997—2003 年连续七年出现资本流出

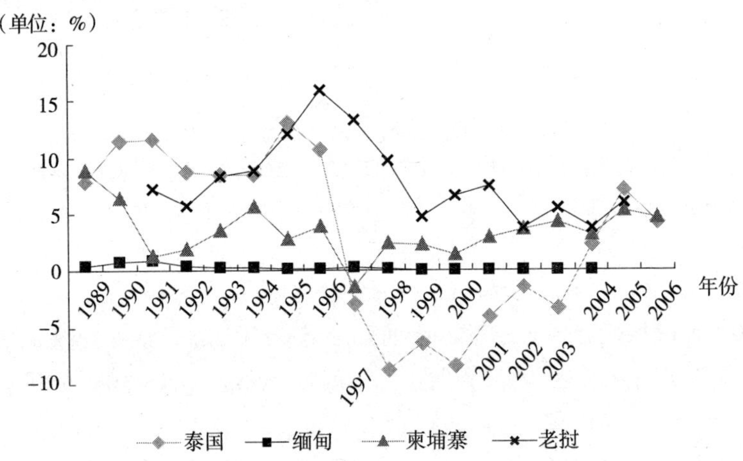

图 8-24　次区域国家资本账户余额占 GDP 的比重

注：受统计资料的限制，缺少越南资本账户余额占 GDP 比重的数据。

资料来源：Asian Development Bank (ADB)—Key Indicators 2003 and 2007。

大于流入，老挝的资本流入虽一直大于流出，但其资本账户余额占 GDP 比重则由 1996 年的 15.9% 下降到 1999 年的 4.8%，2000 年以后，三国的资本流入开始增加，泰国的资本账户余额占 GDP 比重由 2000 年的 -8.4% 上升到 2006 年的近 5%，柬埔寨与老挝的资本账户余额占 GDP 比重也稳定在了 5% 左右。

8.5.4　主要贸易伙伴

从次区域各国十大出口市场来看（见表 8-1），2006 年，亚太地区是泰国、越南、缅甸及老挝四国最主要的出口市场，美洲地区是柬埔寨的第一大出口市场，五国向上述地区出口比重分别达到 39%、27%、63%、46% 及 66%，就区域内贸易来说，泰国是缅甸和老挝的第一大出口国，越南是老挝的第二大出口国，是柬埔寨的第七大出口国。

表 8-1　2006 年次区域五国进出口市场所占比重（单位：%）

	出口市场			进口市场		
泰国	亚太 (38.8)	美洲 (15.0)	欧洲 (5.1)	亚太 (48.4)	美洲 (10.6)	西亚 (5.6)
越南	亚太 (27.2)	美洲 (21.0)	欧洲 (10.0)	亚太 (65.3)	美洲 (2.5)	欧洲 (2.1)
缅甸	亚太 (63.4)	南亚 (12.1)	欧洲 (4.4)	亚太 (91.0)		
柬埔寨	美洲 (66.4)	欧洲 (18.0)	亚太 (12.0)	亚太 (87.0)	欧洲 (2.8)	
老挝	亚太 (46.4)	欧洲 (17.6)		亚太 (88.7)		

资料来源：Asian Development Bank (ADB)—Key Indicators 2007。

从次区域各国十大进口市场来看，2006 年，亚太地区压倒性地成为五国最大的进口市场，五国从亚太地区的进口比重分别达到48%、65%、91%、87%及89%，其中泰国是缅甸的第三大进口国，是老挝的第一大进口国，越南则是柬埔寨的第四大进口国，是老挝的第三大进口国。

8.5.5 外债总量与结构

外债在一定程度上体现了债务国对外经济联系程度的大小。外债结构合理，有助于债务国国内经济的发展，特别是对资本并不充裕的发展中国家来说，借助外债弥补本国资本的不足，以此推动本国经济的发展是很多发展中国家的必然选择。

从外债总量占GNI的比例来看，次区域中的越南、柬埔寨和老挝三国外债占GNI比例呈下降—小幅上升—下降的趋势，缅甸则一直呈现下降趋势，泰国则是呈现先上升再下降的趋势（如图8-25所示）。1987—1996年，越南、柬埔寨和老挝三国外债占GNI比例缓步下降，其中越南下降幅度最大，由1990年的384%下降到1997年的82%；泰国在进入20世纪90年代以后，外债的规模急剧上升，短期外债的扩张更是远远高于同期的债务总额和经济的增长率，从而增大了金融风险并最终引发了金融危机的爆发。东南亚金融危机后，次区域五国的债务结构得到了明显改善，外债总量增长的幅度也远小于其经济增长的幅度，外债总量占GNI比例逐年下降，大大降低了五国由外债可能引发的风险。

从次区域五国外债结构变化来看，20世纪80年代末以来，由于泰国政府缺乏对外资的流向及规模的有效监管，特别是缺乏对短期热钱的监管，导致其短期外债占总外债的比重快速地从1987年的13.1%上升到1996年的42.3%，引发了金融危机的爆发。为缓解危机，泰国政府获得了大量的IMF贷款，2000年以后，随着泰国经济的恢复以及政府加强了监管，其外债结构得到优化，IMF贷款逐步减少为0；越南的外债结构变化与泰国相

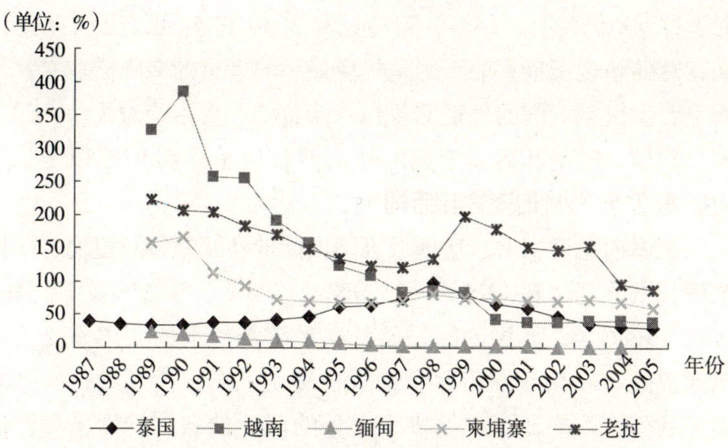

图 8-25 次区域五国外债总量占 GNI 的比重

资料来源：Asian Development Bank (ADB)—Key Indicators 2003 and 2007。

似，但越南的长期外债比例始终在 80% 以上，外债风险较小，此外，与泰国不同的是，东南亚金融危机后，越南向 IMF 的贷款比重始终保持在 2% 左右；缅甸、柬埔寨和老挝的外债结构比较稳定，近 20 年来老挝的短期外债比例始终在 1% 以下，柬埔寨也基本在 9% 以下，但缅甸的短期外债比例有扩大趋势，由 1997 年的 7.9% 上升到 2005 年的 21.8%，防范短期外债积累的金融风险应是缅甸下一步的主要工作。①

8.5.6 国际储备

从横向角度来看，总量上，2006 年，泰国、越南、缅甸、柬埔寨和老挝的总储备分别达到 669.85 亿美元、135.91 亿美

① 数据根据 Asian Development Bank (ADB) —Key Indicators 2003 and 2007 等资料计算得到。

元、12.48亿美元、14.10亿美元和3.34亿美元，五国差距巨大，总储备规模最大的泰国是规模最小的老挝的200倍左右；结构上，次区域五国的外汇储备在总储备中一直占绝对优势，2006年，泰国、越南和缅甸三国的外汇储备比重达到97%以上，老挝则为94%，柬埔寨的比重略低，大约为82%。

从纵向角度来看，次区域五国国际储备水平增长迅速，年平均增长率分别达到13.6%、21.0%、18.8%、20.9%及17.1%。1987—1996年，泰国的国际储备水平随着外资的大规模流入而迅速提高，1997年东南亚金融危机爆发，泰国为了维持泰铢对美元的固定汇率制度，抛售了大量的国际储备，特别是外汇储备，造成了国际储备的大幅度减少，危机过后，由于经常账户的持续盈余以及外国资本的流入，泰国的国际储备水平逐渐回升；越南的国际储备水平一直增长显著，2003年以后，越南政府更是通过向海外发行债券及鼓励其海外侨民向国内汇款等形式筹集外汇，使得国际储备规模由2002年的42.32亿美元骤升到2006年的135.91亿美元，短短五年增长了两倍多；缅甸、柬埔寨和老挝的国际储备规模较小，即使是2006年三国也分别只有12.48亿美元、14.10亿美元和3.34亿美元，如此小的外汇储备，致使三国抵御国际动荡的金融风险的能力非常小，东南亚金融危机虽对缅甸和老挝影响较小，但两国还是为防范金融风险抛售了大量的外汇储备，使得两国的国际储备明显减少，危机之后两国国际储备进入了持续增长时期，柬埔寨由于在1998年设立了黄金储备，黄金储备的出现既扩大了其国际储备的规模，也增强了柬埔寨抵抗金融风险的能力，其后柬埔寨的国际储备水平一直呈快速增长态势。①

---

① 以上数据根据 Asian Development Bank（ADB）—Key Indicators 2003 and 2007 等资料计算得到。

8.6 结　　论

20 世纪 90 年代以来，大湄公河次区域国家作为亚太地区成长较快的经济体，各国在发展本国经济的同时，也不同程度地推进着区域的经济合作。用发展的眼光来看，各国现有的经济发展水平，至少从以下三个方面有助于推进该区域经济金融合作的进程。

1. 初始经济制度不同，但是均无一例外地进行了市场化取向的经济改革。通过成功的市场经济改革实现经济的持续增长与繁荣是各国共同的目标，这一共同追求为区域经济与金融合作的顺利展开奠定了共同的价值基础。

2. 经济总量差距显著，但差距呈现缩小趋势。从 GDP 总量来看，次区域五国的经济规模差距较大，形成了三个层次，泰国最大，其次是越南，缅甸、柬埔寨和老挝三国经济规模相当。东南亚金融危机后，各国经济增长速度加快，国家间经济规模的差距逐步缩小。后进国家经济实力的提高，有助于增强其参与区域合作的愿望，并减轻他们对区域内强国经济威胁性的担忧。这些无疑都将有利于推进区域经济与金融合作走向深入。

3. 源于国家间产业结构差异的产业互补效应，为推动区域经济合作创造了条件。比较优势是国际贸易得以开展的主要动因，次区域国家产业结构的现实差异使这些国家间自然形成了国际贸易分工，这使得次区域各国间的相互依赖性加强，而这一相互依赖性在客观上构成了区域各国货币金融合作的有利经济基础。

9 次区域国家经济金融一体化分析

9.1 基于最优货币区指标的分析

9.1.1 经济一体化程度

从最优货币区理论的评价标准来看，经济一体化程度是衡量一个区域是否具备建立最优货币区的重要判断条件。这里我们主要从社会经济发展水平、产业结构、宏观经济政策目标与经济增长的相关性等方面对大湄公河次区域各国的经济一体化程度进行分析。

1. 社会经济发展水平

东亚国家之间的社会经济发展水平差距很大，在人类发展指数排名中，最发达的日本与最不发达的老挝相比，前者的人均国民收入水平是后者的100多倍。各国发展程度非常不一致。但是如果将比较的范围缩小到大湄公河次区域，则差距显著缩小。如表9－1所示，次区域内各国均属于中等人类发展国家，人均国民收入水平，除泰国与中国较为突出以外，其余四个国家的水平均十分接近。

表9－1 东亚主要国家和地区发展程度

国家和地区	人均国民收入(美元)	人类发展指数排名	国家分类
日本	34510	9	高人类发展国家
中国香港	25430	23	高人类发展国家

续表

国家和地区	人均国民收入（美元）	人类发展指数排名	国家分类
新加坡	21230	25	高人类发展国家
韩国	12020	28	高人类发展国家
文莱	—	33	高人类发展国家
马来西亚	3780	59	中等人类发展国家
菲律宾	1080	83	中等人类发展国家
印度尼西亚	810	111	中等人类发展国家
中国	1100	94	中等人类发展国家
泰国	2190	76	中等人类发展国家
越南	480	112	中等人类发展国家
缅甸	—	132	中等人类发展国家
柬埔寨	310	130	中等人类发展国家
老挝	320	135	中等人类发展国家

资料来源：2004 世界发展报告。

2. 产业结构

如本书第 8 章所述，大湄公河次区域各国产业结构的差异使得各国产业互补性很强。如表 9－2 所示，中国和泰国制造业和

表 9－2　大湄公河次区域各国三次产业比重　（单位：%）

国家	服务业		农业		工业		制造业	
	1990	2004	1990	2004	1990	2004	1990	2004
中国	27	13	42	46	33	—	31	41
泰国	13	10	37	44	27	35	50	46
越南	39	22	23	40	12	20	39	38
缅甸	57	48	11	16	8	—	32	36
柬埔寨	—	33	—	29	—	22	—	38
老挝	61	47	15	28	10	20	24	26

资料来源：World Development Indicators，2006。

服务业所占比重较大，越南工业和服务业的比重明显增加，缅甸、柬埔寨及老挝则是典型的农业国，农业所占比重较大。产业结构的实际差异使得区域内各国易于在区域国际贸易分工中各居其位，形成一个相互补充、相互依赖的区域贸易体系。

3. 宏观经济政策目标的一致性

从欧盟的经验来看，衡量各国宏观经济政策目标一致性的主要指标有通货膨胀率、失业率、赤字占 GDP 的比率和国债占 GDP 的比率。

表 9－3　次区域国家与东盟的 CPI 变化率　（单位:%）

年份	泰国	越南	缅甸	柬埔寨	老挝	中国	东盟
1995	5.7	—	25.2	7.8	19.6	17.1	9.6
1996	5.9	5.7	16.3	7.1	15.8	8.3	7.3
1997	5.6	3.2	29.7	8.0	19.5	2.8	8.4
1998	8.1	7.8	25.3	14.8	90.0	-0.8	21.8
1999	0.2	4.2	21.3	4.0	128.4	-1.4	18.7
2000	1.7	-1.6	-0.2	-0.8	25.1	0.4	4.1
2001	1.6	-0.4	21.2	0.3	7.8	0.7	5.3
2002	0.6	4.0	57.0	3.3	10.7	-0.8	8.8
2003	1.8	4.3	36.6	1.2	15.5	1.2	7.0
2004	2.8	7.8	4.5	3.9	10.5	3.9	4.5
2005	4.5	8.3	9.4	5.8	7.2	1.8	5.8
2006	4.0	6.6	—	4.5	9.0	2.3	5.2

资料来源：1. Asian Development Outlook 2002, Statistical Notes。2. Statistical Yearbook for Asia and the Pacific 2004, United Nations ESCAP, New York, 2005。3. Asian Development Outlook 2007, Statistical Notes。

从表 9－3 来看，泰国的通货膨胀率在次区域五国中最低，虽略高于中国，但低于东盟平均水平；20 世纪 90 年代越南的通货膨胀率与泰国有很大的相似性，东南亚金融危机的爆发导致越南的通货膨胀率在1998年上升到7.8%，近三年则受到自然灾害和国际市场油价和汇率波动等因素的影响，通货膨胀率达到了6.6%以上，高于同期东盟的平均水平；缅甸和老挝的通货膨胀最为严重，通货膨胀率在大部分年间都保持着两位数，其中受东南亚金融危机的影响，老挝的通货膨胀率在1999年更是达到了128.4%，其后随着世界及本国经济的复苏，两国的通货膨胀率虽仍远高于东盟平均水平，但已下降到了10%以下；与其他四国一样，东南亚金融危机导致柬埔寨通货膨胀率在1998年达到最大，为14.8%，其后随着经济的发展，通货膨胀率呈现出温和上涨趋势，其通货膨胀率也一直略低于东盟平均水平。总体上看，过去的十多年间，除缅甸外，次区域国家通货膨胀率平均水平并不高，低于欧盟1982—1996年间6.1%的平均水平。

从失业率水平来看，缅甸与老挝作为传统的农业国，与外界经济联系不强，因此两国失业率具有稳定性，缅甸失业率始终保持在4%左右，老挝则基本保持在5%左右；泰国、越南和柬埔寨的失业率变化具有趋同性。1989—1997年，泰国经济发展进入快速增长阶段，经济的快速增长也使得失业率由1989年的3.1%下降到1997年的1.5%，柬埔寨则由于国内政治稳定带动了经济发展，失业率也由1994年的2.5%下降到1997年的0.7%。东南亚金融危机的影响，使得泰国、越南和柬埔寨的工业受到较大冲击，三国失业率在1998年也达到最高。危机之后，经济的复苏带动了就业人数的稳步增加，泰国、越南和柬埔寨的失业率也呈逐步下降趋势。

总体上说，如表9-4所示，次区域国家的平均失业率水平较低，与此相比，高失业问题则一直是困扰欧盟国家的主要宏观经济问题。

表9－4　次区域各国失业率　　（单位:%）

国家＼年份	2001	2002	2003	2004	2005
中国	0.9	1.0	1.2	1.1	1.1
泰国	3.3	2.4	2.2	2.1	1.4
越南	2.8	2.2	2.2	2.1	2.5
缅甸	4.0	4.0	4.0	—	—
柬埔寨	1.8	1.4	1.1	0.8	0.8
老挝	5.0	5.0	5.1	5.9	6.4
平均水平	3.0	2.7	2.6	2.4	2.4

资料来源：1. Statistical Yearbook for Asia and the Pacific 2004, United Nations ESCAP, New York, 2005。2. Asian Development Outlook 2006, Statistical Notes。

从财政赤字占GDP的比率来看，1996年底，欧洲货币联盟通过了《稳定与增长公约》，明确规定成员国必须符合预算赤字占GDP的比率低于3%，国债占GDP的比率低于60%的标准。1998年，欧盟的这两个指标分别为2.3%和73.9%。与此相比，大湄公河次区域各国财政赤字占GDP比率的平均水平均远低于欧盟水平（见表9－5）。

表9－5　次区域各国财政赤字占GDP的比率　（单位:%）

国家＼年份	2001	2002	2003	2004	2005
中国	－2.3	－2.6	－2.2	－1.3	－1.6
泰国	－2.1	－2.2	0.6	0.3	0.1
越南	－2.9	－3.6	－4.3	－2.0	－2.3
缅甸	－5.8	－3.6	－4.9	－6.0	—
柬埔寨	－6.6	－6.4	－6.9	－4.3	－3.1
老挝	－7.5	－5.3	－7.9	－5.8	－6.0
平均水平	－4.5	－3.95	－4.5	－3.3	－2.6

资料来源：Asian Development Outlook 2006, Statistical Notes。

从国债占 GDP 的比率来看，缅甸、柬埔寨及老挝等国国内国债市场不发达，政府发行债券十分有限。据亚洲开发银行的统计，中国和泰国的这一比率分别为 13.3% 和 30%，显著低于欧盟水平。

以上宏观经济变量的对比分析表明，大湄公河次区域各国的通货膨胀、失业及政府赤字等宏观经济指标表现较好，并存在较高的一致性。宏观经济政策指标的趋同为进一步加强彼此之间的金融合作打下了良好的基础。

4. 经济增长的相关性

区域成员国间经济增长的一致性越高，则成员国彼此之间经济影响程度越高，也就越有必要加强经贸合作。根据 Asian Development Outlook 2006, Statistical Notes 的统计数据，计算出大湄公河次区域各国经济增长的相关系数，如表 9－6 所示。

表 9－6　大湄公河次区域各国经济增长的相关系数

	中国	泰国	越南	缅甸	柬埔寨	老挝
中国	1.00					
泰国	0.35	1.00				
越南	0.26	0.66	1.00			
缅甸	0.25	0.44	0.64	1.00		
柬埔寨	0.13	0.35	0.38	0.33	1.00	
老挝	0.12	0.30	0.50	0.39	0.47	1.00

从大湄公河次区域各国经济增长的相关系数分析结果来看，次区域国家经济增长的相关程度不一。泰国与越南经济增长的相关程度最高，但也仅达到 0.66 的水平。其次，越南、缅甸与老挝的经济增长具有一定的相关性。而中国与其他国家的经济增长不具有相关性。总体上看，次区域各国经济增长的一致性程度不高。这可能导致区域各国对外部冲击的反映不一致，从而不利于该区域经济金融合作的开展。

9.1.2 经济开放度

20 世纪 80 年代以来，在世界银行所称的“第三次一体化（全球化）浪潮”推动下，加之通信技术进步、关税降低和 FDI 流入限制逐步放松等有利因素的作用，东亚及东南亚地区的市场开放程度大大提高。

衡量一国经济开放度的最常用指标是外贸依存度。① 从对外贸易依存度来看（见图 9－1），近 20 年来，泰国、越南和柬埔寨三国的进出口贸易总额占 GDP 比重持续增加，表明这三国对世界经济的依赖程度也在逐年提高。1987—2006 年，三国进出口贸易总值占 GDP 的比重分别由 1987 年的 63.5%、47.5%、

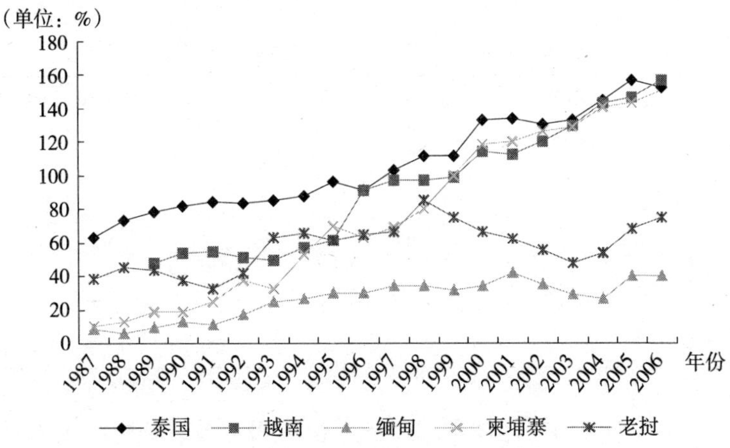

图 9－1 次区域五国对外贸易依存度

资料来源：Asian Development Bank（ADB）—Key Indicators 2003 and 2007。

① 由于统计口径不一，外贸依存度有三种算法：总贸易/GDP、商品贸易/GDP、商品贸易/商品 GDP。本文采用第一种算法。

9.9%增加到2006年的152.4%、156.8%、151.2%，其中柬埔寨提高最快，增长了14.3倍。缅甸与老挝两国对外经济依赖性相对较弱，其进出口贸易总额占GDP比重虽然也有提高，但增长缓慢，2006年两国对外贸易依存度分别为40.2%和75.3%。

为了更直观地分析次区域五国的对外开放及与世界经济整合的程度,我们选用世界上几个主要经济体的数据与次区域五国进行横向比较(见图9-2,表9-7)。近10年来,欧盟的对外贸易依存度一直维持在20%左右,西共体略有上升,但也基本在50%左右,中国呈快速上升趋势,2006年也只有65%左右,而次区域五国的对外贸易依存度则远远大于欧盟、中国与西共体,2006年平均达到107%,是欧盟的4.2倍、中国的1.6倍和西共体的2倍。

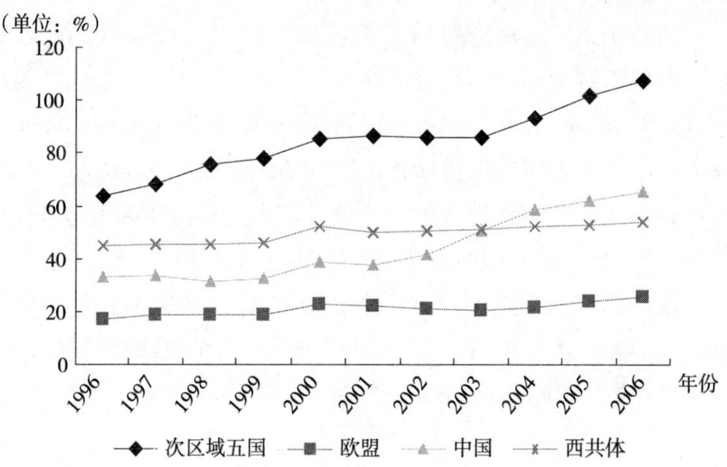

图9-2 世界主要经济体对外贸易依存度

注：(1996—2003) EU15；(2004—2005) EU25；(2006) EU27。

资料来源：Asian Development Bank (ADB)—Key Indicators 2007; European Commission: Statistical yearbook-Data 1958—2006; Africa Development Bank - Selected Statistics on African Countries 2008。

表 9-7　2006 年次区域各国外贸依存度

国家	外贸依存度
中国	65.3
泰国	152.4
越南	156.8
缅甸	40.2
柬埔寨	151.2
老挝	75.3
平均值	106.8

资料来源：World Development Indicators，2007。

9.1.3　区域内贸易一体化程度

通常来讲，区域内贸易比例越高，建立货币联盟的收益越高。衡量地区贸易一体化程度的指标主要有两个：区域内贸易份额（intra-block trade share）和贸易密度指数（trade intensity indices）。①根据 IMF 的 Direction of Trade Statistics Yearbook，2004 的统计数据，整理并计算出次区域区域内贸易份额和贸易密度指数如表 9-8、表 9-9、表 9-10 所示。

平均而言，1997 年大湄公河次区域各国的贸易密度指数为 11.02，2003 年为 10.9，比 1999 年欧元诞生时欧盟成员国的贸易密度指数 2.35 明显高出很多。②

① 贸易密度指数的计算公式如下：$I_{J,K}=(T_{J,K}/T_J)/(T_K/T_W)$，其中，$I_{J,K}$代表贸易密度指数，$T_{J,K}$代表 J 国和 K 国之间的贸易，$T_J$ 代表 J 国的总贸易，T_K 代表 K 国的总贸易，T_W 代表世界贸易总量。贸易密度指数反映了国家间的贸易密集关系。

② 欧盟的贸易密度指数转引自 Goto, Julien, “Ecomomic Preconditions for Monetary Integration in East Asia”, Kobe University, 2002。文中作者用贸易密度指数比较了东亚地区和欧盟地区 1999 年的贸易一体化程度。

表9-8 次区域内贸易份额（1997年）

（单位：百万美元,%）

		中国	泰国	越南	缅甸	柬埔寨	老挝	亚洲	对5国贸易占对亚洲贸易的比重
中国	出口	N	1502	1079	570	76	23	72466	4.5
	进口	N	2005	357	73	45	6	52408	4.7
泰国	出口	1744	N	540	—	312	378	21698	13.7
	进口	2260	N	176	—	79	60	17572	14.7
越南	出口	474	235	N	2	109	30	4189	20.3
	进口	404	575	N	1	25	53	7403	14.3
缅甸	出口	66.74	—	1.27	N	0.14	—	570.9	11.9
	进口	626.71	—	2.14	N	—	—	2333.1	27
柬埔寨	出口	45.59	131.53	156.85	—	N	0.01	455.7	73.3
	进口	56.60	198.14	107.83	0.15	N	0.05	651.6	55.7
老挝	出口	—	—	—	—	—	—	—	—
	进口	—	—	—	—	—	—	—	—

表9-9 次区域内贸易份额（2003年）

（单位：百万美元,%）

		中国	泰国	越南	缅甸	柬埔寨	老挝	亚洲	对5国贸易占对亚洲贸易的比重
中国	出口	N	3828	3179	908	295	98	145054	5.7
	进口	N	8827	1456	170	26	11	156574	6.7
泰国	出口	5710	N	1268	439	688	456	32436	26.4
	进口	6067	N	335	915	12	104	27146	27.4

续表

		中国	泰国	越南	缅甸	柬埔寨	老挝	亚洲	对5国贸易占对亚洲贸易的比重
越南	出口	1323	305	N	9	226	82	5152	37.8
	进口	3496	1395	N	7	79	76	16570	30.5
缅甸	出口	154.12	831.65	6.74	N	0.09	—	1527.6	65
	进口	998.48	483.39	9.50	N	—	—	2877	51.8
柬埔寨	出口	23.64	11.26	75.24	—	N	1.1	203.1	54.8
	进口	324.11	756.48	237.92	0.09	N	0.03	2592.3	50.9
老挝	出口	—	—	—	—	—	—	—	—
	进口	—	—	—	—	—	—	—	—

表9-10　大湄公河次区域各国贸易密度指数

		中国	泰国	越南	缅甸	柬埔寨	老挝
中国	1997	N	0.72	1.68	4.3	1.43	0.77
	2003	N	1.23	1.56	2.97	0.94	1.48
泰国	1997	0.40	N	3.12	—	17.24	43.63
	2003	1.19	N	3.41	23.51	13.83	48.24
越南	1997	1.03	3.54	N	0.43	15.74	47.10
	2003	1.62	3.61	N	0.96	20.76	46.98
缅甸	1997	4.64	—	0.43	N	—	—
	2003	3.16	22.86	0.98	N	—	—
柬埔寨	1997	1.21	6.2	66.52	—	N	0.34
	2003	1.08	15.1	21.31	—	N	3.10
老挝	1997	—	—	—	—	—	—
	2003	—	—	—	—	—	—

资料来源：World Development Indicators，2007。

9.1.4　要素的流动性

区域内要素流动性越强，出现对称性冲击时，各国放弃汇率政策和货币政策对冲机制的成本越低，因而越有可能促成区域内各国的货币合作。要素的流动性主要包括劳动力的流动性与资本的流动性。

1. 资本的流动性

首先，从纵向上看，如图 9－3 所示，次区域国家的外商直接投资占 GDP 的比重呈现出较明显的周期性。1987—1996 年，流入五国的外商直接投资逐年增加，并在 1996 年达到峰值；1997—2000 年，受东南亚金融危机的影响，次区域五国外商直接投资占 GDP 的比重逐渐减少；2001 年以后，随着世界及亚洲国家摆脱危机的影响，流入五国的外商直接投资进入恢复增长阶段。

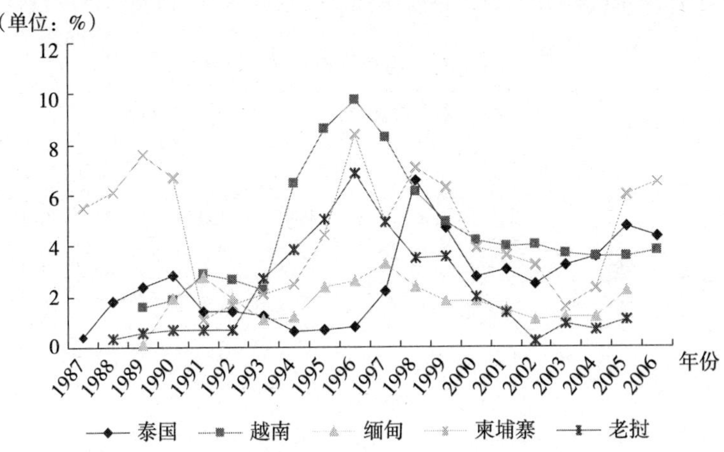

图 9－3　次区域五国外商直接投资占 GDP 的比重

资料来源：Asian Development Bank (ADB)—Key Indicators 2003 and 2007。

其次，从横向对比上看，如表 9－11 所示，就总私人资本流动占 GDP 的比重而言，次区域国家及整个东亚与太平洋地区都

呈现显著上升势头；外商直接投资占 GDP 的比重，资本净流入占 GDP 的比重有所上升。资本净流出占 GDP 的比重则呈现下降趋势。总体上，次区域与整个东亚与太平洋地区的资本流动程度差距不大。再与欧洲货币联盟的水平相比，次区域的总私人资本流动程度很低，而外商直接投资净流入水平次区域五国平均水平超过欧洲货币联盟的水平，但是，次区域的外商直接投资净流出水平较低，只有欧洲货币联盟的一半。

上述对比分析说明，从资本要素的流动性来看，次区域基本与东亚地区的平均水平一致。而与欧洲货币联盟相比，次区域国家的外商直接投资净流入水平超过欧洲货币联盟，说明这些国家对外资的吸引力较强，但是，两个区域在总私人资本流动及外商直接投资净流出水平方面存在显著差距，这点一则说明次区域国家对资本流出的严格管制，二则说明这些国家金融市场仍处于成长的初期阶段，导致他们对国际金融市场的利用和参与程度较低。

表 9－11　中国与次区域各国资本流动性

	总私人资本流动占 GDP（%）		外商直接投资占 GDP（%）			
			净流入		净流出	
	1990	2004	1990	2004	1990	2004
中国	2.5	10	1	2.8	0.2	0.1
泰国	13.5	7.9	2.9	0.9	0.2	0.1
越南	—	5.8	2.8	3.6	—	0
缅甸	—	—	1.9	1.2	—	—
柬埔寨	3.2	8.1	0	2.7	—	0.2
老挝	3.7	—	0.7	0.7	0	—
五国平均	6.8	7.3	2.1	1.8	0.2	0.15
六国平均（含中国）	5.7	7.95	1.9	2.0	0.2	0.13
东亚与太平洋地区	5	9.4	1.6	2.5	0.2	0.1
欧洲货币联盟	13.4	41.3	1.1	1.3	1.7	2.6

资料来源：World Development Indicators, 2006。

2. 劳动力的流动性

由于缺乏统计数据，这里引用 Choi（2002）的分析结论。Choi 简单地用外国人口/本国人口比例测算人口流动性。欧洲国家中这一比例最高的是卢森堡，达 34.9%，其次为奥地利、德国、比利时，分别为 9.1%、8.9%、8.9%。东亚地区劳动力流动性较低，日本和韩国为最高，比例也不过仅达到 1.2% 和 0.3%。①

9.1.5 结论

以上部分，本文运用最优货币区主要指标，对大湄公河次区域各国的经济一体化程度、经济开放程度、区域内贸易一体化程度及要素的流动性等方面，进行了较为全面的实证分析。结果表明：

1. 次区域各国经济一体化程度喜忧参半。次区域国家宏观经济政策目标的一致性表现优于欧洲货币联盟，但是，次区域国家经济增长的一致性程度不高。

2. 次区域各国与世界经济的整合程度差异显著，但总体水平居世界前列，并呈现稳步上升趋势。

次区域国家中，泰国、越南和柬埔寨三国对外贸易依存度较高，均超过 150%；形成一个层次，缅甸与老挝两国对外贸易依存度相对较低，外向型经济增长缓慢，国民经济增长主要靠国内需求拉动，居民消费支出占总需求的绝对比重。尽管如此，各国与世界经济的整合程度仍然呈现出了上升趋势，这表明各国经济

---

① Baek 和 Song（2002）的研究也得出了相同的结论。他们对劳动生产率的变动与和国家特征因素进行了测算，结果显示，能够解释的生产率变动有 2/3 是由国家或地区特征的因素决定的，这一结果表明东亚国家或地区的低劳动力流动性。

开放的意图是明确的，而且经济开放的实践也逐步在深化。此外，大湄公河次区域国家的外贸依存度显著高于欧盟和西共体的水平，这至少从一个侧面说明了该区域与世界经济整合的成效显著。

3. 次区域各国区域内贸易一体化程度明显优于欧盟成员国的总体水平，这说明次区域国家经贸往来密切，合作较为紧密，这为今后区域内国家间经贸合作的进一步深化及货币金融合作的展开创造了十分有利的条件。

4. 要素的流动性是次区域国家经济金融一体化的最薄弱环节。与欧盟成员国相比，次区域国家之间的劳动力流动程度很低。而从资本的流动性来看，次区域国家表现出较强的非对称性，即资本流入水平超过欧洲货币联盟，而资本流出水平则与欧洲货币联盟存在显著差距。此外，次区域的私人资本流动水平也远远低于欧洲货币联盟。资本流动性的分析结果表明，一方面，次区域经济对外开放水平显著增强，另一方面，多数次区域国家仍然实行严格的资本管制政策，金融市场的开放程度较低。可以预见，次区域国家能否采取积极的合作态度与措施，加快区域内要素的流动，将决定着未来次区域货币金融合作能走多远。

9.2 利率机制分析

9.2.1 次区域五国的利率走势

1. 泰国

1986—1996 年，泰国经济处于快速增长时期，十年间泰国的实际 GDP 从 400 亿美元增加到了 1996 年的 1300 亿美元的水平。经济增长率最高达到 13% 的水平，人均国民收入也快速增加，1996 年人均实际 GDP 达到了 2000 美元。

这一时期泰国政府积极进行产业结构调整，实行比较宽松的经济金融政策，外资大量涌入，为泰国进行工业化建设提供了充足的资金以及所需要的技术，国家工业化进程的加快及经济的加速增长，导致了这一时期较高的利率水平。1997 年以前，泰国实行的是高利率政策，存款利率一直保持在 10% 左右，贷款利率则保持在 13% 左右。

此外，这十年间泰国的高利率与其外汇管理体制有着密切的联系。1990 年 5 月，泰国开始实行外汇管制自由化措施，放宽对国际资本流动的限制，而泰铢又是钉住美元，美元升值，泰铢也跟着升值，由于缺乏升值的条件，只能提高利率以吸引国外的资金。1995 年，存款利率从 1994 年的 8.46% 上升到 11.58%，贷款利率也上升到 13.25% 的高位水平。

受 1997 年东南亚金融危机的影响，1998 年以来，泰国经济总量急剧下滑，实际 GDP 从 1996 年的 1300 多亿美元快速下降到 1998 年的 600 多亿美元，1998 年实际 GDP 出现 10% 的负增长。居民收入大幅度下滑，人均实际 GDP 从 1996 年的 2000 美元下降到 1998 年的 900 美元左右，下降幅度高达 50% 以上。作为金融危机的必然结果，1998—1999 年，泰国的存贷款利率水平也显著下降，存款利率由 1998 年的 10.65% 下降到 1999 年的 4.73%，降幅接近 60%，贷款利率由 1998 年的 14.54% 下降到 1999 年的 9.12%，降幅接近 50%。

1999 年以后，泰国经济进入恢复并平稳上升阶段，为了刺激经济增长，泰国政府采取了一系列的改革措施，积极采用赤字的财政政策刺激内需，加之国际货币基金组织和其他国家的经济援助，泰国经济有所恢复，1999 年经济增长打破了负增长的局面，出现了 5% 的恢复性增长，实际 GDP 从 1998 年的 600 亿美元上升到了 2006 年的 1000 亿美元左右的水平，相应地，人均 GDP 也出现了增长，从 1998 年的 900 美元增加到 2006 年的 1500 美元左右，恢复到了危机前水平（人均 2000 美元）的 75%。如图 9－4 所示，这一时期泰国的利率呈现出两个特点：一是利率

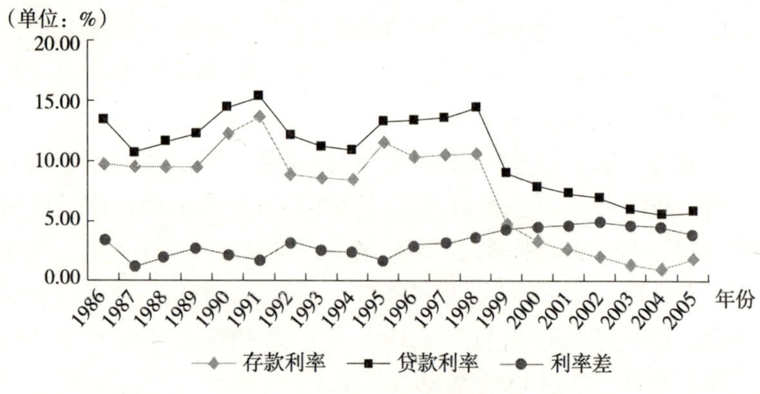

图 9-4　泰国的存贷款利率

资料来源：International Monetary Fund: International Financial Statistics。

水平持续稳定地下降，二是存贷款利差不断扩大。利率水平持续下降，主要是由于在经济恢复增长阶段，总需求不足所致。而存贷款利差的不断扩大，一方面说明危机后国内消费需求不足，政府为刺激国内消费而一直采取了低利率的政策，导致存款利率水平比贷款利率水平下降更大。金融危机后，泰国私人消费支出占 GDP 的比重呈现的是一种逐渐下滑的趋势，1983 年私人消费支出占 GDP 的比重为 63.9%，而在经济危机期间的 1997 年和 1998 年，私人消费支出占 GDP 的比重分别为 54.4% 和 53.9%，2005 年和 2006 年私人消费支出占 GDP 的比重分别为 54.6% 和 53.7%，危机后比危机前下降了近 10 个百分点。此外，2002 年以来，私人消费支出增长率稳中有降的变化趋势也说明了危机后泰国国内消费需求的不足。

另一方面，从贷款利率变化的角度来看，贷款利率水平持续下降，是危机后政府为促进经济增长而采取的宽松货币政策的信号，而贷款利率降幅小于存款利率降幅，进而存贷款利差不断扩

大的特征则主要反映了经济恢复增长时期国内投资需求的快速增长。1999—2006年危机后的重建阶段，政府在基础设施方面的投资带动了相关产业的投资增长，总资本形成先是出现小幅缓慢增长。1999年为255.4亿美元，2000年为269.6亿美元，2001年为265.87亿美元，这一缓慢增长主要是因为2000年和2001年间世界经济增长速度出现了下滑，导致对泰国进口的减少，外贸企业固定资产投资减少，引起国内总固定资本形成的下降。2002年以后，泰国经济增长速度有所加快，同时，这一时期的经济增长表现出较为明显的投资拉动特征。总固定资本形成从2001年的265.87亿美元增加到了2006年的589.2亿美元，增加了323.33亿美元，年均增长率为20.2%左右，而同期GDP的增长率为5%左右，总固定资本形成的增长率与实际GDP的增长率之比为4∶1。

2. 越南

1986年越南推出改革开放政策以来，经济发展十分显著。1991年到2006年的16年间，越南GDP平均增长率为7.59%。进入2003年以后，越南克服了伊拉克战争、非典型性肺炎和禽流感等不利因素的影响，国内经济呈现出较强的增长势头，2003—2006年的四年间，越南GDP年平均增长率达到7.93%。

在市场化取向的经济改革不断推进的过程中，越南金融体系也迈出了重要的改革和现代化步伐。国家逐步减少了对金融业的控制，引入市场竞争机制，培育金融市场。1994年，建立了包括银行间外汇市场和银行间国内货币市场在内的短期资本市场。1995年，建立了政府公债市场，一些外国商业银行也获准参与。此外，越南国家银行在严格控制货币发行量的同时，积极推进利率市场化改革。2000年取消了对美元贷款的利率上限限制。2002年，越南国家银行实施商业银行贷款利率自由化，允许商业银行根据资金供求状况自主确定贷款利率水平，同时，越南国家银行还推行了银行存贷款利率按物价指数浮动的政策。从21世纪以来越南存贷款利率水平稳步上升的变化趋势来看（见图9-5），越南的金融市场化改革与利率自由化改革总体上是成功的。总体平稳的利率水平说明改革并未引起金融市场的大幅振荡。

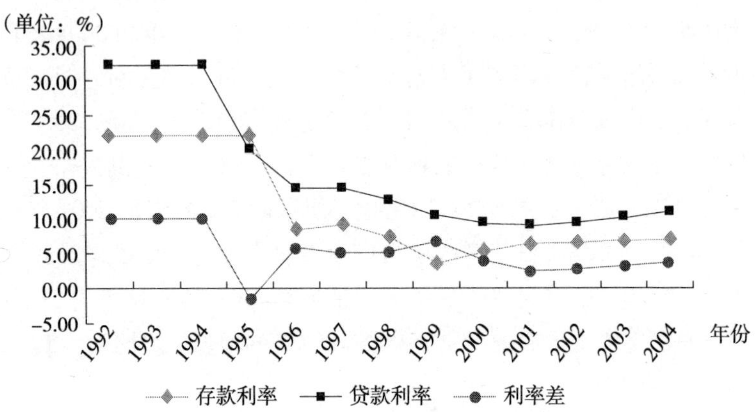

图9-5 越南的存贷款利率

资料来源：International Monetary Fund: International Financial Statistics。

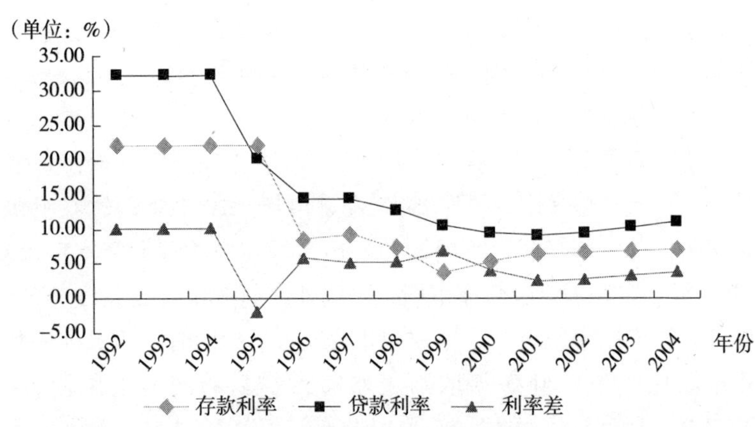

图9-6 缅甸的存贷款利率

资料来源：International Monetary Fund: International Financial Statistics。

3. 缅甸

如图9－6所示，缅甸的利率变化大致可以分为三个阶段：缅甸独立直至20世纪80年代的利率稳定阶段、20世纪80年代后期及整个90年代的利率水平大幅波动阶段和21世纪以后利率稳定阶段。

1948年缅甸独立直至20世纪80年代，政府一直推行中央集权制，将全部私营企业收归国有，限制私营企业发展，同时，闭关锁国，缅甸几乎没有与国外的经济来往。与此相适应，这一时期缅甸执行的是管制利率政策，利率水平长期不变，贷款利率保持在8%，存款利率保持在1.5%。

20世纪80年代后期及整个90年代，缅甸利率水平大幅波动。1988年缅甸国家恢复法律与秩序委员会的军人政府上台后，着手实施将中央计划经济逐渐向市场经济过渡的战略，对经济结构进行大刀阔斧的调整，同时，政府宣布实行对外开放，提出“要发展以扩大出口为目标的民族工业”，并出台了一系列的措施，这些改革使得缅甸几十年来形成的封闭型经济发展模式逐渐被打破。

政权交替引起的国内政局不稳，加之市场化改革措施的振动，导致20世纪80年代末到90年代初，缅甸存贷款利率水平大幅上升。1990年和1991年，存款利率由长期的1.5%猛升至9%，增长6倍，1993年和1994年，贷款利率也有了大幅上升，由8%的长期水平迅速上升到16.5%的水平。

20世纪90年代后期，东南亚金融危机爆发时期，缅甸的利率水平有所下降，但是降幅不大，这在一定程度上说明，尽管缅甸政府实行了经济对外开放政策，但是，缅甸很大程度上仍然还是一个封闭的经济体。

21世纪以后，缅甸的利率水平重新恢复稳定。贷款利率始终保持在15%左右，存款利率则始终保持在9.5%左右。较高的利率水平与同期较高的经济增长速度相关。进入21世纪以后，缅甸经济增长虽然出现了较大幅度的摆动，不过增长率均处于正值并表现出很强的势头。2003年GDP增长率达到13.8%的历史高位，2004年经济增长速度有所下降之后，2005年和2006年GDP增长率重新回到了10%的水平。

4. 老挝

20世纪80年代以前，老挝实行的是计划经济。1986年11月，老挝人民革命党第四次代表大会明确提出要对经济体制进行“彻底、深刻和全面的改革”①。1986—1989年，老挝政府实施了“新经济机制”的改革方案，包括改革金融和经济结构，实行价格和贸易自由化，经济体的生产、消费和投资可以根据市场信息和个体的决定进行。20世纪90年代开始，老挝政府逐步取消了商品定价制度，采取了由市场自然调节和浮动的政策。1991年，老挝人民革命党“五大”提出以商业为桥梁，利用各种经济成分大办商业，大力发展商业。1996年以后老挝商业几乎全部实现了私有化。

经过这一阶段的经济改革，老挝的物价水平基本由市场供求决定，并形成了统一的市场价格。汇率方面实行了基普浮动汇率制，同时为了配合改革，国家实行了宽松的货币政策。从图9-7中可以看到，贷款利率维持在比较稳定的水平，大约为25%左右，而存款利率出现很大下降，从1991年的23.5%下降到1994年11.7%，降幅达一倍多。同时，货币供应量明显增多，商业银行存款额也从1990年的258亿基普增至1995年的1400亿基普。②

① 丁广举：《老挝的经济改革与发展》，《世界经济》1996年第9期，第61页。

② 杨维中：《老挝近期经济发展趋势及问题》，《东南亚纵横》1997年第2期，第50页。

宽松的货币政策提高了国民经济的货币化程度，但是也带来了严重的通货膨胀问题。1995 年，老挝出现了严重的通货膨胀，通货膨胀率由 1994 年的 6.7% 快速上升到了 1995 年的 19.4%，基普大幅贬值。由于老挝的金融市场非常不发达，不能通过公开市场业务来调节货币供给量，所以政府只能通过强制的限制国内信贷，提高利率等手段治理通货膨胀。1994 年至 1997 年三年间，银行存款利率由 12% 提高到了 16.89%，同时以 21%—29.5% 的高利率出售了价值 148 亿基普的中央银行债券。紧缩货币政策的实施使通货膨胀问题暂时得到了控制。

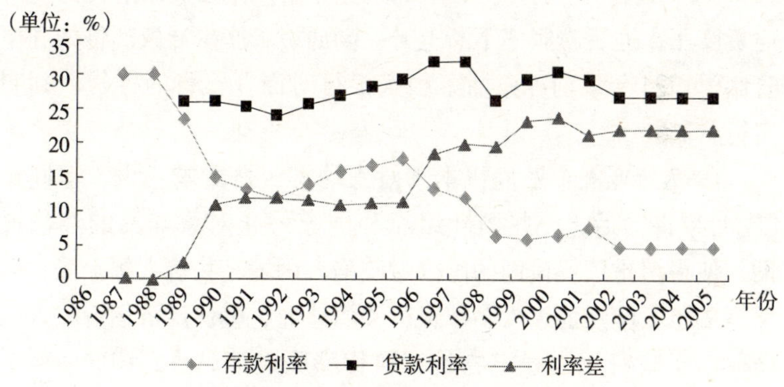

图 9－7　老挝的存贷款利率

资料来源：International Monetary Fund: International Financial Statistics。

1997 年的东南亚金融危机给老挝经济造成了巨大的冲击。泰国等东南亚国家的商品大量涌入，导致以基普计价的商品价格提高了 10 多倍。为克服金融危机造成的困难，老挝人民革命党第六届中央委员会采取了扩大出口，争取外资，多方求援，扩大借贷，发展股份制，推行私有制，加强金融监管，取缔黑市外汇交易等措施，但是，这些措施未能从根本上遏制老挝经济的下滑。1997—1998 年，老挝经济增长缓慢，通货膨胀率居高不下。

同时，受泰铢贬值的影响，老挝基普也大幅贬值，基普对美元汇率最严重时的跌幅高达80%。老挝民众对基普失去了信心，银行存款额飞速减少，利率也一路下降，存款利率由1997年的16.89%下降至2001年6.5%，降幅高达60%。

5. 柬埔寨

柬埔寨的利率走势与其通货膨胀率的变动密切相关。受国内政治因素及柬埔寨财政问题的影响，柬埔寨通货膨胀率较高。治理通货膨胀历来是柬埔寨经济发展中的最大难题。1993年以前金边政权时期，由于柬埔寨国内局势不稳定，每年总支出的20%—30%用于军费开支，柬埔寨连年财政赤字，政府无力应对通货膨胀，通货膨胀率不断上升。高通货膨胀率导致严格的利率管制，1994年以前，柬埔寨国家银行对商业银行的存贷款利率实行管制。

1997年亚洲金融危机本来对柬埔寨经济影响不大，但同年"七月事件"后，一些国际组织和国家停止对柬埔寨的经济援助，使得严重依赖援助的国家财政陷入困境，物价大幅上涨，柬埔寨瑞尔大幅贬值，大多数银行关门停业，整体经济运行陷入困境。由于政府无力稳定物价，通货膨胀越演越烈，CPI一路上升，2006年更是达到了121.32的历史高位。① 持续的通货膨胀问题导致居民的货币需求下降，进而导致银行存款利率持续下滑。如图9－8所示，2000年以来，柬埔寨银行存款利率最低时仅为2%，与危机前的水平相比，降幅超过70%。

2000年以来银行存款利率持续下降的另一个主要原因与同期银行系统充足的流动性有关。如表9－12所示，2000年以来，柬埔寨国家银行严格规定了商业银行的最低资本要求，商业银行

---

① 资料来源：International Monetary Fund, World Economic Outlook Database, October 2007。

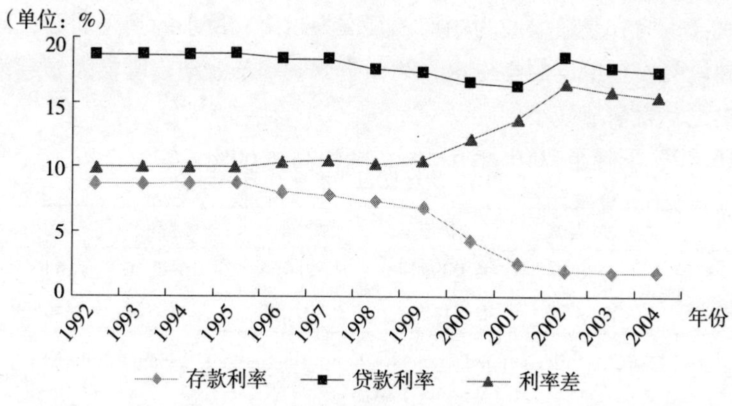

图 9－8　柬埔寨的存贷款利率

资料来源：International Monetary Fund: International Financial Statistics。

体系持有大量的资本，资本充足率最高时接近 60% 左右。同时保有充足的流动资产，流动资产比率接近 60%。

表 9－12　柬埔寨商业银行资本充足比率与流动资产比率

（单位：%）

年份	2000	2001	2002	2003	2004	2005	2006
资本充足比率	59.7	53.4	48.6	41.0	34.0	32.0	26.5
流动资产比率	58.9	59.6	57.1				

资料来源：International Monetary Fund: Country Report, 2003。

9.2.2　各国利率波动的相关性

比较各国利率的波动性，如表 9－13 所示，通过计算次区域五国利率的均方差，我们发现，就存款利率而言，老挝的均方差最大，其次是泰国，越南的最小，这说明，在给定的年份里，老挝存款利率的波动幅度最大，泰国次之，越南最小。就贷款利率而言，均方差最大的为缅甸，其次为越南，最小的是柬埔寨，同理说明，在给定的年份里，缅甸贷款利率的波动幅度最大，越南次之，柬埔寨最小。

表 9－13　次区域五国利率均方差比较

	柬埔寨	泰国	缅甸	越南	老挝
存款	2.950877	4.089914	3.728066	1.642646	7.640097
贷款	0.868208	3.214786	3.801075	3.419718	2.46558

资料来源：International Monetary Fund: International Financial Statistics。

进一步考察各国利率波动的相关性。首先，从存款利率波动的相关性来看，如表 9－14 所示，次区域五国存款利率的相关系数分析结果表明，总体上看，五国之间存款利率波动的相关程度较高。从国别的角度来看，缅甸、柬埔寨、老挝、越南四国存款利率波动与泰国存款利率波动均具有高度相关性，其中，缅甸与泰国的相关程度最高，相关系数高达 0.982481，接近完全正相关。

表 9－14　次区域五国存款利率相关系数

	柬埔寨	泰国	缅甸	越南	老挝
柬埔寨	1				
泰国	0.835058	1			
缅甸	0.819133	0.982481	1		
越南	0.238033	0.651801	0.729984	1	
老挝	0.678947	0.711725	0.659405	0.226429	1

资料来源：International Monetary Fund: International Financial Statistics。

其次，贷款利率波动的相关性分析也得出了相似的结果。如表 9－15 所示，次区域五国贷款利率的相关系数分析结果表明，总体上看，除了老挝以外，其他国家之间贷款利率波动的相关程度也较高。从国别的角度来看，缅甸、柬埔寨、越南三国贷款利率波动与泰国贷款利率波动的相关系数均超过0.8，表现出高度相关性，其中，仍然是缅甸与泰国的相关程度最高，相关系数高达0.958776，接近完全正相关。

表9-15 次区域五国贷款利率相关系数

	柬埔寨	泰国	缅甸	越南	老挝
柬埔寨	1				
泰国	0.654372	1			
缅甸	0.707697	0.958776	1		
越南	0.745207	0.833936	0.86383	1	
老挝	0.302218	0.488802	0.507481	0.51596	1

资料来源：International Monetary Fund: International Financial Statistics。

为了进一步地说明次区域各国在经济发展与对外开放过程中，其利率水平受世界利率水平变动的影响程度，本章对次区域五国利率与中国和美国利率的相关性进行了分析。

表9-16 次区域五国与中国存款利率的相关系数

	柬埔寨	泰国	缅甸	越南	老挝	中国
柬埔寨	1					
泰国	0.890691	1				
缅甸	0.424139	0.556704	1			
越南	0.671941	0.71944	-0.00066	1		
老挝	0.783555	0.785923	0.006292	0.907126	1	
中国	0.771312	0.818689	0.050677	0.96333	0.969371	1

资料来源：International Monetary Fund: International Financial Statistics。

首先，如表9-16和表9-17所示，次区域五国与中国存、贷款利率的相关性分析结果表明，除了缅甸以外，次区域其他国家的利率变动与中国的利率变动均高度相关。其中，相关性最高的是越南、老挝与中国，存款利率的相关系数分别高达0.96333、0.969371，贷款利率的相关系数也分别高达0.912014、0.916803，这说明越南和老挝的资金市场与中国相关程度较高。

表9－17　次区域五国与中国贷款利率相关系数

	柬埔寨	泰国	缅甸	越南	老挝	中国
柬埔寨	1					
泰国	0.663759	1				
缅甸	－0.04125	0.158364	1			
越南	0.689049	0.597906	－0.27587	1		
老挝	0.134696	0.397019	0.319749	0.000194	1	
中国	0.752892	0.783299	－0.08303	0.912014	0.916803	1

资料来源：International Monetary Fund: International Financial Statistics。

表9－18　次区域五国与中国及美国存款利率相关系数

	柬埔寨	泰国	缅甸	越南	老挝	中国	美国
柬埔寨	1						
泰国	0.890691	1					
缅甸	0.424139	0.556704	1				
越南	0.671941	0.71944	－0.00066	1			
老挝	0.783555	0.785923	0.006292	0.907126	1		
中国	0.771312	0.818689	0.050677	0.963332	0.969371	1	
美国	0.792536	0.67035	0.524874	0.253324	0.433102	0.373163	1

资料来源：International Monetary Fund: International Financial Statistics。

其次，从次区域五国与美国存、贷款利率波动的相关性来看，如表9－18和表9－19所示，总体上看，与中国相比，美国存、贷款利率与次区域五国存、贷款利率的相关性水平并不高。

这一分析结果一方面说明，次区域多数国家金融市场仍处于相对封闭的状态，另一方面，中美之间的对比分析，在一定程度上表明，中国金融市场对次区域多数国家金融市场的影响强于美国。

表 9-19 次区域五国与中国及美国贷款利率相关系数

	柬埔寨	泰国	缅甸	越南	老挝	中国	美国
柬埔寨	1						
泰国	0.663759	1					
缅甸	-0.04125	0.158364	1				
越南	0.689049	0.597906	-0.27587	1			
老挝	0.134696	0.397019	0.319749	0.000194	1		
中国	0.752892	0.783299	-0.08303	0.912014	0.916803	1	
美国	0.283068	0.696413	0.372326	0.294674	0.656183	0.459706	1

资料来源：International Monetary Fund: International Financial Statistics。

综上所述，对次区域各国利率变动情况的梳理，一方面说明，在各国经济发展与经济开放的进程中，利率的变动与各国不同时期的经济发展状况联系较为紧密，利率作为资金价格的功能基本得到了体现，表明了这些国家经济发展的过程中，金融市场化程度及利率市场化程度不断提高的趋势。另一方面，从金融开放与金融一体化的角度分析，次区域国家利率变动所表现出的较高相关程度说明，这些国家在经济金融开放的过程中，金融一体化程度有所提高。但是这些国家利率变动与美国利率变动的低相关性，则又说明他们与世界金融市场的融合程度较低。而与中国利率变动的较高相关性则表明这些国家的宏观经济政策与中国的联动性较强。

9.3 汇率机制分析

9.3.1 汇率制度与汇率政策的协调

东亚地区，除日本在布雷顿森林体系崩溃后采取了浮动汇率制度外，其他经济体的汇率制度在亚洲金融危机前均属于钉住美元的汇率制度。① 在金融危机爆发之后，除马来西亚实行了严格钉住美元的汇率制度外，其他国家如泰国、菲律宾、印度尼西亚等国虽然在名义上实行了自由浮动汇率制度，但其实际的汇率安排仍然体现出某种回归钉住美元制的特征（李晓、丁一兵，2006），形成了所谓的“浮动恐惧”现象（Calvo and Reinhart，2000）或“东亚美元本位制的复归”（Mckinnon，2002a，2002b）。

大湄公河次区域各国汇率制度安排总体上符合东亚规律，也表现出较强的钉住美元汇率制度特征（如表9－20、表9－21、表9－22、表9－23所示）。

表9－20　老挝汇率制度演变

时间	汇率制度	评论
1930.5.31—1936.10.2	钉住汇率	黄金本位
1936.10.2—1942.12	钉住法国法郎	放弃金本位
1939.9.9	法郎区框架下的外汇管制	
1943.1—1945.12	钉住日元	

① 危机之前，东亚各经济体的名义汇率制度安排并不一致，如中国香港采取严格与美元挂钩的货币局制度，泰国、新加坡等国在危机前采取“钉住货币篮”的汇率制度，韩国、中国、马来西亚、印度尼西亚采取管理浮动汇率制度，而菲律宾则于1984年后实行了独立浮动汇率制度。但是，实际操作中，它们无一例外地演变为事实上的（de facto）钉住美元汇率制，只有日本以日元保持了对美元的自由浮动。

续表

时间	汇率制度	评论
1945. 12—1955. 5. 5	钉住法国法郎/平行市场	
1955. 5. 5—1958. 10. 10	平行市场	多重汇率
1958. 10. 10—1962. 1. 1	钉住美元	
1962. 1. 1—1964. 1. 1	管理浮动/平行市场	有阶段性大幅度贬值
1964. 1. 1—1972. 4. 3	爬行钉住美元/平行市场	多重汇率,1969 年 3 月后有两种通货
1972. 4. 3—1973. 3. 28	爬行钉住美元/平行市场	爬行区间为 ±2%,暂时统一汇率
1973. 3. 28—1988. 4	管理浮动/平行市场	多重汇率
1988. 5—1990. 5	自由浮动/爬行钉住美元/双重市场	爬行区间为 ±2%
1990. 6—1995. 9. 31	爬行钉住美元/双重市场	爬行区间为 ±2%
1995. 9. 31—1996. 12	爬行钉住美元/平行市场	爬行区间为 ±2%,有短期汇率统一
1997. 1—2000. 3	自由浮动/爬行钉住美元/双重市场	爬行区间为 ±5%
2000. 4—2001. 12	双重市场	

资料来源:Carmen M. Reinhart, Kenneth S. Rogoff, "The Modern History of Exchange Rate Arrangements: A Reinterpretation", NBER Working Paper, NO. 8963。

表 9-21 缅甸汇率制度演变

时间	汇率制度	评论
1937. 4. 1—1943	钉住英镑	缅甸卢比开始流通,1939 年后印度卢比不再合法流通
1943—1945	钉住日元	
1945. 7—1952	钉住英镑	
1952. 7—1972. 7	钉住英镑	Kyat 取代缅甸卢比
1972. 8—1974. 7. 1	钉住英镑/自由浮动	多重汇率,购买英镑和美元需纳税

续表

时间	汇率制度	评论
1974.7.1—1975.1.25	自由浮动/管理浮动/平行市场	
1975.1.25—1976.2	自由浮动/围绕美元波动/平行市场	Kyat 的官方汇率与 SDR 挂钩
1976.3—1983.4	围绕美元波动/平行市场	波动区间为±5%
1983.5—1986.3	管理浮动/平行市场	官方汇率钉住 SDR，平行市场升水幅度为 20%—35%
1986.4—1988.3	围绕美元波动/平行市场	官方汇率钉住 SDR
1988.4—1991.5	自由浮动/围绕美元波动/平行市场	波动区间为±5%，平行市场升水幅度为 45%—90%，官方汇率虽未贬值，但有阶段性通货膨胀
1991.6—1992.12	围绕美元波动/平行市场	波动区间为±5%，官方汇率钉住 SDR
1993.1—1994.1	自由浮动/围绕美元波动/平行市场	波动区间为±5%
1994.2—1996.7	围绕美元波动/平行市场	波动区间为±5%，官方汇率钉住 SDR
1996.8—1999.1	自由浮动/围绕美元波动/双重市场	官方汇率钉住 SDR，平行市场升水持续超过 100%，1997 年 7 月达到 294%，同时存在一个非官方的平行市场
1999.2—2001.12	双重市场	官方汇率钉住 SDR，非官方的平行市场仍然存在

资料来源：Carmen M. Reinhart, Kenneth S. Rogoff, “The Modern History of Exchange Rate Arrangements: A Reinterpretation”, NBER Working Paper, NO.8963。

表9－22　泰国汇率制度演变

时间	汇率制度	评论
1928.4.15—1932.5.11	钉住汇率	金本位，Baht 取代 Tical 开始流通
1932.5.11—1939.9.7	钉住英镑	
1939—1942.4.22	外汇管制	
1942.4.22—1946.5.1	钉住日元	
1946.5.1—1947	钉住英镑	平行市场升水超过 100%
1947—1956.1.1	事实上围绕美元浮动/平行市场	多重汇率，平行市场升水在 50%—90%之间
1956.1.1—1963.10.20	事实上围绕美元波动	波动区间为±2%，汇率统一，平行市场升水降到一位数
1963.10.20—1978.3.8	钉住美元	
1978.3.8—1997.7	事实上的钉住美元	Baht 钉住一篮子货币
1997.7—1998.1	自由浮动	
1998.1—2001.12	管理浮动	

资料来源：Carmen M. Reinhart, Kenneth S. Rogoff, "The Modern History of Exchange Rate Arrangements: A Reinterpretation", NBER Working Paper, NO.8963。

表9－23　六国汇率制度分类与货币政策框架

汇率制度	货币政策框架				
	汇率名义锚	货币供应量目标	通货膨胀目标	IMF 支持的或其他货币项目	其他[注1]
无独立法定货币的汇率安排					
货币局安排					
其他传统的固定钉住安排	越南[注2]				
水平带内钉住制					

续表

汇率制度	汇率名义锚	货币供应量目标	通货膨胀目标	IMF 支持的或其他货币项目	其他[注1]
爬行钉住	中国[注2]	中国[注2]			
爬行带内浮动					
不事先公布干预方式的管理浮动制		老挝	泰国		柬埔寨 缅甸[注2;注3]
独立浮动					

资料来源：IMF，Annual Report 2007。

注 1：这些国家没有明确宣告名义锚，但在操作货币政策时同时监控几个指标。

注 2：事实汇率制度与法定汇率制度不同。

注 3：包括多个外汇市场，此处参考了主要外汇市场的表现。

由上述四个表的历史资料可以看出，次区域国家中越南与中国是钉住汇率制，其他四个国家是有管理的浮动汇率制。进一步地，通过分析双边汇率波动性（如表 9 - 24 所示），我们发现，次区域国家货币表现出较为明显的钉住美元特征。

表 9 - 24　大湄公河次区域国家货币对美元汇率的标准差

		柬埔寨瑞尔	老挝基普	缅甸元	泰国铢	越南盾	中国人民币
对美元汇率标准差	1950—1996	1.56	7.34	1.12	2.25	3.07	1.85
	1997—1998	1.09	8.33	0.06	7.07	4.55	0.01
	1999—2005	2.98	7.95	0.37	2.16	2.71	0.03

根据 IMF：International Financial Statistics 中的数据计算得出。

此外，关于各国汇率制度安排和汇率政策的协调性，可以通

过对各国货币与美元汇率进行相关性分析得到进一步的说明。表9－25和表9－26给出了金融危机前后次区域各国货币对美元汇率的相关系数。

表9－25　金融危机前次区域国家货币对美元汇率的相关系数(1950—1997)

	柬埔寨瑞尔	老挝基普	缅甸元	泰国铢	越南盾
柬埔寨瑞尔	1				
老挝基普	0.851**	1			
缅甸元	0.785**	0.03	1		
泰国铢	0.852**	0.523**	0.498**	1	
越南盾	0.735*	0.889**	0.787**	0.304	1

注：**表示相关系数在0.01的水平下显著；*表示相关系数在0.10的水平下显著。

表9－26　金融危机后次区域国家货币对美元汇率的相关系数(1998—2005)

	柬埔寨瑞尔	老挝基普	缅甸元	泰国铢	越南盾
柬埔寨瑞尔	1				
老挝基普	0.885**	1			
缅甸元	-0.587	-0.309	1		
泰国铢	0.098	0.150	0.569	1	
越南盾	0.954**	0.951**	-0.347	0.260	1

注：**表示相关系数在0.01的水平下显著；*表示相关系数在0.10的水平下显著。

从相关系数的分析结果来看，金融危机前各国货币对美元汇率的相关系数普遍较高，各国表现出汇率变动的一致性。而金融危机后，汇率相关系数通过显著性检验的比危机前少，这一方面是由于样本数据少，危机后的相关性检验只有 8 年的数据，因此在对相关系数进行 t 检验时，要求相关系数的值很大时才能通过显著性检验。比如泰国铢和缅甸元，1950—1997 年间有 48 个数据，虽然相关系数的数值大小才 0.498，但是依然通过显著性检验；到了 1998—2005 年，数值为 0.569，增大了，但由于数据个数少，反而未通过显著性检验。另一方面，这一实证分析结果也说明，金融危机后次区域各国在汇率政策安排方面普遍各行其是，缺乏彼此之间的政策协调。

9.3.2 外汇管理体制

大湄公河次区域国家中，除了泰国以外，其余国家到目前为止，仍然实行着严格的外汇管制。

20 世纪 90 年代以前，泰国实行着严格的外汇管制。但是，进入 20 世纪 90 年代以后，在金融开放与金融自由化的大背景下，泰国迅速地放松了其外汇管制，从 20 世纪 90 年代初到 90 年代末，其国际收支的经常账户与资本账户完全实现了开放，从而用不到十年的短暂时间走完了世界很多国家数十年才走完的路程。

具体来说，泰国 1990 年 5 月接受国际货币基金组织第 8 条款，实现经常账户自由兑换。在金融机构对外开放方面，准许外国银行设立分行。1989 年已有 9 家外国证券公司在泰国设立了分支机构，有 14 家外国银行的分行。1994 年先后允许中国银行开设曼谷分行，日本长期信贷银行、三菱银行、住友银行、英国的巴克莱银行在泰国设立分行。20 世纪 90 年代，泰国政府还放松了对资本自由流动的管制，鼓励居民向境外和非居民向境内的直接投资。1993 年开放了离岸金融业务，并允许非居民在泰国商业银行开立泰铢账户，可进行存款、借款以及自由兑换。20 世纪 90 年代中后期，泰国的资本账户基本上实现了自由化。

在货币流通方面，除了法定货币泰铢以外，泰缅边境可以同时使用泰铢和缅甸元。在与中国的经济金融合作方面，2001 年 12 月，中国人民银行与泰国银行签订了双边货币互换协议。根据双边货币互换协议，中国人民银行可在必要时向泰国银行提供最多达 20 亿美元的信贷资金，作为对国际金融机构援助资金的补充，支持泰国解决国际收支问题和维护金融稳定。

越南政府对经常账户的外汇收支和资本账户的资金流出流入都有较大的限制。在货币流通方面，除法定货币越南盾以外，在越南北部，人民币可以直接用于清偿债权债务，也被作为贸易合同中的主要结算货币而广泛使用。在与中国的经济金融合作方面，1991 年中越关系正常化以来，两国签订了贸易、经济、运输、文化、公安与税收等 20 多个协议。金融合作方面，中国农业银行、中国建设银行、中国工商银行均与越南的相关银行互开账户，签订了边贸人民币结算业务协议。

缅甸也是实行严格外汇管制的国家，但是由于官方汇价与黑市汇价相差 100 多倍，外汇交易实际按黑市价进行，使其外汇管制形同虚设。缅甸货币流通方面的突出特征是，除法定货币缅甸元外，在其边境地区流通着多种邻国货币。在印缅边境可以同时使用印度卢比和缅甸元，在中缅边境可以同时使用人民币和缅甸元，95% 的贸易结算货币使用人民币，在泰缅边境可以同时使用泰铢和缅甸元，在老缅边境同时使用老挝基普和缅甸元。

柬埔寨作为实行严格外汇管制的国家，短期资本流动受到严格限制，经常账户管理制度不健全，且过于严格，规章的制定与实际操作间存在较大差异。法定流通货币为柬埔寨瑞尔和美元。

老挝外汇管制的情况与柬埔寨类似，国家外汇资金短缺，短期资本流动受到严格限制，经常账户管理制度不健全，且过于严格。除了法定货币基普以外，泰铢与美元也可以在境内自由流通。

综上所述，大湄公河次区域国家汇率机制呈现三个特征。第一，普遍地钉住美元的汇率制度安排。这一汇率制度的弊端在东南亚金融危机中得到了极为充分的表现，但是，在东南亚及次区域货币合作没有取得实质进展的情况下，选择钉住美元的汇率制度安排无疑是一个次优选择。第二，各国彼此之间汇率政策缺乏协调。各国金融危机后的汇率相关系数统计检验不显著，说明金融危机后次区域各国在汇率政策安排方面缺乏协调与沟通。第三，外汇管制严重，对区域内的资本流动造成较大障碍，不利于区域金融市场一体化进程的推进。

9.4 结　　论

通过对大湄公河次区域各国经济金融一体化程度的实证分析，我们发现，虽然次区域国家总体经济与金融发展并不高，但是，区域国家之间的历史渊源及较长时期的经贸往来，无形间已经使该区域具备了开展货币金融合作的一些有利条件。比如，各国宏观经济政策目标一致性程度高；各国经济开放意图明确，各国外贸依存度水平高，与世界经济整合成效显著；区域内贸易一体化程度明显优于欧盟成员国；金融市场化程度及利率市场化程度不断提高；利率联动效应较为显著等。

但是，经济市场化程度与金融深化程度较低的现状，也使未来次区域的金融合作面临诸多困难。诸如经济周期一致性不高、要素流动性差、与世界金融市场的融合程度低、汇率政策缺乏协调以及外汇管制严重等问题，将十分不利于区域经济与金融市场一体化进程的推进。

第三部分

对策篇

10 大湄公河次区域货币金融合作的实施对策

自 1992 年大湄公河次区域经济合作机制启动以来，GMS 合作以项目为主导，围绕基础设施建设、跨境贸易与投资、私营部门参与、人力资源开发、环境保护和自然资源可持续利用五大战略重点开展合作，截至 2007 年年底，在交通、能源、电信、环境、农业、人力资源开发、旅游、贸易便利化与投资等九大重点合作领域开展了 180 个合作项目，共投入资金 100 亿美元，有力地推动了次区域各国的经济社会发展。其中，投资项目 34 个，总投资 98.7 亿美元，亚行自身提供贷款 34.26 亿美元，动员成员国及其他发展伙伴分别投资 29.8 亿美元和 34.66 亿美元；技术援助项目 146 个，涉及资金 1.66 亿美元，其中亚行提供赠款 7579 万美元。①

可以看出，在大湄公河次区域经济合作中，金融领域的合作是滞后的，这极大地影响了大湄公河次区域经济贸易合作的深入发展。随着区域经济贸易的快速发展，对国际货币金融合作也提出了需求。从更大范围内来看，亚洲金融合作起始于亚洲金融危机，到目前为止的金融合作机制主要有东盟互换安排（ASA）、东盟借款安排（AAB）、东盟双边回购协议（Repo）、清迈协议

① 国家发改委、外交部、财政部：《中国参与大湄公河次区域经济合作国家报告》，《人民日报》2008 年 3 月 28 日第 6 版。

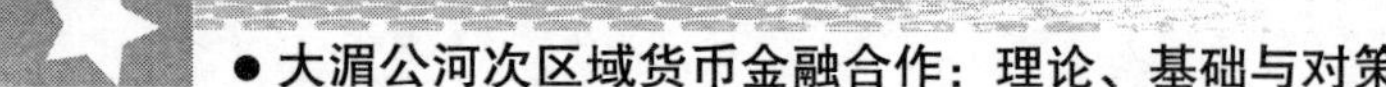

（CMI）以及正在酝酿的亚洲13国外汇储备基金，大湄公河次区域的货币金融合作，也局限于这一框架之中。

在理论研究上，对大湄公河次区域货币金融合作的研究也是相对滞后的。袁天昂对大湄公河次区域各国的金融合作现状进行了初步分析，并提出了建立GMS金融合作机制、金融信息交换与共享机制、货币互换机制、主权国之间的货币记账交易机制以及次区域经济金融形势分析协作机制和经济金融重大课题调研协作机制等构想。① 丁文丽基于最优货币区的标准，从经济一体化程度、经济开放度、区域内贸易一体化程度、要素流动性及金融一体化程度等方面详细分析了大湄公河次区域货币金融合作的基础条件，提出了大湄公河次区域在宏观经济目标一致性、经济开放度、区域内贸易一体化等方面较好地满足了指标要求，但在要素流动性及经济发展水平等方面尚有较大差距。这一状况既表明了在该区域推进货币金融合作的可能性，也指出了在该区域进行货币金融合作尝试的难度。② 在现有研究的基础上，结合次区域的实际，本章提出以下对策建议。

10.1 中国的战略

大湄公河次区域经济合作，应该是我国对外开放“走出去”战略和自由贸易区战略的重要组成部分。中国的战略，应该立足于以下几个方面。

---

① 袁天昂：《我国大湄公河次区域金融合作的战略选择》，《西南金融》2007年第5期。

② 丁文丽：《大湄公河次区域货币金融合作基础条件分析》，《金融理论与实践》2007年第12期。

10.1.1　促进大湄公河次区域经济发展

区域金融合作的首要目的是促进地区金融发展，从而加快区域开发，实现区域经济的共同发展。这也是大湄公河次区域国家共同的利益诉求。

10.1.2　促进大湄公河次区域经济技术合作

中国的经济发展程度和工业化阶段要领先于其他大湄公河次区域国家，金融合作既要服务于共同发展的需要，也要服务于经济技术合作的需要，为彼此间的贸易、投资和技术转让提供优质的金融服务。

10.1.3　促进睦邻友好关系的建立

睦邻友好关系的建立，既是国际金融合作的基础和必要条件，也是中国与大湄公河次区域国家实现共同发展和可持续发展的关键环节。

10.2　实施对策

大湄公河次区域金融合作是一项长期的系统工程，各国要立足区域各国的长远利益，循序渐进地予以推进。次区域货币金融合作的主要内容有：金融政策的协调、金融机构的合作、金融市场的合作和金融监管的合作。

10.2.1　协调经济发展与金融发展

金融发展的水平从根本上影响经济发展的速度和结构，发展中国家金融发展的重点在于金融深化，并通过金融深化来促进经济的发展。对于大湄公河次区域金融合作，首先要依托贸易和投

资来促进地区金融发展。

10.2.2　采取先易后难和循序渐进的策略与方法

2000年5月签订的《清迈协议》是亚洲货币金融合作所取得的最为重要的制度性成果。2002年11月签订的《中国与东盟全面经济合作框架协议》，是中国与东盟全面经济合作的里程碑，标志着中国与东盟的经贸合作进入了崭新的历史阶段。大湄公河次区域金融合作应该在此基础上逐步推进。大湄公河次区域各国在政治、经济发展水平和文化上的差异，决定了次区域合作的渐进性，“次区域合作性质上的开放性，合作内容的广泛性和参与机制的多重性，成为现阶段乃至今后相当长时间内大湄公河次区域合作的重要特点”①。现有的金融合作机制主要是政府层面的，如“10+3”财政部长和央行行长会议等，下一步要逐渐推广到民间层面上。

国际合作是一个讨价还价和相互协调的过程。开展区域金融合作要采取先易后难和循序渐进的策略与方法，分层次逐步推进。近期的重点包括：加强各国金融监管当局的合作，建立区域金融预警体系；建立各国之间的金融救助体系；建立区域汇率合作机制。在上述三方面取得实质性进展的基础上，进一步研究和推进东亚各国参与的亚洲货币一体化进程。

从国家层面来看，国际金融合作可以从泰国开始。泰国的人均收入水平和中国的较为接近，而且同中国具有良好的政治、贸易和投资关系。泰国不但可以成为中国产品通往GMS和东盟地区的门户，也应该成为中国金融机构通往GMS和东盟地区的门户。

---

① 贺圣达：《大湄公河次区域合作——复杂的合作机制与中国的参与》，《南洋问题研究》2005年第1期。

国际金融合作存在一个"排序"问题，对于大湄公河次区域国家而言，既存在金融深化的任务，也需要通过国际金融合作来推动这一进程。对于一国金融自由化来说，麦金农认为，财政政策、货币政策和外汇政策如何排次序的问题是极为重要的，政府不能、也不应该同时实行所有市场化措施。无论哪一个国家，实行自由化的初始条件可能不同，但其经济市场化有一个共同的"最优"次序。这个"最优"次序简单地讲就是：第一，平衡中央政府的财政，消灭财政赤字，稳定物价水平；第二，在实现第一步的基础上开放国内资本（金融）市场；第三，国内贸易和金融成功地自由化以后，首先对经常项目交易、最后对资本项目交易实施外汇自由化。① Edwards（2002）指出，目前大多数研究者同意这样的排序：首先处理财政上的重大失衡，达到最低程度的宏观经济稳定，在经常账户开放以后，再进行资本账户开放，同时建立一个有效的现代银行监管框架来进行金融改革，最后在改革过程中，尽早放松劳动市场的管制。Edwards 强调，1997—1998 年的东南亚金融危机，使资本账户必须在改革的后期才能开放的思想，重新占据了主流地位。对于国际金融合作，也必须建立在国内金融自由化的最优次序基础之上，遵循由经常项目到资本项目，由易到难的步骤。具体而言，国际金融合作的先后次序是：贸易结算体系——项目和企业融资——金融监管——汇率安排协调——跨境资本流动（特别是 FDI）。当然，这一合作次序不是线性的，只是对合作重点的先后排序。项目和企业融资是目前大湄公河次区域金融合作的重点和现实选择。现阶段，大湄公河次区域经济合作主要以项目合作为主，除了依靠亚洲开发银行以外，还要为项目合作建立区域性项目和企业融资机

① 罗纳德·I. 麦金农：《经济市场化的次序——向市场经济过渡时期的金融控制》，上海三联书店 1997 年版，第 5—14、75、76 页。

制。可以考虑建立产业投资基金和人民币债券市场。长期以来，亚洲金融市场面临着双重风险，即银行体系以短期存款支持长期项目融资的期限错配和外币借款支持本地项目融资的币种错配。① 银行间接融资比重较高，在直接融资中股市比重较高，债券市场发展严重滞后。这种失衡的融资结构不但效率较低，还增加了金融体系的脆弱性。另一方面，可以考虑建立大湄公河次区域发展基金，为大湄公河次区域国家的相关地区提供长期融资安排。

10.2.3 建立国际金融合作机制

1. 建立动力机制

亚洲金融危机充分反映了东南亚金融发展中的最薄弱的环节：不成熟的汇率安排和脆弱的金融体系，这是大湄公河次区域经济合作的首要推动力。2008 年在越南发生的金融动荡又进一步提出了金融合作的必要性和重要性。如果金融合作只是建立在这一基础上，那么金融合作的基础是脆弱的和不可持续的。关键的问题是要建立一个长效合作机制，从根本上解决合作的可持续性问题。

第一，建立大湄公河次区域国家金融合作官方对话机制。

第二，促进地区金融机构的合作。金融机构的合作是国际金融合作的基础，大湄公河次区域国家的金融机构合作才刚刚开始，应该还有很大的发展空间和潜力。

第三，充分发挥中国作为地区大国的“大国效应”。国际金融合作机制是一种国际公共品，中国作为地区大国和大湄公河次区域的核心国家，应在促进区域金融合作机制建设上发挥积极作用。

---

① 蒋序怀：《东亚货币金融合作的回顾与展望——一个国际政治经济学视角》，《广东社会科学》2007 年第 3 期。

2. 建立推进机制

第一，建立区域融资机制。推进工业化和现代化是大湄公河次区域国家的经济发展的核心任务，一方面要培育区域金融机构，另一方面要加强金融机构之间的合作，为区域经济发展提供融资便利。

第二，完善货币互换机制。在清迈协议的框架下，提高人民币与大湄公河次区域五国货币的双边互换规模，从而通过区域货币互换机制来应对流动性危机。

3. 建立保障机制

在金融自由化的进程中，资本账户、汇率制度与外汇市场之间有着内在的逻辑联系。资本项目开放、汇率浮动与外汇市场成熟度之间应该存在一个协同递进的关系，如果金融自由化与此协同递进路径相违背，将不是最优的金融自由化，很可能带来金融动荡和宏观经济不稳定。① 在发展中国家的区域金融合作中，要充分考虑这一协同递进关系。

第一，建立区域金融稳定机制。区域金融稳定机制主要是流动性支持机制和汇率协调机制。在大湄公河次区域国家中，除了中国和泰国属于中等收入国家以外，其他四个国家属于低收入国家，经济和金融发展水平落后，这在很大程度上决定了它们在较长时期内存在资本管制和钉住汇率制，直到金融深化程度能够承受较大资本流动性和汇率波动为止。所以，加强国际收支调节的协调，特别是监控国际短期资本流动，保护本地区国家免受国际资本流动的负面影响，促进地区金融稳定和经济发展，是这些国家面临的共同问题。特别是对金融体系脆弱的国家而言，短期资本的突然流动（Sudden-flow）对宏观经济的打击是严重的，就

① 胡列曲：《发展中大国最优汇率制度动态决定论》，经济科学出版社2007年版，第84页。

像亚洲金融危机所发生的那样。大湄公河次区域国家可考虑在清迈协议基础上优先建立一个共同的外汇储备库（区域储备库），使其成为区域层面提供货币短期流动性的一种有效机制；同时，各国应逐步扩大基金的范围，让其他东亚国家也参与进来。

第二，要建立区域性汇率稳定机制。增强各国的汇率制度协调，以维持区域内双边汇率的相对稳定。在大湄公河次区域国家中，只有中国和越南是钉住汇率制，其他四个国家是有管理的浮动汇率制。对于处于工业化初期和中期的发展中国家而言，浮动汇率制不是最优的选择。① 同时，与中国—东盟快速发展的贸易和投资相匹配，大湄公河次区域国家的货币与人民币的汇率水平保持稳定，对他们来说是现实的选择。为了促进汇率的稳定，大湄公河次区域国家应选择更为稳定的爬行钉住一篮子货币的汇率制度，除中国外的其他国家的货币篮子可以考虑美元、欧元和人民币。同时，央行和监管部门需要加强合作，必要时可联合干预外汇市场。

第三，建立危机的防范与救助机制。建立防范金融危机的地区预警机制，对国际游资流动和本地区金融体系脆弱情况进行监测和监管，并加强反洗钱的力度；同时，可以通过建立大湄公河次区域储备库，与 IMF 联手解决与危机防范和管理相关的问题。

第四，建立和完善金融公共设施。加强在法律、会计、审计等方面的协调，建立金融人才培训基地。

第五，建立大湄公河次区域甚至是中国—东盟金融合作论坛和投资合作论坛，加强各国间的信息交流，并逐渐培育成为区域内各国的一个谈判场所。

---

① 胡列曲：《发展中大国最优汇率制度动态决定论》，经济科学出版社 2007 年版。另外，Ogawa（2005）等人的研究也表明，对于亚洲国家而言，货币篮子制度在稳定贸易余额、资本流入和 GDP 等方面优于实际钉住美元制（在一些情况下也优于浮动汇率制）。

11 云南的对策

云南位于东亚与东南亚、南亚次大陆的结合部，与东盟的越南、老挝、缅甸三国接壤，通过澜沧江—湄公河与缅甸、老挝、泰国、柬埔寨和越南相连，并与马来西亚、新加坡等国邻近，是中国连接东盟最便捷的陆上通道。在云南与越、老、缅三国接壤的4061公里边境线上，各类通道就有90多条。近年来已开辟国家一类口岸12个，国家二类口岸8个，边民互市点100多个，这些有利条件使云南成为中国参与次区域合作的直接相关地区。积极务实地参与次区域合作，推动加快开发开放进程，是云南经济社会发展和民生改善的必然要求。

自2005年GMS第二次领导人会议以来，在中央政府的支持和指导下，云南省与次区域各国相关地区合作关系不断深化，各领域合作稳步推进。云南省与次区域国家相关地区建立了“云南—泰北工作组”、“滇越五省市经济协商会”、“云南—老北工作组”、“滇缅合作商务论坛”等双边合作机制。

云南省与越、老、缅三国边境地区已开通了11条国际客货运输线路，昆明—万象客运已开通运营，农业开发、环境保护、旅游、卫生、人力资源开发等合作项目已全面落实。云南省分别与老挝、缅甸、柬埔寨等国相关地区签署了建设农业科技示范园的协议。云南省还积极为周边国家培养各类专业技术人才，招收留学生的70%以上为次区域国家所派。

随着中国—东盟自由贸易区建设进程的不断加快，云南省正在发挥我国向东南亚、南亚“走出去”的战略通道和前沿阵地作用。近年来，云南与东盟的双边贸易与投资、工程承包与劳务合作等领域的合作成效显著。云南与东盟国家经贸合作的实践证明，东盟已成为云南省最重要的经贸合作伙伴。①

2006 年，云南省对东盟的进出口贸易额为 21.75 亿美元，占全省进出口贸易总额的 34.9%，比建立中国—东盟自由贸易区协定达成的 2001 年增长 208%。对东盟出口的主要商品有黄磷、烤烟、有色金属、化肥及日用品等，从东盟进口的主要商品包括各类金属矿砂、木材、农副产品及海产品等。截至 2006 年年底，东盟国家累计在云南投资 333 项，协议外资金额 4.2 亿美元，实际投入外资 2.46 亿美元。云南对东盟的投资发展迅速。2006 年，云南对东盟协议投资 7302 万美元。② 工程承包和劳务合作成绩也很喜人。2006 年，全省签订对东盟国家承包工程、劳务合作、设计咨询合同额 3.04 亿美元，完成营业额 2.78 亿美元，分别比 2001 年增长 101% 和 94%。多年来，云南省外经企业承接了周边三国很多公路、桥梁、电站、工业及民用建筑工程的建设。③

云南在发展条件、资源结构、产业结构、市场消费水平等方面与东盟及次区域国家具有十分明显的互补性。云南与这些国家可以在农业和农产品加工、生物资源开发、矿产资源开发、环境保护以及贸易、旅游、交通、信息等领域广泛开展合作。

随着我国与东盟及次区域国家产业合作的深入开展以及贸易

---

① 2008 年云南十大贸易伙伴中，缅甸和越南分别名列第 2 位和第 4 位。

② 《促进云南与东盟经贸合作的新发展》，云南省商务厅网站，2008 年 2 月。

③ 例如，云南省机械设备进出口公司在缅甸建设了 19 座水电站，在缅甸的水电行业享有很高的声誉。云南建工集团在老挝承建的东昌酒店，成为了万象的标志性建筑。云南国际经济技术合作公司与老挝合资建设的万隆水泥厂，成为中老友谊合作的象征。

量的逐年增加，必然要求双方加强金融业方面的合作。根据目前该区域经济发展水平及经贸合作的现状，本文认为可以考虑从以下三个方面推进区域金融合作。

11.1 加快金融创新，改善云南金融产业的竞争力

11.1.1 发展云南地方性金融机构，打造区域性金融平台

目前，云南有四家地方性金融机构：富滇银行、省农村信用社、红塔证券和太平洋证券。

富滇银行的组建，不仅恢复了历史上有名的地方银行，而且化解了40多亿元的债务风险，今后一段时间改革的重点是要在不断完善公司治理结构的同时，加快推进增资扩股和争取上市的工作。同时，利用云南的区位优势和富滇银行在历史上的影响力，加强与港澳、东南亚金融机构的业务联系与合作，适时在东南亚地区设立办事处，并积极吸引华商、华侨参与投资和管理运营，使富滇银行体现华侨银行的特点。①

经过前一段时间的改革，云南省农村信用社多层次法人体系改革已经初步完成，下一阶段改革的重点是要进一步处理好“服务三农”与“商业运作”之间的关系。一方面加快组建农村合作银行，另一方面应当积极争取国家的政策倾斜，加大对贫困地区农村信用社业务能力的建设，使其能够更大限度地为农民增收和农民脱贫致富服务。② 此外，针对农村正规金融供给不足的

---

① 秦光荣：《发展资本市场，促进资本流动，为云南经济又好又快发展注入新的活力》，《云南日报》2008年5月4日。

② 在笔者最近的一次调研中，发现贫困地区农村信用社网点数量少和工作人员不足的现象十分突出。

现状，当前的农村金融改革，除了改进农村信用社服务水平、增加农村政策性金融供给以外，关键还要通过金融组织创新，引导社会资金投向农村，把城市中过剩的流动性转移到农村地区去。这方面，很多发展中国家的经验值得我们借鉴。

与全国领先的证券机构相比，云南仅有的红塔证券和太平洋证券两家证券公司，资产总量不大。2007 年年末，两家公司的总资产分别为 77.37 亿元和 49.33 亿元。两家公司要结合证券市场发展的新趋势，利用云南加大企业上市工作力度的机会，通过积极促进云南企业上市，发展壮大自身的资本实力。

11.1.2 通过 10—15 年的努力，将昆明建成区域性金融中心

当前，世界经济发展的一个重要特征是金融经济的爆炸式发展，并呈现出脱离实体经济发展的独立性（特别是国际游资），一大批在国际资金流动中居于突出地位的离岸金融中心，都出现在经济和贸易不太发达的国家和地区，如巴哈马、开曼群岛等。虽然目前云南的金融发展水平并不理想，但是云南具备一些优势，使其可能成为这样一个区域性金融中心。

（1）云南在中国—东盟自由贸易区中处于战略性地位，理应成为周边国家和地区资金流动的枢纽；（2）中国与东南亚诸国双边经济贸易的迅速发展，需要方便快捷的资金汇兑和结算，需要灵活多样的贸易融资；（3）云南周边国家的人民币流通量在全国居于首位，人民币日益发展成为在周边国家及东盟地区受欢迎的区域性货币；（4）东南亚留存有巨额的华人资本（据估计有 1.5 万亿美元），为区域性金融中心的建设提供了雄厚的物质基础；（5）金融业属于无污染的服务业，与我省三大战略目标相协调；（6）“先行先试”，“服务全国、服务东盟、发展自我”和构筑信息、市场、金融、人力资源、公共事务机构“五

大平台”的要求。

立足金融中心的定位。这里所说的区域性金融中心具有三个特点：(1) 立足西南的金融中心；(2) 面向东盟10国特别是周边3国、次区域5国的金融中心；(3) 突出结算中心、汇兑中心、贸易融资中心的特点，主要服务于生产、加工、旅游和贸易发展的需要。

为此，首先，我省需要加快金融基础设施的建设，主要是会计制度、审计制度、信息披露制度和法律法规制度的完善；其次，利用CEPA的启动，加强与香港金融界的合作；大力创造条件，吸引国际知名的金融机构落户昆明；加强金融人才的引进和培养。

11.2　构建与区域经贸合作相适应的金融服务体系

11.2.1　积极争取提供项目融资服务

在下一阶段中国与GMS各国的合作中，公路、水运、铁路、民航等次区域运输通道及相关基础设施建设、能源及电信合作将成为重点。① 云南的金融部门要抓住这些建设机会，积极争取为项目建设提供信贷支持及相关金融服务。

11.2.2　建立区域内以人民币为主导的一篮子货币银行结算体系

近年来，受中国经济区域影响力增强、中国与东盟国家经贸合作深入开展、人民币持续升值及美元持续贬值等多个因素的影

---

① 中国国家发展和改革委员会、外交部、财政部：《中国参与大湄公河次区域经济合作国家报告》，《人民日报》2008年3月28日。

响，人民币在东盟特别是次区域的影响力持续上升。中国应当利用这个机会，根据区域经贸往来的客观需要，适时而积极地推进区域内贸易结算体系的完善。云南的金融管理部门应当高度重视并积极促成国家相关政策的出台。一是在现有边境贸易以人民币结算和退税的基础上，向国家争取我省与周边国家的一般贸易也以人民币进行结算和退税的政策支持。① 二是积极开展双边中央银行合作，加快签署双边结算协议，在推进区域内各国货币的相互认可的过程中，积极推进人民币为主导结算货币的一篮子货币结算体系，减轻对美元的过度依赖，为区域内国家的汇率协调乃至更高程度的货币合作打下基础。三是疏通双边银行结算渠道，为贸易资金规范运作创造条件。省内各商业银行要积极同境外商业银行建立代理行关系，同时，金融管理部门要引导商业银行在边境地区增设网点，开展边境贸易结算服务。同时，金融管理部门要积极向国家争取出台云南边境贸易项下人民币出入境的政策，放宽贸易项下人民币出入境限制，以规范和解决边贸人民币结算中，大额人民币出入境困难的问题。② 此外，金融管理部门应当采取各种有力措施，引导和鼓励企业通过银行进行贸易资金结算，从而一方面降低企业贸易结算风险，支持企业发展，另一

---

① 我省从 2004 年 1 月 1 日起对以人民币结算边境小额贸易出口货物开展退税试点，2004 年 10 月进一步将边贸企业出口货物以人民币银行转账方式结算的退税比例由 70% 上调到应退税额的 100%。边贸人民币结算的退税政策，对促进边贸增长产生了明显的效应。据海关统计，2005 年 1—4 月，我省边境小额贸易出口完成 1.27 亿美元，比上年同期增长 56.3%。

② 目前边境小额贸易项下人民币出入境困难。由于部分边境口岸，外商在口岸的人民币存款较少而我国与越、老、缅三国银行结算渠道不畅（对越只有老街农行与河口县农行有结算协议），许多边贸人民币结算是以现金方式完成，而贸易项下人民币的出入境国家没有相关规定，仍比照旅游者个人携带人民币 2 万元出入境的规定办理，使贸易项下大额人民币出入境困难，制约了边境贸易的开展。

方面通过把非银行结算纳入银行结算体系，有利于抑制和打击边境地区地下金融的非法运作。

11.2.3 加快金融产品创新，适应区域贸易发展需要

云南与次区域国家特别是周边三国贸易往来的多元化发展，要求金融部门能够适时推出满足客户和市场需求的创新性金融产品与服务。比如，在融资方面，针对中小企业担保难、准入难的问题，大力开发门槛适中、简便快捷、可循环使用的信贷产品，满足中小企业客户“急、频、快”的融资需求；在规避汇率风险方面，积极利用衍生金融工具开发各种规避汇率风险的本外币金融产品，帮助中小企业客户有效防避汇率风险，实现资产的保值和增值等。

11.3 充分利用现有的区域性金融合作机制

11.3.1 积极拓展与香港金融界合作的空间和领域

云南应当充分利用 CEPA“优于世贸，先于东盟”的机遇，积极拓展与香港金融界的合作，特别是在银行、保险、资本市场、金融监管、贸易融资和人才培养方面的合作，以此提高我省金融业的运作水平。当前要充分利用香港作为国际金融中心的地位，鼓励省内企业到香港融资。另外，香港正逐渐发展成为亚洲生物科技研发中心，云南可与其加深在生物资源开发创新产业方面的合作。

11.3.2 积极关注亚洲债券市场的发展

发展亚洲债券市场是推进亚洲地区各国金融合作事业的组成

部分。云南金融结构以银行间接融资为主①，这种结构难以支撑经济结构调整的战略重任，发展债券市场，将提供改变这种金融结构的途径。积极利用亚洲债券市场，能够为云南的企业在银行体系及股市以外创造另一个重要的融资渠道。云南应当充分认识到这一区域金融合作机制的发展潜力，密切关注并积极创造条件，在时机成熟时利用好这一区域性债券市场。

鉴于亚洲各国债券市场的现有发展水平及亚洲区域金融合作尚处于初步阶段的现状，在目前的条件下，在亚洲经济体之间开展双边合作，并在双边的基础上彼此提供在对方国家发行该国货币定值的债券的便利，是推进亚洲债券市场发展的可行的第一步。② 为此，云南一方面要进一步加强与东盟国家特别是次区域国家的经贸合作，在加深合作中增进理解和信任，另一方面，云南要在这一区域加大对云南企业（产业）的推介力度，云南的烟草、水电、有色金属、钢铁、矿产开发、化工及生物资源开发等主导产业在中国西南地区乃至全国均具有一定优势，云南应当把这些产业（企业）作为今后亚洲债券市场的主要参与主体进行宣传。此外，由于云南目前金融基础设施还很薄弱，因此，目前可以考虑借助香港的窗口，利用香港已有的金融技术，包括市场庄家制度、托管机制，以及支付、交收与结算系统，以助发展人民币债券或其他币种债券市场。

---

① 2002 年至 2005 年间，云南省直接融资比例低于 2%，2006 年上升到 7.6%，2007 年为 11.9，但仍低于全国 22% 的水平。目前，日、德、美等发达国家企业直接融资比重已分别达到 50%、57% 和 70%，与之相比，云南省的差距更加明显。

② 李扬：《亚洲债券市场发展与区域金融合作》，《金融时报》2003 年 10 月 13 日。

参考文献

1. [老挝]志荣:《老挝经济社会发展现状与对策建议》,《东南亚纵横》2006 年第 1 期,第 8、9 页。

2. [美] Kevin Chambers 著,王月、王虹译:《商业制造之越南》,中国水利水电出版社 2004 年版。

3. [日]白石昌也著,毕世鸿译:《越南政治、经济制度研究》,云南大学出版社 2006 年版。

4. 邓淑碧:《80 年代以来柬埔寨的经济状况概述》,《东南亚》1998 年第 1 期,第 27、28 页。

5. 邓淑碧:《柬埔寨出口创汇的亮点——制衣业》,《东南亚》2006 年第 4 期,第 20 页。

6. 邓淑碧:《柬埔寨农业的发展》,《东南亚》1996 年第 2 期,第 30 页。

7. 郭宁:《对缅甸开展境外加工贸易的思考》,《对外经贸实务》2000 年第 10 期,第 41—42 页。

8. 胡列曲:《发展中大国最优汇率制度动态决定论》,经济科学出版社 2007 年版。

9. 霍伟东:《中国—东盟自由贸易区研究》,西南师范大学出版社 2005 年版。

10. 肯尼斯 · 华尔兹:《国际政治理论》,上海人民出版社 2000 年版。

11. 李富有:《区域货币合作:理论、实践与亚洲的选择》,中国金融出版社2004年版。

12. 李瑞霞:《浅析以出口为导向的泰国经济》,《东南亚》2004年第2期,第12—16页。

13. 李铁立:《边界效应与跨边界次区域经济合作研究》,中国金融出版社2005年版。

14. 李晓、丁一兵:《关于东亚区域货币合作的研究:文献综述》,《当代亚太》,2004年第6期,第23—28页。

15. 李晓、丁一兵:《亚洲的超越:构建东亚区域货币体系与"人民币亚洲化"》,当代中国出版社2005年版。

16. 李卓:《欧洲货币一体化的理论与实践》,武汉大学出版社2005年版。

17. 林声强:《评泰铢汇率变动对泰国经济的影响》,《福建金融》1998年第6期,第38—39页。

18. 林锡星:《揭开缅甸神秘的面纱》,广东人民出版社2006年版。

19. 林锡星:《缅甸的政治经济近况》,《东南亚研究》1995年第4期,第30—33页。

20. 罗伯特·基欧汉:《霸权之后——世界政治经济中的合作与纷争》,上海人民出版社2006年版。

21. 罗子余:《柬埔寨经济发展管窥》,《东南亚纵横》1995年第1期,第18页。

22. 马树洪、方芸:《列国志——老挝》,社会科学文献出版社2004年版,第151—154页、236—239页。

23. 米良等:《越南社会主义共和国经济贸易法律指南》,中国法制出版社2005年版。

24. 彭晖摘译:《对柬埔寨经济的看法》,《东南亚纵横》1994年第2期,第48页。

25. 秦光荣:《发展资本市场,促进资本流动,为云南经济又好又快发展注入新的活力》,《云南日报》2008 年 5 月 4 日。

26. 日本经济企划厅:《1998—1999 泰国的经济发展趋势》,《1999 年亚洲经济蓝皮书》2000 年第 1 期,第 56—60 页。

27. 山口阳子:《从出口看泰国经济》,《南洋资料译丛》2001 年第 1 期,第 23—25 页。

28. 孙肖远:《展望泰国经济走出金融危机阴影的前景》,《亚太经济》1999 年第 2 期,第 19—21 页。

29. 田禾、周方冶:《泰国》,社会科学文献出版社 2005 年版。

30. 汪慕恒、周明伟:《东盟国家外资投资发展趋势与外资投资政策演变》,厦门大学出版社 2002 年版。

31. 汪慕恒:《金融危机后的泰国经济》,《东南亚纵横》2004 年第 2 期,第 35—40 页。

32. 王国平:《1993—2003 年柬埔寨的经济改革》,《东南亚》2003 年第 2 期,第 9—13 页。

33. 王全珍:《缅甸加快改革开放步伐》,《东南亚纵横》1995 年第 3 期,第 58—60 页

34. 王士录:《1993 年大选以来柬埔寨的经济发展》,《东南亚》1997 年第 4 期,第 24、24、28 页。

35. 王士录:《东南亚报告》,云南大学出版社 2004 年版。

36. 王义成:《金融制约边境贸易发展的问题及改进建议》,《黑龙江金融》2002 年第 10 期。

37. 小齐:《缅甸的外国投资环境现状及前景》,《东南亚南亚信息》1998 年第 9 期,第 2—4 页。

38. 肖宪、夏艳等:《越南人》,三秦出版社 2004 年版。

39. 谢志鹏:《2000 年泰国经济走势》,《南洋问题研究》2000 年第 1 期,第 19—23 页。

40. 刑和平:《2005 年:柬埔寨大吉大利的一年》,《东南亚纵横》2006 年第 5 期,第 4 页。

41. 刑和平:《柬埔寨:2006—2007 年回顾与展望》,《东南亚纵横》2007 年第 4 期,第 2 页。

42. 许可:《2001—2002 泰国经济回顾与展望》,《亚太经济》2002 年第 2 期,第 23—25 页。

43. 许宁宁:《来自东南亚的商机报告》,华夏出版社 2002 年版。

44. 亚太地区 2004 年年鉴。

45. 亚洲开发银行:《东亚货币与金融一体化:发展前景》,经济科学出版社 2005 年版。

46. 余翔:《柬埔寨现况》,《国际资料信息》2001 年第 7 期,第 25 页。

47. 余永定等:《亚洲金融合作:背景、最新进展与发展前景》,《国际金融研究》2002 年第 2 期,第 7 页。

48. 约翰 · 米尔斯海默:《大国政治的悲剧》,上海人民出版社 2003 年版。

49. 张继涛:《缅甸与国际经济贸易问题专家咨询文集》,德宏州人民政府经济研究所 2003 年版。

50. 张瑞昆:《老挝经济结构——老挝经济探索之一》,《东南亚纵横》2004 年第 1 期,第 53—56 页。

51. 赵长峰:《国际金融合作:一种权力与利益的分析》,世界知识出版社 2006 年版。

52. 郑凌云:《人民币区域化与边贸本币结算功能扩展》,《国际贸易》2006 年第 7 期。

53. 中国国家发展和改革委员会、外交部、财政部:《中国参与大湄公河次区域经济合作国家报告》,《人民日报》2008 年 3 月 28 日。

54. 钟伟:《进一步拓展中越边境贸易结算业务的调研报告》,《广西农村金融研究》2007 年第 3 期。

55. 钟伟:《开放经济条件下的国际货币合作》,《国际金融研究》2001 年第 11 期,第 12 页。

56. 周小川:《提供银行结算便利,促进边境贸易发展》,《国家外汇管理》2004 年第 10 期。

57. 朱明:《缅甸经济艰难缓慢的发展》,《东南亚之窗》2003 年第 8 期,第 32—35 页。

58. "Regional Integration in East Asia; Challenges and Opportunities-Part Ⅱ: Trade, Finance and Integration", *World Bank Working Paper*, No. 3079, 2003b.

59. Akiko Terada-Hagiwara, "Foreign Exchange Reserves, Exchange Rate Regimes, and Monetary Policy: Issues in Asia", *EDB Working Paper Series*, No. 61.

60. Alesina, Alberto and Barro, Robert J., "Currency Unions", *NBER Working Paper*, No. 7927, September 2000, Published in Quarterly Journal of Economiscs, May 2002, pp. 409 - 436.

61. Alfred Steinherr, 2003, "Monetary union: model for Asia", a speech in an international forum organized by the Asian Development Bank in Manila.

62. Allen, Franklin & Santomero, Anthony M., "The Theory of Financial Intermediation"[J], *Journal of Banking Finance,* 1998, 21: 1461 - 1485.

63. Asian Development Bank (ADB): Key Indicators 2003.

64. Asian Development Bank (ADB): Key Indicators 2007.

65. Asian Development Bank, Asian Development Outlook, 2006.

66. Baek, Seung-Gwan and Song, Chi-Yong, "Is Currency Union a Feasible in East Asia ?", in Han Gwang Choo and Yunjong Wang eds, Currency Union in East Asia. Korea Instiute for Intemational Economic Policy, 2002, pp. 107 - 145.

67. Bank of the Lao People' s Democratic Republic, "Annual Economic Report 2006", Peace Independence Democracy Unity Prosperity.

68. Bank of the Lao People' s Democratic Republic, "Annual Economic Report 2002", Peace Independence Democracy Unity Prosperity.

69. Bank of the Lao People' s Democratic Republic, "Annual Economic Report 2000", Peace Independence Democracy Unity Prosperity.

70. Bayoumi, Tamim and Eichengreen, Barry, "Ever Closer to Heaven? An Optimum Currency Area Index for European Countries", *CIDER Working Paper*, C96—078, 1996.

71. Calvo, G. and Reinhart, C. (2000), "Fear of Floating", *NBER Working Paper*, No. 7993.

72. Choi, Changkyu, "The Benefits and Costs of an East Asian Currency Union", in Han Gwang Choo and Yunjong Wang eds, Currency Union in East Asia. Korea Instute for Intemational Ecomomic Policy, 2002, pp. 81 - 105.

73. Country Report-cambodia 1998、2002、2004、2006、2007, International Monetary Fund.

74. Courchene, Thomas J. and Richard G. Harris, "North American Monetary Union: Analytical Principles and Operational Guidelines" [J], *North American Journal of Economics and Finance* 11 (2003): 3 - 18.

75. Edwards, Sebastian, 2002, "Capital Mobility, Capital Controls, and Globalization in the Twenty-first century", *The Annals of the American Academy of Political and Social Science,* pp. 249 - 260.

76. Frankel, Jeffrey, 1999, "No single Currency Regime is Right

for all Countries or at all Time", *NBER Working Paper*, No. 7338.

77. Goto, Julien, "Ecomomic Preconditions for Monetary Integration in East Asia", Kobe University, 2002. NBER working Paper.

78. Goto, Junichi, "Economic Preconditions for Asian Regional Integration", in Takatoshi Ito and Annoe Kreger eds, Marcoeconomic Linkage; *Savings, Exchange Rates and Capital Flows*, Chicago: University of Chicago Press, 1994, pp. 359—385.

79. Harberler, Gottfried (1970), "The International Monetary System: Some Recent Developments and Discussions", in *Approaches to Greater Flexibility of Exchange Rates*, edited by George N. Halm, Princeton University Press, pp. 115 - 123.

80. Ingrain, James C (1969), "Comment: The Currency Area Problem", in *Monetary Problems of the International Economy*, edited by Robert A. Mundell and Alexander, Swoboda, University of Chicano Press, pp. 95 - 100.

81. International Monetary Fund: Country Report, January 2000.

82. International Monetary Fund: Country Report, January 2005.

83. International Monetary Fund: Country Report, November 2006.

84. International Monetary Fund: Country Report, November 2007.

85. International Monetary Fund: Country Report, March 2002.

86. International Monetary Fund, Country Report: Thailand, Cambodia, Lao People' s Dem. Rep, Myanmar, Vietnam, April 2006.

87. International Monetary Fund, Direction of Trade Statistics Yearbook, 2004.

88. International Monetary Fund, International Finance Statistics, May 2006.

89. International Monetary Fund, World Economic Indicators, 2006.

90. International Monetary Fund: International Financial Statistics

91. Jenkins, C. andL. Thomas, 1996, "Is Southern Africa Ready for Regional Monetary Integration?", *Centre for the Study of African Economies Working Paper Series*, No. 97 – 3.

92. Josepb C. K. Yam. Jp, 1997, "Asian Monetary Cooperation", The Per Jacobsson Lecture in Hong Kong.

93. Kawai, Masahiro and Takagi, Shinji, "Proposed Strategy for a Regional Exchange Rate Arrangement in Post-Crisis East Asia", *World Band Working Paper*, No. 2503, 2000.

94. Kwanho and Yunjong Wang, 2002, "Moneytary Integration ahead of Trade Integration in East Asia", Submission to World Development.

95. Mckinnon, R. (2002a), "The East Asian Dollar Standard, Life after Death?", *Economic Notes*, January 2000, Vol. 29, No. 1, pp. 31 – 82.

96. Mckinnon, R. (2002b), "after the Crisis, the East Asian Dollar Standard Resurrected: An Interpretation of High Frequency Exchange Rate Pegging", Presented at a conference of the ASEAN Economic Associations in Singapore, September 7 – 8, 2000.

97. Ministry of industry and commerce of lao PDR. http://www.moc.gov.la/Statistic.

98. Mundell, R. A(1961), "a Theory of Optimum Currency Areas", *American Economic Review*, pp. 657 – 665.

99. Ogawa, "the US Dollar in the International Monetary System after the Asian Crisis"[J], Japan Bank for International Cooperation Institute Discussion Paper, NO. 1.

100. Ramon Clarete, 2002, "Asian Regionalism and its Effects on Trade in the 1980s and 1990s", *EDB Working Paper Series*, No. 30.

101. Sakakibara, Eisuke and Yamakawa, Sharon, "Rational Mon-

ey as a Barrier to Integration in East Asia; Challenges and Oppotrunities - Part I: History and Instiutions", *World Bank Working Paper*, No. 3078, 2003a.

102. T. Bayoumi and B. Eichengreen, "One Money or Many? Analyzing the Prospects for Monetary Unification in Various Parts of the World", *Princeton Studies in Inter-national Finance*, No. 76, Princeton University Press, 1994.

103. Wyplose, C. 1998, "International Financial Instability", *Working paper, Graduate Institute for International Studies*, Geneva, July.

附录

表附录-1　泰国出口商品结构

（单位：百万美元，%）

年份	1983	1984	1985	1986	1987	1988	1989	1990
粮食	3206.7	3658.3	3187.8	3864.2	4251.2	5439.5	6750.0	6499.1
	50.4	49.4	44.8	43.5	36.5	34.1	33.6	28.2
原材料	708.2	798.4	722.1	780.6	1040.1	1409.6	1375.0	1322.9
	11.1	10.8	10.1	8.8	8.9	8.8	6.8	5.7
制造品	1130.5	1234.6	1320.3	1649.9	2284.3	3039.3	3640.6	4226.3
	17.8	16.7	18.5	18.6	19.6	19.0	18.1	18.3
矿物燃料	1.30	17.39	90.13	69.66	81.61	121.35	143.97	191.64
	0.02	0.23	1.27	0.78	0.70	0.76	0.72	0.83
机械运	363.30	505.88	625.07	944.90	1381.1	2522.3	3572.0	5115.8
输设备	5.70	6.82	8.78	10.6	11.8	15.8	17.8	22.2
年份	1991	1992	1993	1994	1995	1996	1997	1998
粮食	7524.1	8305.6	7961.1	9364.0	10757.0	10826.0	10384.0	9504.0
	26.5	25.6	21.5	20.7	19.1	19.4	18.0	17.5
原材料	1449.2	1595.2	1593.0	2233.5	3263.6	3234.8	2600.4	2027.8
	5.1	4.9	4.3	4.9	5.8	5.8	4.5	3.7
制造品	4736.3	5360.4	7013.3	7538.7	10206.8	8882.1	8913.2	8346.2
	16.7	16.5	19.0	16.7	18.1	15.9	15.5	15.4
矿物燃料	282.92	318.43	380.69	338.41	360.55	872.61	1249.5	762.48
	0.99	0.98	1.03	0.75	0.64	1.57	2.17	1.40
机械运	6884.5	8666.7	11103.0	15140.0	19083.0	21182.0	22492.0	21867.0
输设备	24.2	26.7	30.0	33.5	33.8	38.0	39.0	40.2
年份	1999	2000	2001	2002	2003	2004	2005	2006
粮食	9797.3	9781.9	9767.8	9726.3	10916.0	11937.0	12322.0	14129.0
	16.7	14.1	15.0	14.1	13.6	12.4	11.2	10.8
原材料	1905.9	2573.6	2235.2	2730.3	4185.6	5208.9	5621.7	7654.9
	3.3	3.7	3.4	4.0	5.2	5.4	5.1	5.9
制造品	9080.0	10631.2	10222.5	11143.6	9359.3	11811.6	13586.2	16418.5

续表

年份	1999	2000	2001	2002	2003	2004	2005	2006
	15.5	15.4	15.7	16.2	11.7	12.3	12.3	12.6
矿物燃料	962.05	1900.9	1592.5	1663.4	2121.7	3398.5	4774.7	6500.2
	1.64	2.74	2.45	2.42	2.65	3.53	4.33	4.98
机械运	24659	30276.0	27543.0	295543.0	34968.0	42697.0	49500.0	58305.0
输设备	42.1	43.7	42.3	43.0	43.6	44.3	44.8	44.7

资料来源：IMF：International Financial Statistics。

表附录-2　泰国进口商品结构

（单位：百万美元,%）

	1983	1984	1985	1986	1987	1988	1989	1990
粮食	282.65	317.72	347.64	497.60	542.22	951.44	1167.3	1311.5
	2.75	3.06	3.76	5.42	4.17	4.69	4.53	3.97
原材料	625.0	652.2	607.2	615.4	959.1	1367.7	1756.5	2112.2
	6.08	6.29	6.57	6.71	7.38	6.74	6.81	6.40
制造品	1697.1	1646.1	1551.4	1659.9	2542.1	4290.9	5829.0	7303.7
	16.5	15.9	16.8	18.1	19.6	21.1	22.6	22.1
矿物燃料	2481.1	2426.1	2088.3	1230.2	1717.61	1535.3	2327.6	3061.6
	24.1	23.4	22.6	13.4	13.2	7.6	9.0	9.3
机械运	2972.2	3045.2	2597.6	2821.9	4224.8	8072.1	9766.6	13609.0
输设备	28.9	29.4	28.1	30.7	32.5	39.8	37.9	41.2
	1991	1992	1993	1994	1995	1996	1997	1998
粮食	1642.4	1764.7	1673.5	1805.0	2061.5	2236.9	2041.2	1773.9
	4.37	4.34	3.63	3.32	2.91	3.09	3.33	4.14
原材料	2325.8	2590.6	2774.6	3118.7	3805.4	3681.0	3168.4	2138.4
	6.19	6.37	6.02	5.73	5.38	5.09	5.16	4.99
制造品	9089.6	8833.2	9429.7	10945.0	14582.0	13471.0	11245.0	8648.9
	24.2	21.7	20.5	20.1	20.6	18.6	18.3	20.2
矿物燃料	3435.0	3297.6	3414.6	3643.0	4624.6	6210.6	5367.4	3159.2
	9.1	8.1	7.4	6.7	6.5	8.6	8.7	7.4
机械运	15212.0	17351	21173.0	26251	34672.0	35340	29800.0	19747.0
输设备	40.5	42.7	46.0	48.2	49.0	48.9	48.6	46.0

续表

	1999	2000	2001	2002	2003	2004	2005	2006
粮食	1794.2	1836.2	2170.8	2223.7	2906.9	3281.6	3793.9	4134.2
	3.56	2.95	4.88	4.86	4.05	3.99	3.40	2.98
原材料	2457.4	3015.6	3030.0	3140.1	3064.8	3772.1	4015.2	3826.1
	4.87	4.85	3.4	4.0	5.2	5.4	5.1	5.9
制造品	10636.0	11364.0	10581.0	11856.0	12381.0	16540.0	19923.0	21628.0
	21.1	18.3	17.1	18.3	16.4	17.5	16.9	16.8
矿物燃料	4340.0	6856.1	7161.1	7460.0	9010.0	13219.0	20953.0	25616
	8.6	11.0	11.5	11.5	11.9	14.0	17.7	19.9
机械运	22477.0	28648.0	28683	29304	32835.0	38394	44907	46733.0
输设备	44.6	46.1	42.3	43.0	43.6	44.3	44.8	44.7

资料来源：Asian Development Bank（ADB）—Key Indicators 2003 - 2006。

表附录-3　泰国的主要出口国和地区

（单位：百万美元,%）

	1983	1984	1985	1986	1987	1988	1989	1990
	总量 占比	总量 占比	总量 占比	总量 占比	总量 占比	总量 占比	总量 占比	总量 占比
美国	953	1273	1402	1606	2163	3200	4358	5240
	15.0	17.2	19.7	18.1	18.7	20.1	21.6	22.7
日本	960	965	951	1260	1732	2545	3422	3969
	15.1	13.0	13.4	14.2	15.0	16.0	17.0	17.2
中国	107	183	271	276	388	475	541	269
	1.7	2.5	3.8	3.1	3.4	3.0	2.7	1.2
中国香港	317	281	288	354	488	711	869	1038
	5.0	3.8	4.0	4.0	4.2	4.5	4.3	4.5
马来西亚	285	351	355	381	388	473	585	575
	4.5	4.7	5.0	4.3	3.4	3.0	2.9	2.5
英国	130	165	173	283	417	588	746	936
	2.0	2.2	2.4	3.2	3.6	3.7	3.7	4.1
德国	222	244	266	412	573	737	818	1198
	3.5	3.3	3.7	4.6	5.0	4.6	4.1	5.2

续表

	1983	1984	1985	1986	1987	1988	1989	1990
	总量 占比	总量 占比	总量 占比	总量 占比	总量 占比	总量 占比	总量 占比	总量 占比
澳大利亚	—	—	124	159	216	297	373	373
	—	—	1.7	1.8	1.9	1.9	1.8	1.6
荷兰	691	740	506	647	776	870	975	1115
	10.9	10.0	7.1	7.3	6.7	5.5	4.8	4.8
	1991	1992	1993	1994	1995	1996	1997	1998
美国	6068	7303	8005	9526	10078	10026	11154	12175
	21.1	22.5	21.5	20.9	17.6	18.0	19.4	22.3
日本	5135	5686	6300	7728	9477	9373	8733	7475
	17.8	17.5	17.0	17.0	16.6	16.8	15.2	13.7
中国	335	386	430	930	1642	1868	1744	1769
	1.2	1.2	1.2	2.0	2.9	3.4	3.0	3.2
中国香港	1348	1507	1960	2387	2921	3240	3407	2785
	4.7	4.6	5.3	5.2	5.1	5.8	5.9	5.1
马来西亚	684	842	1041	1668	1554	2014	2483	1780
	2.4	2.6	2.8	3.7	2.7	3.6	4.3	3.3
英国	1028	1172	130	165	173	283	417	588
	3.6	3.6	2.0	2.2	2.4	3.2	3.6	3.7
德国	1470	1428	1188	1345	1619	1837	2022	2121
	5.1	4.4	3.2	3.0	2.8	3.3	3.5	3.9
澳大利亚	463	525	512	643	777	840	931	980
	1.6	1.6	1.4	1.4	1.4	1.5	1.6	1.8
荷兰	1248	1405	1157	1259	1801	1792	2181	2229
	4.3	4.3	3.1	2.8	3.1	3.2	3.2	4.0

续表

	1999	2000	2001	2002	2003	2004	2005	2006
美国	13308	14719	13246	13522	13669	15498	16950	19674
	21.5	22.6	20.3	19.6	17.0	16.1	15.4	15.0
日本	8931	10228	9964	10001	11395	13459	14986	16571
	14.5	15.7	17.5	14.5	14.2	14.0	13.6	12.7
中国	2208	2827	2863	3553	5707	7099	9105	11806
	3.6	4.3	4.4	5.2	7.1	7.4	8.3	9.0
中国香港	3056	3472	3298	3699	4331	4925	6123	7219
	4.9	5.3	5.1	5.4	5.4	5.1	5.6	5.5
马来西亚	2274	2868	2722	2835	3887	5296	5781	6667
	3.7	4.4	4.2	4.1	4.8	5.5	5.2	5.1
英国	746	936	1028	1172	2587	3023	2785	3429
	3.7	4.1	3.6	3.6	3.2	3.1	2.5	2.6
德国	2163	2357	2328	2391	—	—	—	—
	3.5	3.6	3.6	3.5	—	—	—	—
澳大利亚	1315	1615	1358	1640	2167	2460	3151	4384
	2.1	2.5	2.1	2.4	2.7	2.6	2.9	3.4
荷兰	2245	2028	1890	2373	2373	2589	2755	3266
	3.6	3.4	3.1	2.7	3.0	2.7	2.5	2.5

资料来源：Asian Development Bank（ADB）—Key Indicators 2003—2006。

表附录-4　泰国国际储备　（单位：百万美元）

	1981	1982	1983	1984	1985	1986	1987	1988	1989
黄金	2727	2652	2556	2689	3003	3776	5211	7112	10508
外汇	1671	1513	1561	1890	2157	2736	3906	5997	9461
IMF 头寸	0.00	0.02	30	28	32	35	41	39	38
SDR	61	25	16	2	1	33	60	61	16
总额	2727	2652	2556	2689	3003	3776	5211	7112	10508

续表

	1990	1991	1992	1993	1994	1995	1996	1997	1998
黄金	14273	18416	823	967	947	963	914	713	711
外汇	13247	17287	0012	24078	28884	35463	37192	25697	28434
IMF 头寸	45	222	335	373	416	474	480	0	0
SDR	13	8	12	22	32	45	60	482	391
总额	14273	18416	21182	25440	30279	36945	38645	26893	29536
	1999	**2000**	**2001**	**2002**	**2003**	**2004**	**2005**	**2006**	
黄金	718	645	686	869	1071	1167	1374	1693	
外汇	33805	31933	32350	38042	40965	48498	50502	65147	
IMF 头寸	0	0	0	0	111	165	188	143	
SDR	258	83	5	4	0	1	1	1	
总额	34781	32661	33041	38915	42148	49831	52065	66985	

表附录－5　越南国内生产总值　（单位：亿美元）

年份	1985	1986	1987	1988	1989	1990	1991
GDP	96.1	98.8	102.4	108.6	113.6	119.4	126.4
年份	**1992**	**1993**	**1994**	**1995**	**1996**	**1997**	**1998**
GDP	137.3	148.4	161.6	177.0	193.5	209.3	221.3
年份	**1999**	**2000**	**2001**	**2002**	**2003**	**2004**	**2005**
GDP	231.9	247.6	264.7	283.5	304.3	328.0	355.6
年份	**2006**						
GDP	384.7						

资料来源：Asian Development Bank（ADB）—Key Indicators 2007，2003。

表附录－6　越南人均国内生产总值　（单位：美元）

年份	1985	1986	1987	1988	1989	1990	1991
GDP	160.5	161.7	164.0	170.3	175.4	180.9	187.9
年份	**1992**	**1993**	**1994**	**1995**	**1996**	**1997**	**1998**
GDP	200.7	213.2	228.1	245.8	264.5	281.6	293.3

续表

年份	1999	2000	2001	2002	2003	2004	2005
GDP	302.7	319.0	336.4	355.5	376.1	399.8	427.9
年份	2006						
GDP	457.1						

资料来源：Asian Development Bank（ADB）—Key Indicators 2007，2003。

表附录-7　越南国内生产总值增长率　（单位:%）

年份	1986	1987	1988	1989	1990	1991
GDP 增长率	2.8	3.6	6.0	4.7	5.1	5.8
年份	1992	1993	1994	1995	1996	1997
GDP 增长率	8.7	8.1	8.8	9.5	9.3	8.2
年份	1998	1999	2000	2001	2002	2003
GDP 增长率	5.8	4.8	6.8	6.9	7.1	7.3
年份	2004	2005	2006			
GDP 增长率	7.8	8.4	8.2			

资料来源：Asian Development Bank（ADB）—Key Indicators 2007，2003。

表附录-8　越南服务业和金融业增长率　（单位:%）

年份	1986	1987	1988	1989	1990	1991
服务业增长率	-2.3	4.6	8.8	7.9	10.2	7.4
金融业增长率	0.8	1.5	9.9	9.9	9.2	19.3
年份	1992	1993	1994	1995	1996	1997
服务业增长率	7.6	8.6	9.6	9.8	8.8	7.1
金融业增长率	9.9	16.6	22.3	14.2	11.4	4.3
年份	1998	1999	2000	2001	2002	2003
服务业增长率	5.1	2.3	5.3	6.1	6.5	6.5
金融业增长率	5.8	10.0	6.1	6.3	7.0	8.0
年份	2004	2005	2006			
服务业增长率	7.3	8.5	8.3			
金融业增长率	8.1	9.4	8.2			

资料来源：Asian Development Bank（ADB）—Key Indicators 2007，2003。

表附录-9　越南农业、工业、制造业、服务业和金融业占GDP百分比

（单位：%）

年份	1986	1987	1988	1989	1990	1991
农业/GDP	34.7	33.1	32.4	33.1	31.8	30.7
工业/GDP	26.8	28.1	27.8	25.9	25.2	25.6
制造业/GDP	17.4	18.7	18.9	15.7	14.0	14.0
服务业/GDP	38.4	38.8	39.8	41.0	43.0	43.6
金融业/GDP	1.3	1.2	1.3	1.3	1.4	1.6
年份	1992	1993	1994	1995	1996	1997
农业/GDP	30.2	28.9	27.4	26.2	25.1	24.2
工业/GDP	26.6	27.7	28.9	29.9	31.3	32.6
制造业/GDP	14.6	14.8	14.9	15.5	16.1	16.8
服务业/GDP	43.2	43.4	43.7	43.8	43.6	43.2
金融业/GDP	1.6	1.7	1.9	2.0	2.1	2.0
年份	1998	1999	2000	2001	2002	2003
农业/GDP	23.7	23.8	23.3	22.4	21.8	21.1
工业/GDP	33.4	34.4	35.4	36.6	37.4	38.5
制造业/GDP	17.5	18.0	18.8	19.6	20.4	21.2
服务业/GDP	42.9	41.9	41.3	41.0	40.8	40.5
金融业/GDP	2.0	2.1	2.1	2.1	2.1	2.1
年份	2004	2005	2006			
农业/GDP	20.4	19.6	18.7			
工业/GDP	39.4	40.2	41.0			
制造业/GDP	21.8	22.8	23.6			
服务业/GDP	40.3	40.3	40.3			
金融业/GDP	2.1	2.1	2.1			

资料来源：Asian Development Bank（ADB）—Key Indicators 2007，2003。

表附录-10　越南居民最终消费支出、政府最终消费支出增长率

（单位:%）

年份	1996	1997	1998	1999	2000	2001
居民最终消费支出增长率	9.1	5.9	4.5	2.6	3.1	4.5
政府最终消费支出增长率	7.4	4.0	3.2	-5.7	5.0	6.6
年份	2002	2003	2004	2005	2006	
居民最终消费支出增长率	7.6	8.0	7.1	7.3	7.5	
政府最终消费支出增长率	5.4	7.2	7.8	8.2	8.5	

资料来源：Asian Development Bank（ADB）—Key Indicators 2007。

表附录-11　越南总资本形成、商品与劳务出口、进口增长率

（单位:%）

年份	1990	1991	1992	1993	1994	1995
总资本形成增长率	—	—	—	—	—	—
商品与劳务出口增长率	65.4	113.9	62.0	4.9	50.7	23.7
商品与劳务进口增长率	54.9	84.8	55.3	22.5	47.6	23.6
年份	1996	1997	1998	1999	2000	2001
总资本形成增长率	14.0	10.2	12.4	1.6	10.2	10.7
商品与劳务出口增长率	48.0	21.6	19.8	23.4	21.6	8.1
商品与劳务进口增长率	47.0	14.0	17.2	12.2	20.2	7.8
年份	2002	2003	2004	2005	2006	
总资本形成增长率	12.9	11.9	10.4	9.8	8.6	
商品与劳务出口增长率	15.8	19.5	29.3	23.0	22.9	
商品与劳务进口增长率	21.2	25.0	26.3	17.1	21.2	

资料来源：Asian Development Bank（ADB）—Key Indicators 2007。

表附录-12　越南居民、政府最终消费支出占 GDP 的百分比

（单位:%）

年份	1995	1996	1997	1998	1999	2000
居民最终消费支出/GDP	73.1	72.9	71.4	70.5	69.1	66.7
政府最终消费支出/GDP	8.2	8.0	7.7	7.5	6.8	6.7
年份	2001	2002	2003	2004	2005	2006
居民最终消费支出/GDP	65.1	65.5	65.9	65.5	64.8	64.4
政府最终消费支出/GDP	6.6	6.5	6.5	6.5	6.5	6.5

资料来源：Asian Development Bank（ADB）—Key Indicators 2007。

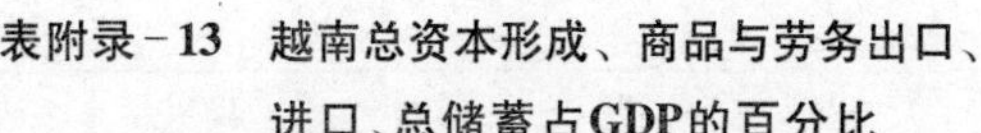

表附录-13 越南总资本形成、商品与劳务出口、进口、总储蓄占GDP的百分比

(单位:%)

年份	1990	1991	1992	1993	1994	1995
总资本形成/GDP	—	—	—	—	—	25.4
商品与劳务出口/GDP	26.4	30.9	34.7	28.7	34.0	32.8
商品与劳务进口/GDP	35.7	36.0	38.8	37.5	43.5	41.9
总储蓄/GDP	2.9	10.1	13.8	16.8	17.1	18.2
年份	1996	1997	1998	1999	2000	2001
总资本形成/GDP	26.5	27.0	28.7	27.8	28.7	29.7
商品与劳务出口/GDP	40.9	43.1	44.8	50.0	55.0	54.6
商品与劳务进口/GDP	51.8	51.2	52.2	52.8	57.5	56.9
总储蓄/GDP	17.2	20.1	21.5	24.6	27.1	28.8
年份	2002	2003	2004	2005	2006	
总资本形成/GDP	31.3	32.7	33.5	33.9	34.0	
商品与劳务出口/GDP	56.8	59.3	65.9	69.0	73.5	
商品与劳务进口/GDP	62.0	67.7	73.5	73.3	76.8	
总储蓄/GDP	28.7	27.4	28.5	30.2	—	

资料来源：Asian Development Bank（ADB）—Key Indicators 2007。

表附录-14 越南进出口量及贸易余额

（单位：百万美元）

年份	1985	1986	1987	1988	1989	1990
出口量	699	789	854	1038	1946	2404
进口量	1857	2155	2455	2757	2566	2752
贸易余额	-1158	-1366	-1601	-1719	-620	-348
年份	1991	1992	1993	1994	1995	1996
出口量	2087	2581	2985	4054	5449	7256
进口量	2338	2541	3924	5826	8155	11144
贸易余额	-251	40	-939	-1772	-2706	-3888
年份	1997	1998	1999	2000	2001	2002
出口量	9185	9360	11541	14483	15029	16706
进口量	11592	11500	11742	15637	16218	19746
贸易余额	-2407	-2140	-201	-1154	-1189	-3040

续表

年份	2003	2004	2005	2006
出口量	20149	26485	32447	39826
进口量	25256	31969	36761	44891
贸易余额	-5107	-5484	-4314	-5065

资料来源：Asian Development Bank（ADB）—Key Indicators 2007，2003。

表附录-15 越南出口商品结构 I （单位:%）

年份	1986	1987	1988	1989	1990	1991
食品及主要供食用的活动物	42.7	43.3	39.8	35.5	34.4	36.8
饮料及烟类	2.7	2.7	2.7	0.8	0.7	0.1
燃料以外的非食用粗原料	19.0	19.2	22.3	11.8	13.6	15.2
矿物燃料、润滑油及有关原料	4.3	4.2	4.2	21.8	20.8	30.2
动植物油脂及油脂	1.01	0.94	0.96	0.46	0.42	0.10
年份	1992	1993	1994	1995	1996	1997
食品及主要供食用的活动物	37.3	37.4	38.7	37.9	33.4	29.3
饮料及烟类	0.2	0.2	0.1	0.1	0.1	0.4
燃料以外的非食用粗原料	12.7	7.8	7.9	6.8	6.9	4.1
矿物燃料、润滑油及有关原料	33.6	32.9	24.7	22.2	21.7	18.0
动植物油脂及油脂	0.19	0.20	0.27	0.25	0.48	0.27
年份	1998	1999	2000	2001	2002	2003
食品及主要供食用的活动物	33.7	28.5	26.1	27.0	24.6	22.0
饮料及烟类	0.1	0.1	0.1	0.3	0.5	0.8
燃料以外的非食用粗原料	3.0	2.6	2.7	2.7	3.1	3.1
矿物燃料、润滑油及有关原料	16.5	20.6	26.4	23.1	21.4	20.6
动植物油脂及油脂	0.18	0.20	0.50	0.21	0.07	0.11
年份	2004	2005	2006			
食品及主要供食用的活动物量	19.9	19.6	—			
饮料及烟类	0.7	0.5	—			
燃料以外的非食用粗原料	3.1	3.8	—			
矿物燃料、润滑油及有关原料	23.5	25.8	—			
动植物油脂及油脂	0.14	0.06	—			

资料来源：Asian Development Bank（ADB）—Key Indicators 2007，2003。

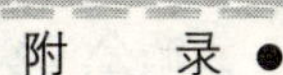

表附录-15　越南出口商品结构Ⅱ　（单位:%）

年份	1986	1987	1988	1989	1990	1991
未列名化学品及有关产品	1.27	1.17	1.25	0.72	0.75	0.38
主要按原料分类的制成品	6.84	6.69	6.74	4.68	4.45	3.88
机械及运输设备	0.13	0.12	0.19	0.05	0.04	0.29
杂项制品	20.9	20.5	20.7	23.2	23.9	13.0
没有分类的其他商品	1.14	1.06	1.06	0.98	0.92	0.10
年份	1992	1993	1994	1995	1996	1997
未列名化学品及有关产品	0.43	0.47	0.30	0.57	0.91	1.16
主要按原料分类的制成品	3.56	5.36	5.60	6.42	5.27	6.13
机械及运输设备	0.27	0.70	2.43	1.64	5.71	8.19
杂项制品	11.7	15.0	19.9	24.1	25.5	32.4
没有分类的其他商品	—	0.07	0.10	—	0.11	0.03
年份	1998	1999	2000	2001	2002	2003
未列名化学品及有关产品	1.00	1.27	1.09	1.48	1.57	1.69
主要按原料分类的制成品	4.71	7.49	6.29	6.59	6.73	6.72
机械及运输设备	8.64	8.47	8.81	9.31	8.00	8.90
杂项制品	32.1	30.8	28.0	29.3	34.1	36.0
没有分类的其他商品	0.04	0.04	0.04	0.00	0.01	0.02
年份	2004	2005	2006			
未列名化学品及有关产品	1.59	1.65	—			
主要按原料分类的制成品	7.13	6.67	—			
机械及运输设备	9.67	9.69	—			
杂项制品	34.2	32.3	—			
没有分类的其他商品	0.01	0.02	—			

资料来源：Asian Development Bank（ADB）—Key Indicators 2007，2003。

表附录-16　越南进口商品结构Ⅰ　（单位:%）

年份	1986	1987	1988	1989	1990	1991
食品及主要供食用的活动物	5.62	5.46	6.53	6.20	4.14	5.82
饮料及烟类	0.09	0.08	0.54	0.51	0.44	1.75
燃料以外的非食用粗原料	4.27	4.24	3.70	3.47	3.27	3.29
矿物燃料、润滑油及有关原料	21.03	20.95	25.97	24.29	23.29	23.18
动植物油脂及油脂	—	0.04	0.04	0.04	0.04	0.17

续表

年份	1992	1993	1994	1995	1996	1997
食品及主要供食用的活动物	5.79	3.03	3.28	4.66	3.67	3.71
饮料及烟类	2.20	0.87	1.15	0.99	0.39	0.72
燃料以外的非食用粗原料	0.79	1.38	2.59	5.60	3.66	3.19
矿物燃料、润滑油及有关原料	25.34	18.10	13.01	11.06	11.11	10.30
动植物油脂及油脂	0.04	0.31	0.31	1.16	0.44	0.51
年份	1998	1999	2000	2001	2002	2003
食品及主要供食用的活动物	4.01	4.31	4.01	5.14	4.76	5.00
饮料及烟类	1.06	0.73	0.66	0.67	0.76	0.60
燃料以外的非食用粗原料	3.32	3.86	3.78	4.26	4.13	3.96
矿物燃料、润滑油及有关原料	8.39	9.54	13.57	12.15	10.97	10.75
动植物油脂及油脂	0.46	0.85	0.55	0.51	0.66	0.60
年份	2004	2005	2006			
食品及主要供食用的活动物	4.68	5.32	—			
饮料及烟类	0.51	0.48	—			
燃料以外的非食用粗原料	4.55	4.42	—			
矿物燃料、润滑油及有关原料	12.46	14.60	—			
动植物油脂及油脂	0.70	0.51	—			

资料来源：Asian Development Bank（ADB）—Key Indicators 2007，2003。

表附录-16　越南进口商品结构Ⅱ　　（单位：%）

年份	1986	1987	1988	1989	1990	1991
未列名化学品及有关产品	15.55	14.59	14.47	16.73	16.35	18.39
主要按原料分类的制成品	16.90	18.09	22.20	21.29	22.24	22.54
机械及运输设备	32.68	32.64	22.92	24.21	26.96	19.25
杂项制品	2.74	2.85	2.65	2.38	2.43	4.66
没有分类的其他商品	1.11	1.06	0.98	0.90	0.84	0.94
年份	1992	1993	1994	1995	1996	1997
未列名化学品及有关产品	21.25	16.72	17.39	15.76	16.28	16.81
主要按原料分类的制成品	20.19	19.35	17.76	18.54	21.44	23.09
机械及运输设备	18.58	33.75	34.26	28.73	30.51	29.61
杂项制品	4.68	6.47	10.25	13.50	12.29	11.83
没有分类的其他商品	1.14	0.03	0.01	—	0.22	0.24

续表

年份	1998	1999	2000	2001	2002	2003
未列名化学品及有关产品	18.73	17.38	15.36	15.35	14.85	14.34
主要按原料分类的制成品	20.70	23.30	21.76	23.00	27.42	26.42
机械及运输设备	30.32	29.40	30.13	30.00	29.16	31.37
杂项制品	12.97	10.57	10.14	8.92	7.23	6.24
没有分类的其他商品	0.04	0.06	0.05	—	0.07	0.72
年份	2004	2005	2006			
未列名化学品及有关产品	14.68	14.44	—			
主要按原料分类的制成品	27.71	27.67	—			
机械及运输设备	27.33	25.17	—			
杂项制品	5.62	5.16	—			
没有分类的其他商品	1.77	2.23	—			

资料来源：Asian Development Bank（ADB）—Key Indicators 2007，2003。

表附录-17 越南外债总量与结构（单位：百万美元）

年份	1989	1990	1991	1992	1993	1994
外债总量	20705	23270	23395	24332	24168	24799
长期外债	19185	21378	21360	21648	21599	21854
短期外债	1412	1780	1932	2585	2469	2663
IMF	108	112	102	98	100	282
年份	1995	1996	1997	1998	1999	2000
外债总量	25428	26255	21777	22458	23210	12825
长期外债	21778	21962	18982	19874	20479	11586
短期外债	3272	3754	2342	2193	2376	923
IMF	377	539	452	391	355	316
年份	2001	2002	2003	2004	2005	2006
外债总量	12585	13344	15991	18027	19287	—
长期外债	11436	12179	14363	15614	16513	—
短期外债	783	784	1289	2136	2571	—
IMF	366	381	339	277	203	—

资料来源：Asian Development Bank（ADB）—Key Indicators 2007。

表附录－18　越南外债结构变化　（单位:%）

年份	1989	1990	1991	1992	1993	1994
长期外债/外债总量	92.66	91.87	91.30	88.97	89.37	88.12
短期外债/外债总量	6.82	7.65	8.26	10.62	10.22	10.74
IMF/外债总量	0.52	0.48	0.44	0.40	0.41	1.14
年份	1995	1996	1997	1998	1999	2000
长期外债/外债总量	85.65	83.65	87.17	88.49	88.23	90.34
短期外债/外债总量	12.87	14.30	10.75	9.76	10.24	7.20
IMF/外债总量	1.48	2.05	2.08	1.74	1.53	2.46
年份	2001	2002	2003	2004	2005	2006
长期外债/外债总量	90.87	91.27	89.82	86.61	85.62	—
短期外债/外债总量	6.22	5.88	8.06	11.85	13.33	—
IMF/外债总量	2.91	2.86	2.12	1.54	1.05	—

资料来源：Asian Development Bank（ADB）—Key Indicators 2007。

表附录－19　越南消费者物价指数　（单位:%）

年份	1996	1997	1998	1999	2000	2001	2002	2003	2004	2005	2006
CPI	5.7	3.2	7.8	4.2	-1.6	-0.4	4.0	4.3	7.8	8.4	6.6

资料来源：Asian Development Bank（ADB）—Key Indicators 2007。

表附录－20　缅甸人口　（单位：百万）

年份	1950	1951	1952	1953	1954	1955	1956	1957	1958	1959
人口数量	17.83	18.13	18.44	18.77	19.12	19.50	19.89	20.30	20.72	21.15
年份	1960	1961	1962	1963	1964	1965	1966	1967	1968	1969
人口数量	21.60	22.05	22.51	22.98	23.47	23.98	24.52	25.07	25.64	26.23
年份	1970	1971	1972	1973	1974	1975	1976	1977	1978	1979
人口数量	26.84	27.47	28.11	28.78	29.45	30.14	30.83	31.54	32.25	32.96
年份	1980	1981	1982	1983	1984	1985	1986	1987	1988	1989
人口数量	33.68	34.39	35.11	35.82	36.53	37.24	37.94	38.63	39.32	40.03
年份	1990	1991	1992	1993	1994	1995	1996	1997	1998	1999
人口数量	40.75	41.50	42.26	43.02	43.78	44.50	45.19	45.86	46.50	49.13
年份	2000	2001	2002	2003	2004	2005	2006			
人口数量	50.13	51.14	52.17	53.22	53.56	54.30	55.40			

资料来源：IMF：International Financial Statistics。

表附录-21　缅甸国内生产总值　（单位：百万缅币）

年份	1976	1977	1978	1979	1980	1981	1982
GDP	957523	1082175	1070424	1120890	1209499	1285703	1355418
年份	1983	1984	1985	1986	1987	1988	1989
GDP	1414418	1484187	1526501	1510361	1449861	1285267	1332761
年份	1990	1991	1992	1993	1994	1995	1996
GDP	1370304	1361389	1492912	1583075	1701456	1819675	1936911
年份	1997	1998	1999	2000	2001	2002	2003
GDP	2048177	2166422	2402913	2552730	2842310	3184120	3624820
年份	2004	2005	2006				
GDP	3733565	3920243	4057451				

资料来源：IMF：International Financial Statistics，2007。

表附录-22　缅元对美元官方汇率

年份	1976	1977	1978	1979	1980	1981	1982	1983
缅元/美元	6.66	7.00	6.53	6.46	6.67	7.31	7.71	8.13
年份	1984	1985	1986	1987	1988	1989	1990	1991
缅元/美元	8.68	7.75	6.96	6.00	6.32	6.47	5.98	5.95
年份	1992	1993	1994	1995	1996	1997	1998	1999
缅元/美元	6.19	6.19	5.83	5.72	5.92	6.31	6.04	6.20
年份	2000	2001	2002	2003	2004	2005	2006	
缅元/美元	6.53	6.77	6.26	5.73	5.48	5.95	5.65	

资料来源：IMF：International Financial Statistics。

表附录-23　美元表示的缅甸国内生产总值

（单位：百万美元）

年份	1976	1977	1978	1979	1980	1981	1982
GDP	143678	154497	163901	173543	181303	175883	175728
年份	1983	1984	1985	1986	1987	1988	1989
GDP	174042	170984	197067	217133	241743	203277	205850

续表

年份	1990	1991	1992	1993	1994	1995	1996
GDP	229121	228874	241261	255563	291929	317909	327343
年份	1997	1998	1999	2000	2001	2002	2003
GDP	324794	358511	387617	390903	419817	508775	633061
年份	2004	2005	2006				
GDP	681470	658528	718133				

资料来源：IMF：International Financial Statistics。

表附录-24　缅甸 GDP 增长率　　（单位：%）

年份	1977	1978	1979	1980	1981	1982	1983	1984
GDP 增长率	13.0	-1.1	4.7	7.9	6.3	5.4	4.4	4.9
年份	1985	1986	1987	1988	1989	1990	1991	1992
GDP 增长率	2.9	-1.1	-4.0	-11.4	3.7	2.8	-0.7	9.7
年份	1993	1994	1995	1996	1997	1998	1999	2000
GDP 增长率	6.0	7.5	6.9	6.4	5.7	5.8	10.9	6.2
年份	2001	2002	2003	2004	2005	2006		
GDP 增长率	3.1	12.0	13.8	3.0	12.0	12.0		

资料来源：Asian Development Bank（ADB）—Key Indicators 2007，2003。

表附录-25　缅甸各产业增长率　　（单位：%）

年份	1985	1986	1987	1988	1989	1990	1991
农业	2.116	0.506	-4.796	-12.486	4.399	1.836	-2.378
工业	2.587	-6.289	-5.232	-16.765	15.360	5.499	1.519
服务业	3.873	-1.240	-2.613	-8.261	-0.432	3.150	0.738
年份	1992	1993	1994	1995	1996	1997	1998
农业	10.504	4.557	5.897	4.806	4.955	3.697	4.504
工业	12.680	10.974	10.283	12.674	10.680	8.918	6.071
服务业	7.639	6.100	8.336	7.303	6.471	6.750	7.039
年份	1999	2000	2001	2002	2003	2004	
农业	11.464	11.048	8.700	6.031	11.708	11.027	
工业	13.805	21.329	21.813	34.983	20.763	21.516	
服务业	9.203	13.410	12.868	14.757	14.560	14.481	

资料来源：Asian Development Bank（ADB）—Key Indicators 2007，2003。

表附录-26　缅甸农业、工业、服务业占GDP百分比

（单位:%）

年份	1985	1986	1987	1988	1989	1990	1991
农业	48.2	50.2	55.3	57.4	57.0	57.3	58.8
工业	13.1	12.2	10.3	9.7	11.0	10.5	9.8
服务业	38.7	37.6	34.4	32.9	32.0	32.2	31.3
年份	1992	1993	1994	1995	1996	1997	1998
农业	60.5	63.0	63.0	60.0	60.1	58.9	59.1
工业	9.4	8.9	8.6	9.9	10.4	10.2	9.9
服务业	30.0	28.1	28.4	30.1	29.5	30.9	31.1
年份	1999	2000	2001	2002	2003	2004	
农业	59.9	57.2	57.1	54.5	50.6	48.4	
工业	9.0	9.7	10.6	13.0	14.3	16.2	
服务业	31.1	33.1	32.4	32.5	35.1	35.4	

资料来源：Asian Development Bank（ADB）—Key Indicators 2007，2003。

表附录-27　缅甸总需求各部分增长率

（单位:%）

年份（当前价格）	1985	1986	1987	1988	1989	1990	1991
消费增长率	2.079	-0.967	-2.902	-13.78	1.853	0.893	-4.465
总资本形成增长率	6.496	-17.31	-2.934	-7.949	-0.730	29.152	15.859
投资增长率	—	-0.184	-0.088	0.108	-0.280	0.450	0.145
商品劳务出口增长率	—	-0.106	-0.412	0.181	-0.201	-0.145	-0.194
商品劳务进口增长率	—	-0.223	-0.112	-0.237	-0.397	0.335	-0.214
年份（当前价格）	1992	1993	1994	1995	1996	1997	1998
消费增长率	8.006	7.469	2.479	6.406	2.269	1.813	2.548
总资本形成增长率	1.275	8.368	24.433	28.500	12.961	10.454	19.240
投资增长率	-0.115	-0.082	-0.006	0.152	-0.140	0.020	-0.010
商品劳务出口增长率	-0.081	-0.185	-0.026	-0.272	-0.167	-0.169	-0.274
商品劳务进口增长率	-0.247	0.022	-0.199	-0.033	-0.127	-0.137	-0.183
年份（当前价格）	1999	2000	2001	2002	2003	2004	2005
消费增长率	8.687	4.296	12.523	12.032	12.551	12.036	—
总资本形成增长率	13.827	11.266	2.821	10.075	24.764	24.288	—
投资增长率	0.085	-0.074	-0.070	-0.123	0.086	0.093	—
商品劳务出口增长率	-0.231	0.538	22.391	21.024	30.071	64.855	—
商品劳务进口增长率	-0.291	-0.206	-0.219	-0.315	-0.310	0.059	—

资料来源：Asian Development Bank（ADB）—Key Indicators 2007，2003。

表附录-28　缅甸投资和储蓄　（单位：百万美元）

年份	1985	1986	1987	1988	1989	1990	1991
投资	1122	1075	1324	1544	1776	3398	4809
国民储蓄	759	762	835	1301	1643	2976	4355
国内储蓄	834	857	922	1343	1690	2968	4403
年份	1992	1993	1994	1995	1996	1997	1998
投资	3578	5018	6760	8725	9294	13755	20218
国民储蓄	3373	4557	6376	8121	8680	12970	19192
国内储蓄	3390	4605	6422	8191	8691	12977	19189
年份	1999	2000	2001	2002	2003	2004	—
投资	47469	48648	60643	91212	148544	199678	—
国民储蓄	45969	48258	60313	92015	148667	200635	—
国内储蓄	45981	48276	60343	92018	148670	200656	—

资料来源：Asian Development Bank（ADB）—Key Indicators 2007，2003①。

表附录-29　缅甸投资和储蓄增长率　（单位：%）

年份	1985	1986	1987	1988	1989	1990	1991
投资	15.53	12.67	11.56	12.81	9.23	13.38	15.31
国民储蓄	10.50	8.98	7.29	10.79	8.53	11.72	13.87
国内储蓄	11.53	10.10	8.05	11.13	8.78	11.68	14.02
年份	1992	1993	1994	1995	1996	1997	1998
投资	13.55	12.44	12.37	14.24	12.25	12.50	12.38
国民储蓄	12.77	11.30	11.66	13.26	11.45	11.79	11.75
国内储蓄	12.84	11.41	11.75	13.37	11.46	11.79	11.75
年份	1999	2000	2001	2002	2003	2004	
投资	13.43	12.45	11.57	10.15	11.02	12.05	
国民储蓄	13.01	12.35	11.51	10.24	11.03	12.11	
国内储蓄	13.01	12.35	11.51	10.24	11.03	12.11	

资料来源：Asian Development Bank（ADB）—Key Indicators 2007，2003。

① 其中2000年以前（包括2000年）是以1985年不变价格计算的，而2000年以后是以2000年不变价格计算。

表附录-30 缅甸总需求结构 （单位：百万美元）

年份	1985	1986	1987	1988	1989	1990	1991
消费	6394	7629	10532	10716	17565	22437	27001
总资本形成	1117	1239	1448	1154	1827	3732	4635
商品劳务出口	331	348	276	343	438	494	492
商品劳务进口	620	566	678	545	524	923	897
年份	1992	1993	1994	1995	1996	1997	1998
消费	35130	51528	71587	91524	118508	156590	235090
总资本形成	5040	6048	9367	14428	19995	23825	34241
商品劳务出口	580	683	927	879	927	1022	1113
商品劳务进口	867	1279	1430	1800	1991	2278	2792
年份	1999	2000	2001	2002	2003	2004	
消费	307343	342628	463775	806813	1199008	1456479	
总资本形成	41200	46090	61028	88161	148471	193484	
商品劳务出口	1136	1934	2415	3189	2466	3048	
商品劳务进口	2624	2306	2714	2382	2340	2070	

资料来源：Asian Development Bank（ADB）—Key Indicators 2007，2003①。

表附录-31 缅甸总需求各部分占GDP的百分比（单位:%）

年份	1985	1986	1987	1988	1989	1990	1991
消费	88.5	89.9	92.0	88.9	91.2	88.3	86.0
总资本形成	15.5	12.7	11.6	12.8	9.2	13.4	15.3
商品劳务出口	4.6	4.1	2.4	2.8	2.3	1.9	1.6
商品劳务出口	8.6	6.7	5.9	4.5	2.7	3.6	2.9
年份	1992	1993	1994	1995	1996	1997	1998
消费	87.2	88.6	88.3	86.6	88.5	88.2	88.2
总资本形成	13.5	12.4	12.4	14.2	12.3	12.5	12.4
商品劳务出口	1.4	1.2	1.1	0.8	0.7	0.6	0.4
商品劳务出口	2.2	2.2	1.8	1.7	1.5	1.3	1.0

① 其中2000年以前（包括2000年）是以1985年不变价格计算的，而2000年以后是以2000年不变价格计算。

续表

年份	1999	2000	2001	2002	2003	2004
消费	87.0	87.7	88.5	89.8	89.0	87.9
总资本形成	13.4	12.4	11.6	10.1	11.0	12.0
商品劳务出口	0.3	0.5	0.5	0.4	0.2	0.2
商品劳务出口	0.7	0.6	0.5	0.3	0.2	0.1

资料来源：Asian Development Bank（ADB）—Key Indicators 2007，2003。

表附录-32 缅甸出口和进口额 （单位：百万美元）

年份	1985	1986	1987	1988	1989	1990	1991
出口量 FOB	343	361	280	347	440	495	493
进口量 CIF	620	566	678	545	524	923	897
贸易余额	-277	-204	-398	-198	-85	-428	-404
年份	1992	1993	1994	1995	1996	1997	1998
出口量 FOB	591	683	927	881	927	1022	1118
进口量 CIF	867	1279	1430	1800	1991	2278	2792
贸易余额	-276	-597	-502	-919	-1063	-1256	-1674
年份	1999	2000	2001	2002	2003	2004	2005
出口量 FOB	1443	1950	2530	3189	2466	3048	3468
进口量 CIF	2624	2308	2714	2382	2340	2070	1934
贸易余额	-1180	-358	-184	806	126	978	1534

资料来源：Asian Development Bank（ADB）—Key Indicators 2007，2003。

表附录-33 缅甸进出口商品与劳务年均增长率 （单位:%）

年份	1985	1986	1987	1988	1989	1990	1991
商品和劳务出口年均增长率	-16.9	-5.3	-33.2	30.6	29.8	4.1	-1.0
商品和劳务进口年均增长率	-4.7	-18.0	3.3	-15.3	-1.4	62.7	-3.4
年份	1992	1993	1994	1995	1996	1997	1998
商品和劳务出口年均增长率	24.7	15.7	27.8	-6.7	8.8	17.5	4.8
商品和劳务进口年均增长率	0.5	47.7	5.2	23.6	14.3	22.0	17.4
年份	1999	2000	2001	2002	2003	2004	2005
商品和劳务出口年均增长率	32.4	42.4	34.5	16.5	-29.2	18.3	23.7
商品和劳务进口年均增长率	-3.6	-7.3	21.9	-18.9	-10.1	-15.4	1.5

资料来源：Asian Development Bank（ADB）—Key Indicators 2007，2003。

表附录－34　缅甸出口商品结构　（单位：百万美元）

年份	1985	1986	1987	1988	1989	1990	1991
食品	149.4	125.6	83.5	28.8	88.2	144.9	144.0
农业原材料	157.5	183.4	147.4	121.6	149.5	212.5	209.1
燃料	2.0	3.2	4.7	6.3	7.3	1.4	1.2
矿石与金属	14.7	22.2	19.5	11.1	10.5	12.0	8.1
制造品	13.4	23.2	23.9	17.6	18.1	34.4	10.8
年份	1992	1993	1994	1995	1996	1997	1998
食品	212.6	235.6	469.6	448.3	414.0	401.2	420.8
农业原材料	197.1	250.9	261.5	264.0	274.3	207.0	204.0
燃料	1.3	1.4	8.5	5.0	4.8	0.3	1.7
矿石与金属	4.4	4.7	10.5	12.2	5.6	4.8	12.2
制造品	45.2	32.1	42.4	60.4	65.2	70.7	114.2
年份	1999	2000	2001	2002	2003	2004	
食品	360.8	490.9	549.9	605.4	523.6	492.3	
农业原材料	293.4	214.5	364.7	336.2	416.2	442.6	
燃料	5.0	180.7	627.3	945.8	607.4	1081.5	
矿石与金属	46.6	49.6	66.2	138.1	146.0	238.7	
制造品	97.1	189.9	42.5	45.1	59.4	99.8	

资料来源：Asian Development Bank（ADB）—Key Indicators 2007，2003。

表附录－35　缅甸出口商品结构占 GDP 比重　（单位:%）

年份	1985	1986	1987	1988	1989	1990	1991
食品	2.1	1.6	0.9	0.4	1.2	1.7	1.7
农业原材料	2.2	2.3	1.7	1.6	2.0	2.5	2.5
燃料	0.03	0.04	0.1	0.1	0.1	0.02	0.01
矿石与金属	0.2	0.3	0.2	0.1	0.1	0.1	0.1
制造品	0.2	0.3	0.3	0.2	0.2	0.4	0.1
年份	1992	1993	1994	1995	1996	1997	1998
食品	2.4	2.5	4.4	3.8	3.4	3.4	3.2
农业原材料	2.2	2.7	2.4	2.3	2.3	1.7	1.6
燃料	0.01	0.01	0.1	0.04	0.04	0.002	0.01
矿石与金属	0.05	0.05	0.1	0.1	0.05	0.04	0.1
制造品	0.5	0.3	0.4	0.5	0.5	0.6	0.9

续表

年份	1999	2000	2001	2002	2003	2004
食品	2.5	3.4	3.9	3.5	2.4	2.1
农业原材料	2.1	1.5	2.6	1.9	1.9	1.9
燃料	0.04	1.3	4.4	5.5	2.8	4.7
矿石与金属	0.3	0.3	0.5	0.8	0.7	1.0
制造品	0.7	1.3	0.3	0.3	0.3	0.4

资料来源：Asian Development Bank（ADB）—Key Indicators 2007，2003。

表附录-36　缅甸进口商品结构　（单位：百万美元）

年份	1985	1986	1987	1988	1989	1990	1991
食品	63	2	10	12	27	105	192
农业原材料	23	4	13	9	18	29	11
燃料	100	77	36	57	114	239	185
制造品	2452	2390	2578	1447	1208	2045	1721
年份	1992	1993	1994	1995	1996	1997	1998
食品	145	164	463	356	268	411	453
农业原材料	19	26	50	47	251	48	64
燃料	86	328	284	215	511	676	941
制造品	1486	2491	2653	3000	3862	4800	6348
年份	1999	2000	2001	2002	2003	2004	
食品	620	586	838	684	339	358	
农业原材料	320	248	59	81	57	56	
燃料	1654	1145	3839	2105	1953	1409	
制造品	4868	3754	5110	3558	3435	3001	

资料来源：Asian Development Bank（ADB）—Key Indicators 2007，2003。

表附录-37　缅甸进口商品结构占 GDP 比重　（单位:%）

年份	1985	1986	1987	1988	1989	1990	1991
食品	0.1	0.004	0.02	0.02	0.1	0.2	0.4
农业原材料	0.04	0.007	0.02	0.020	0.04	0.1	0.02
燃料	0.2	0.1	0.1	0.1	0.2	0.5	0.4
制造品	4.4	4.3	4.8	3.1	2.5	4.1	3.4

续表

年份	1992	1993	1994	1995	1996	1997	1998
食品	0.3	0.3	0.7	0.5	0.4	0.5	0.6
农业原材料	0.03	0.04	0.1	0.1	0.4	0.1	0.1
燃料	0.2	0.6	0.5	0.3	0.7	0.9	1.2
制造品	2.7	4.3	4.3	4.5	5.4	6.4	8.0
年份	1999	2000	2001	2002	2003	2004	
食品	0.7	0.6	0.9	0.6	0.3	0.3	
农业原材料	0.4	0.3	0.1	0.1	0.05	0.04	
燃料	1.9	1.2	4.0	1.9	1.6	1.1	
制造品	5.5	4.0	5.3	3.3	2.8	2.4	

资料来源：Asian Development Bank（ADB）—Key Indicators 2007，2003。

表附录-38　缅甸外债总量及结构（单位：百万美元）

年份	1985	1986	1987	1988	1989	1990	1991
外债总量	3097.6	3803.3	4402.4	4431.5	4190.8	4694.8	4874.9
长期债务	2903.4	3628.9	4260.1	4237.7	4064.6	4466.1	4579.7
公共官方担保债务	2903.4	3628.9	4260.1	4237.7	4064.6	4466.1	4579.7
私人无担保债务	0	0	0	0	0	0	0
短期债务	86.0	101.9	112.8	186.4	124.5	228.7	295.2
使用 IMF 的债务	108.2	72.5	29.4	7.5	1.6	0	0
年份	1992	1993	1994	1995	1996	1997	1998
外债总量	5354.8	5751.9	6555.2	5770.5	5184.2	5502.9	5646.8
长期债务	5003.0	5389.8	6153.8	5377.7	4803.5	5068.7	5052.7
公共官方担保债务	5003.0	5389.8	6153.8	5377.7	4803.5	5068.7	5052.7
私人无担保债务	0	0	0	0	0	0	0
短期债务	351.8	362.1	401.4	392.8	380.7	434.2	594.2
使用 IMF 的债务	0	0	0	0	0	0	0
年份	1999	2000	2001	2002	2003	2004	2005
外债总量	6003.5	5927.8	5670.1	6583.1	7318.5	7239.3	6645.2
长期债务	5337.1	5241.6	5006.5	5390.8	5857.4	5646.6	5195.7
公共官方担保债务	5337.1	5241.6	5006.5	5390.8	5857.4	5646.6	5195.7
私人无担保债务	0	0	0	0	0	0	0
短期债务	666.4	686.2	663.6	1192.4	1461.1	1592.7	1449.5
使用 IMF 的债务	0	0	0	0	0	0	0

资料来源：Asian Development Bank（ADB）—Key Indicators 2007，2003。

表附录－39　缅甸债务比率　（单位:%）

年份	1985	1986	1987	1988	1989	1990	1991
外债占 GNI 的比率	—	—	—	—	22.4	19.4	16.3
长期债务占总债务比率	93.7	95.4	96.8	95.6	97.0	95.1	93.9
短期债务占总债务比率	2.8	2.7	2.6	4.2	3.0	4.9	6.1
债务总额与进出口总额比率	52.5	79.7	72.2	34.3	34.0	9.1	13.1
年份	1992	1993	1994	1995	1996	1997	1998
外债占 GNI 的比率	13.0	9.7	8.2	5.4	3.8	3.0	2.2
长期债务占总债务比率	93.4	93.7	93.9	93.2	92.7	92.1	89.5
短期债务占总债务比率	6.6	6.3	6.1	6.8	7.3	7.9	10.5
债务总额与进出口总额比率	7.7	13.8	15.7	19.1	10.9	7.3	5.2
年份	1999	2000	2001	2002	2003	2004	2005
外债占 GNI 的比率	1.7	1.5	1.1	0.8	0.6	0.5	—
长期债务占总债务比率	88.9	88.4	88.3	81.9	80.0	78.0	78.2
短期债务占总债务比率	11.1	11.6	11.7	18.1	20.0	22.0	21.8
债务总额与进出口总额比率	5.0	3.7	2.7	3.8	4.0	3.8	—

资料来源：Asian Development Bank（ADB）—Key Indicators 2007，2003。

表附录－40　缅甸消费者物价指数　（单位:%）

年份	1998	1999	2000	2001	2002	2003	2004	2005
CPI 指数	25.3	21.3	-0.2	21.2	57.0	36.6	4.5	9.4

资料来源：Asian Development Bank（ADB）—Key Indicators 2007，2003。

表附录－41　1993—2002 年老挝出口商品结构　（单位:%）

年份	1993	1994	1995	1996	1997
木制品	27.4	32.0	28.2	38.9	28.3
咖啡	1.7	1.0	6.8	7.8	6.1
农业产品	3.8	4.0	4.4	5.6	5.7
制造品	15.8	12.1	13.8	8.7	4.8
服装	20.4	19.4	24.5	20.0	28.6
摩托车	15.0	15.4	5.5	3.9	5.4
汽车（转口）	6.0	1.5	0.0	0.0	0.0
电力	8.1	8.3	7.7	9.3	6.6
金（转口）	1.7	6.3	7.0	4.7	13.1

续表

年份	1998	1999	2000	2001	2002
木制品	34.2	26.2	25.2	27.8	27.5
咖啡	14.2	4.7	3.5	4.5	5.0
农业产品	2.5	2.6	4.5	2.6	2.9
制造品	3.0	8.6	2.8	3.4	3.1
服装	20.8	22.2	26.6	29.6	30.8
摩托车	5.3	11.9	6.4	0.0	0.0
汽车（转口）	0.0	0.0	0.0	0.0	0.0
电力	19.7	27.9	32.5	31.9	30.4
金（转口）	0.0	0.0	0.0	0.0	0.0

资料来源：International Monetary Fund：Country Report 2000—2006。

表附录-42 2002—2006 年老挝出口商品结构 （单位:%）

年份	2002	2003	2004	2005	2006
木头及其制成品	33.71	19.02	19.09	15.83	10.91
藤条和竹子	1.14	0.82	0.26	0.43	0.01
林业产品	3.66	1.62	0.90	0.86	1.63
矿业	2.11	3.23	—	9.95	28.29
金	—	9.96	17.32	18.22	16.48
牲畜	—	0.64	1.09	0.68	0.07
年份	2002	2003	2004	2005	2006
咖啡豆	0.33	3.15	3.48	2.11	0.94
其他农业产品	3.77	2.51	3.51	4.31	7.21
手工艺品	0.00	3.54	0.53	0.61	0.04
服装	—	24.70	26.48	23.61	23.22
其他工业品	3.39	2.03	2.88	2.50	1.51
电	50.76	27.61	23.05	20.77	9.59

资料来源：http：//www. moc. gov. la/Statistic。

表附录－43　1993—2002 年老挝进口商品结构　（单位:%）

年份	1993	1994	1995	1996	1997
投资品	26.3	25.9	32.2	40.2	35.0
机械设备	5.3	5.7	7.4	10.3	8.0
运输工具	4.1	4.4	6.1	10.4	8.3
燃料	3.5	4.2	5.8	5.0	6.1
电子产品	11.3	12.0	13.4	14.7	12.8
消费品	52.0	49.0	48.2	44.7	41.3
服装原材料	8.4	9.1	11.3	10.2	11.4
摩托车组装零件	6.3	6.1	2.3	1.7	3.8
金银	3.0	8.3	5.0	2.7	7.8
电力	0.6	0.4	0.5	0.4	0.5
年份	1998	1999	2000	2001	2002
投资品	41.0	33.2	28.8	33.6	36.8
机械设备	8.0	3.8	2.9	6.7	9.3
运输工具	7.1	6.5	4.1	5.0	4.9
燃料	11.6	7.1	14.5	11.1	10.6
电子产品	14.6	16.4	7.7	11.2	12.5
消费品	42.3	45.7	51.2	51.7	49.1
服装原材料	12.1	12.1	10.7	12.1	11.0
摩托车组装零件	3.1	6.9	4.0	0.0	0.0
金银	0.2	0.4	0.3	1.0	1.4
电力	1.1	1.6	1.0	1.2	1.3

数据来源：International Monetary Fund：Country Report 2000—2006。

表附录－44　2002—2006 年老挝进口商品结构　（单位:%）

年份	2002	2003	2004	2005	2006
农业机械	1.65	3.05	1.9	1.57	1
文化和体育产品	0.83	0.72	0.11	0.2	0.08
布匹	2.48	2.45	2.84	3.08	2.25
食物	3.06	4.12	3.3	3.02	2.3

续表

年份	2002	2003	2004	2005	2006
电子产品	0.6	0.67	0.69	1.08	0.38
药品	0.5	0.33	0.57	0.49	0.64
石油和燃料气体	14.92	19.42	17.98	21.57	18.88
年份	2002	2003	2004	2005	2006
奢侈品	0.29	0.76	0.86	0.91	0.52
建筑品	5.26	3.88	4.38	4.34	2.78
运输工具	3.5	5.18	6.37	3.93	2.04
原材料	13.81	10.09	14.82	10.53	10.88
非正式贸易	15.04	3.87	3.47	0.68	0.58
电力	1.27	1.37	1.73	2.90	1.15
投资品	31.14	34.66	34.41	25.56	44.49
工业品	2.64	7.81	5.9	21.21	12.01

资料来源：http：//www. moc. gov. la/Statistic。

表附录-45　2001 年老挝出口地区分布　（单位:%）

地区	东盟	越南	泰国	缅甸	柬埔寨
总额	182.09	25.03	156.73	0.03	0.06
比重	99.63	13.7	85.76	0.01	0.03

资料来源：http：//www. moc. gov. la/Statistic。

表附录-46　2002—2003 年老挝出口地区分布　（单位:%）

地区	木头及其制成品	藤条和竹子	矿业	金矿	林业产品	牲畜
亚太地区	11.1	3.68	2.54	0	66.63	0.02
东盟	88.63	72.45	37.46	0	20.55	70.82
欧洲	0.2	22.35	9.63	0	12.52	0
美洲	0.02	1.51	0	0	0.05	0
大洋洲	0.04	0	50.37	100	0	0
非洲	0	0	0	0	0.24	29.17

续表

地区	咖啡豆	手工业品	衣服	其他工业品	电	其他
亚太地区	0.98	6.23	0.35	3.55	0	62.66
东盟	11.83	0.24	6.87	46.95	100	26.38
欧洲	78.74	19.43	85.99	47.16	0	0
美洲	0.11	1.48	6.71	2.33	0	0
大洋洲	0	0	0.08	0	0	0
非洲	8.34	72.62	0	0	0	10.96
	东盟	越南	泰国	缅甸	柬埔寨	
总额	183.54	21.21	161.47	0.24	0.12	
比重	52.05	6.02	45.8	0.07	0.03	

资料来源：http：//www. moc. gov. la/Statistic。

表附录-47　2003—2004年老挝出口产品地区分布（单位：%）

地区	木头及其制成品	藤条和竹子	原料	金	林业产品	牲畜	咖啡豆
东盟	95.36	99.28	45.95	0	79.78	98.28	12.6
亚洲	99.78	99.38	46.51	0	96.09	98.51	13.09
欧洲	0.17	0.62	0	0	3.91	0	62.25
美洲	0	0	0	0	0	2.49	2.41
大洋洲	0	0	0	100	0	0	0
非洲	0	0	0	0	0	0	0
地区	其他农业产品	手工业品	衣服	其他工业品	电	其他	出口总量
东盟	37.93	10.71	0.17	15.16	100	73.5	46.91
亚洲	67.48	17.17	1.02	24.35	100	83.84	49.58
欧洲	23.88	24.24	85.36	41.83	0	5.96	27.06
美洲	6.55	4.86	0.28	0	0.01	1.51	
大洋洲	0	0.58	0.16	0	0	0	16.37
非洲	0	0	0.01	0	0	0	0.00325
地区	东盟	越南	泰国	缅甸	柬埔寨		
总额	175.59	27.66	146.90	0	0.41		
比重	46.91	7.39	39.24	0	0.11		

资料来源：http：//www. moc. gov. la/Statistic。

表附录-48　2004—2005年老挝出口地区分布　（单位:%）

地区	木材及其制成品	藤条和竹子	咖啡豆	石膏、锡、金矿、重晶石	金	林业产品	农业产品
东盟	94.8	60.48	85.23	—	82.31	89.04	18.65
亚洲	99.17	69	96.4	—	96.35	100	20.17
欧洲	0.3	22.77	—	—	3.03	—	57.02
美洲	0.12	0.05	—	—	—	—	1.31
大洋洲	0.04	0	0	100	0	0	0
非洲	0	0	0	0	0	0	0
地区	家禽和牲畜	手工业品	衣服	电力	各种工业产品	其他	总和
东盟	70.03	36.79	0.3	35.18	100	87.02	50.52
亚洲	93.25	62.05	0.94	42.29	100	93.71	54.08
欧洲	5.89	21.23	92.71	49.18	—	—	24.88
美洲	0.01	5.47	5.43	0.36	—	—	1.37
大洋洲	0	0	0.09	0.04	0	0	18.25
非洲	0	0	0.0023	0	0	0	0.00054
地区	东盟	越南	泰国	缅甸	柬埔寨		
总额	230.20	40.45	164.55	0.01	0.02		
比重	50.52	8.88	36.12	0	0		

资料来源：http：//www. moc. gov. la/Statistic。

表附录-49　2005—2006年老挝出口地区分布　（单位:%）

地区	木材及其制成品	藤条和竹子	矿业	金	林业产品	牲畜	咖啡豆
东盟	97.92	0	74.7	0	70.61	100	12.37
亚洲	99.57	0	100	0	99.1	100	17.98
欧洲	0.28	0	0	0	0.9	0	82.02
美洲	0.06	100	0	0	0	0	0
大洋洲	0	0	0	100	0	0	0

续表

地区	其他农业产品	手工业产品	服装	其他工业品	电力	其他	出口总量
东盟	94. 21	22. 05	0. 25	19. 95	100	100	50. 25
亚洲	99. 91	60. 32	0. 82	40. 36	100	100	58. 74
欧洲	0. 09	16. 36	81. 77	55. 63	0	0	20. 56
美洲	0	11. 34	8. 84	0	0	0	2. 07
大洋洲	0	0	0	0. 97	0	0	16. 49
	东盟	越南	泰国	缅甸	柬埔寨		
总额	83. 59	17. 76	53. 32	0	0		
比重	50. 25	10. 62	31. 89	0	0		

资料来源：http：//www. moc. gov. la/Statistic。

表附录-50　2001—2002 年老挝进口地区分布　（单位:%）

地区	农业机械	文化和体育产品	布匹	食物	电子产品
东盟	71. 78	43. 91	67. 31	97. 75	87. 65
亚太地区	28. 22	56. 09	32. 63	2. 22	12. 35
欧洲	0	0	0. 06	0. 03	0
美洲	0	0	0. 0039	0	0
其他国家	0	0	0	0	0
地区	药品	石油	奢侈品	建筑品	运输工具
东盟	96. 03	98. 76	48. 55	88. 4	65. 63
亚太地区	3. 97	1. 24	12. 66	11. 59	34. 11
欧洲	0	0	37. 52	0. 01	0. 23
美洲	0	0	0	0. 00054	0. 03395
其他国家	0	0	0	0	0
地区	原材料	非正式贸易	电力	工业品	总数
东盟	0. 02	0	0	3. 6	29. 15
亚太地区	0	0	0	7. 73	4. 13
欧洲	0	0	0	8. 28	0. 34
美洲	0. 06667	0	0	0	0. 01052
其他国家	0	100	100	80. 38	66. 37

续表

地区	东盟	越南	泰国	缅甸	柬埔寨
总额	155.55	12.87	142.04	0	0.05
比重	29.15	2.41	26.62	0	0.01

资料来源：http：//www. moc. gov. la/Statistic。

表附录-51 2002—2003 年老挝进口地区分布 （单位:%）

地区	农业机械	文化和体育产品	布匹	食物	电子产品	药品
亚太地区	6.34	29.86	42.44	2.51	44.23	39.61
东盟	89.77	69.92	57.3	97.17	55.77	58.35
欧洲	3.78	0.22	0.26	0.32	0	2.04
美洲	0.1	0	0	0	0	0
大洋洲	0.01	0	0	0	0	0
非洲	0	0	0	0	0	0

地区	石油	奢侈品	建筑业	运载工具	原材料	非正式贸易
亚洲	0	15.61	10.18	50.59	13.71	8.21
东盟	100	62.92	89.5	49.24	33.92	91.79
欧洲	0	17.52	0.32	0.01	15.31	0
美洲	0	3.95	0	0.16	0.85	0
大洋洲	0	0	0	0	0	0
非洲	0	0	0	0	36.2	0

地区	电力	工业品	展览项目	其他	总数
亚洲	0	32.85	20.06	28.22	19.51
东盟	100	41.92	79.94	29.54	69.25
欧洲	0	0.02	0	0	4.95
美洲	0	0	0	0	0.14
大洋洲	0	0	0	0	0.00041
非洲	0	25.21	0	42.25	6.16

地区	东盟	越南	泰国	缅甸	柬埔寨
总额	381.63	52.33	327.03	0	0.1
比重	69.25	9.5	59.34	0	0.02

资料来源：http：//www. moc. gov. la/Statistic。

表附录-52　2003—2004 年老挝进口地区分布　（单位:%）

地区	农业机械	布匹	食物	电子产品	药品
东盟	59.32	74.69	91.51	66.65	99.12
亚洲	100	99.98	99.97	99.8	99.79
欧洲	0	0.02	0.02	0.19	0.21
美洲	0	0	0	0	0
大洋洲	0	0	0.02	0.01	0
非洲	0	0	0	0	0

地区	燃料	奢侈品	建筑业	运载工具	衣服	非正式贸易
东盟	100	86.56	87.82	45.08	8.45	91.8
亚洲	100	91.1	100	97.83	18.4	100
欧洲	0	8.64	0	0	75.16	0
美洲	0	0.25	0	2.17	4.86	0
大洋洲	0	0	0	0	0	0
非洲	0	0	0	0	0	0

地区	电力	资本品	工业品	其他	总数
东盟	100	59.46	64.97	89.99	63.87
亚洲	100	86.13	72.04	99.99	81.27
欧洲	0	9.72	0.05	0.01	14.57
美洲	0	1.57	0	0	1.4
大洋洲	0	1.3	0	0	0.45
非洲	0	0	0	0	0

地区	东盟	越南	泰国	缅甸	柬埔寨
总额	358.8	46.9	302.34	0	0
比重	63.87	8.35	53.82	0	0

资料来源：http：//www. moc. gov. la/Statistic。

表附录-53　2004—2005 年老挝进口地区分布　（单位:%）

地区	农业机械工具	文化和体育产品	食物	布匹纺织品	电子产品
东盟	64.54	64.97	56.58	86.07	75.85
亚洲	99.5	89.02	99.89	99.59	100

续表

地区	农业机械工具	文化和体育产品	食物	布匹纺织品	电子产品
欧洲	0.5	6.48	0.05	0.41	0
美洲	0	3.53	0	0	0
大洋洲	0	0.75	0.01	0	0
非洲	0	0	0	0	0
地区	建筑产品	燃料和气体	药品	运载工具	奢侈品
东盟	75.24	100	85.5	88.26	53.1
亚洲	87.22	100	93.31	99.99	99.99
欧洲	8.82	0	2.78	0.01	0
美洲	3	0	0.63	0	0
大洋洲	0	0	0	0	0
非洲	0	0	0	0	0
地区	电力	其他商业	衣服原材料	非正式贸易	其他工业原材料
东盟	80	70	100	79.04	60.71
亚洲	100	100	100	94.17	81.72
欧洲	0	0	0	2.31	17.72
美洲	0	0	0	0.06	0.03
大洋洲	0	0	0	3.15	0
非洲	0	0	0	0	0
地区	东盟	越南	泰国	缅甸	柬埔寨
总额	539.76	74.16	432.56	0	0.07
比重	78.68	1081	63.05	0	0.01

资料来源：http：//www. moc. gov. la/Statistic。

表附录－54　2005—2006 年老挝进口地区分布　（单位:%）

地区	农业机械	文化和体育用品	布匹	食物	电子产品	药品
东盟	73.46	89.52	62.12	79.86	74.96	71.25
亚洲	99.93	97.09	99.81	84.68	100	75.05
欧洲	0.07	2.91	0.19	15.32	0	13.62
美洲	0	0	0	0	0	0
大洋洲	0	0	0	0	0	1.14

续表

地区	燃料	奢侈品	建筑原材料	运载工具	服装原材料	非正式贸易
东盟	100	56.44	85.62	36.22	48.77	87.42
亚洲	100	60.88	99.46	88.88	74.43	100
欧洲	0	19.75	0	4.83	25.42	0
美洲	0	2.22	0.54	6.29	0	0
大洋洲	0	6.97	0	0	0.15	0
地区	电力	投资品	工业产品	其他产品	进口总量	
东盟	100	71.49	39.01	100	70.55	
亚洲	100	84.26	99.88	100	89.24	
欧洲	0	9.77	0.12	0	7.78	
美洲	0	0	0	0	0.15	
大洋洲	0	0	0	0	0.06	
地区	东盟	越南	泰国	缅甸	柬埔寨	
总额	176.14	34.13	139.16	0	0	
比重	70.55	13.67	55.74	0	0	

资料来源：http：//www. moc. gov. la/Statistic。

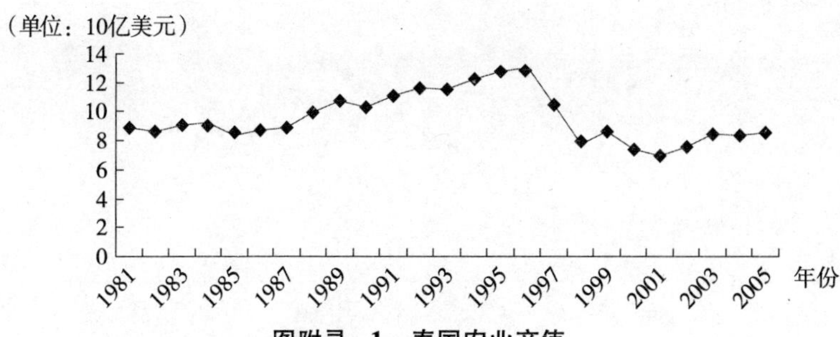

图附录-1　泰国农业产值

资料来源：IMF：International Financial Statistics。

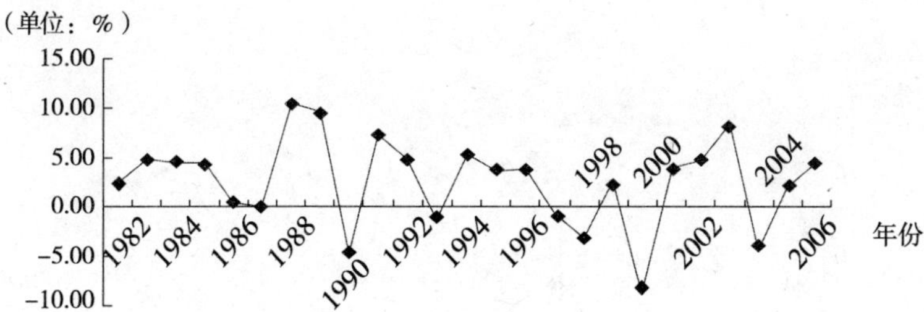

图附录-2　泰国农业增长率

资料来源：IMF：International Financial Statistics。

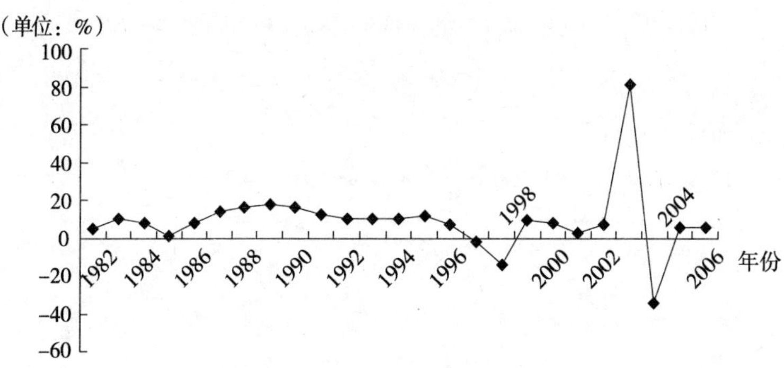

图附录-3　泰国工业增长率

资料来源：Asian Development Bank (ADB)—Key Indicators 2003-2006。

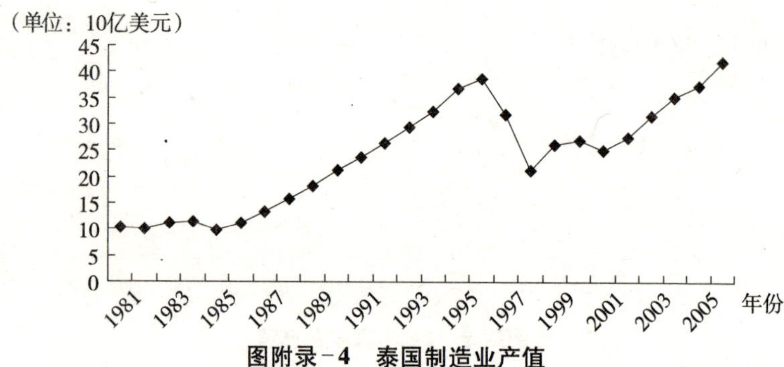

图附录-4　泰国制造业产值

资料来源：Asian Development Bank（ADB）—Key Indicators 2003-2006。

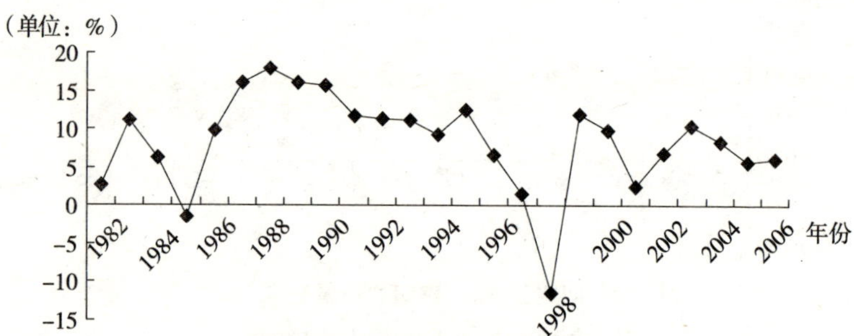

图附录-5　泰国制造业增长率

资料来源：Asian Development Bank（ADB）—Key Indicators 2003-2006。

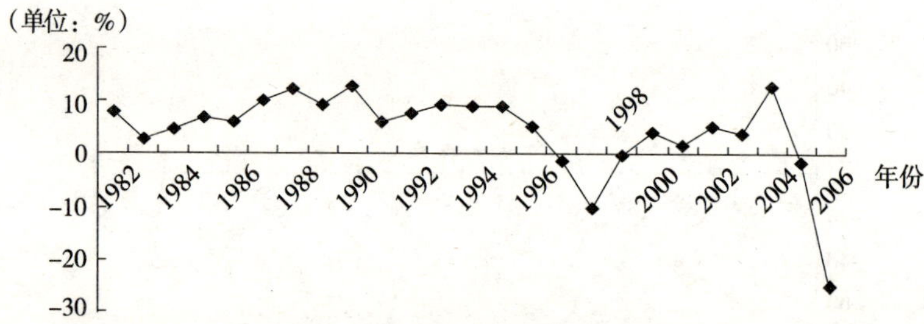

图附录-6　泰国服务业增长率

资料来源：Asian Development Bank（ADB）—Key Indicators 2003-2006。

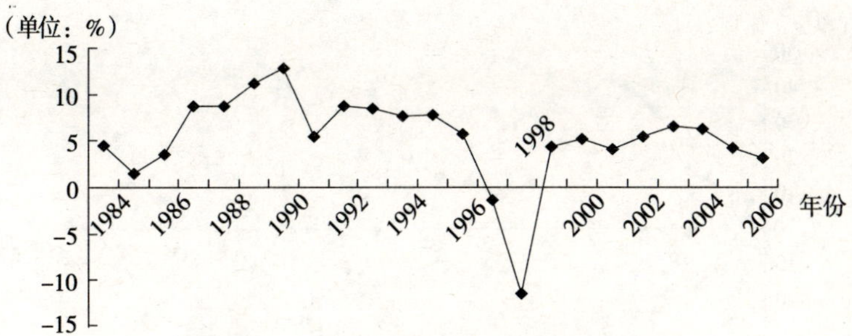

图附录-7 泰国私人消费支出的增长率

资料来源：IMF：International Financial Statistics。

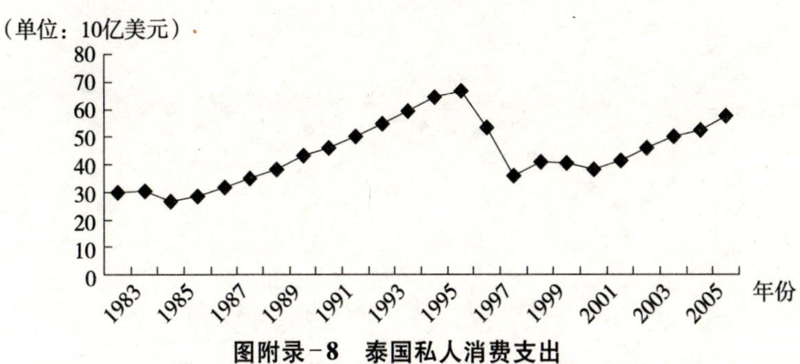

图附录-8 泰国私人消费支出

资料来源：Asian Development Bank (ADB)—Key Indicators 2003-2006。

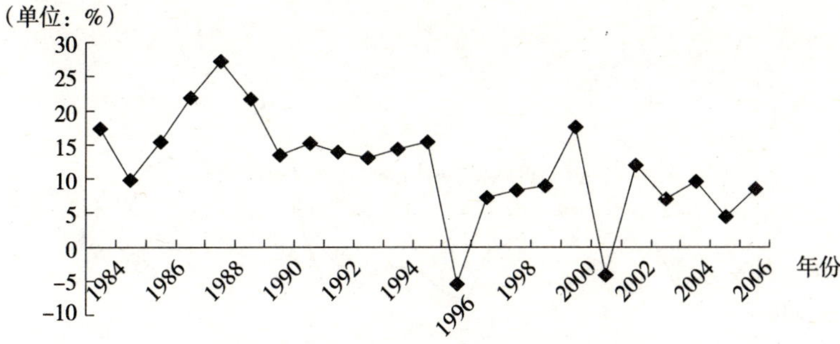

图附录-9 泰国商品和劳务出口增长率

资料来源：IMF：International Financial Statistics。

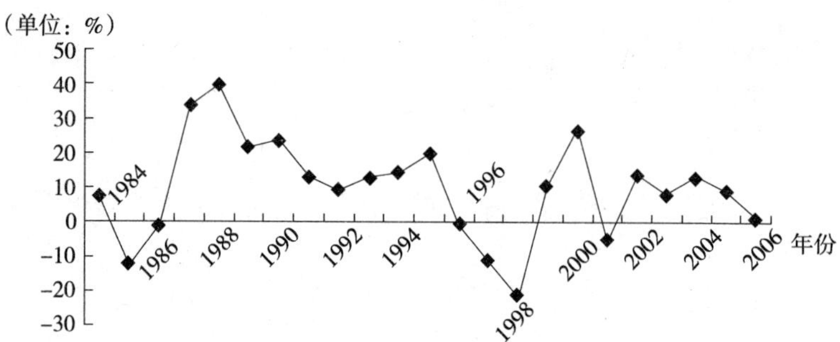

图附录-10　泰国商品和劳务进口增长率

资料来源：IMF：International Financial Statistics。

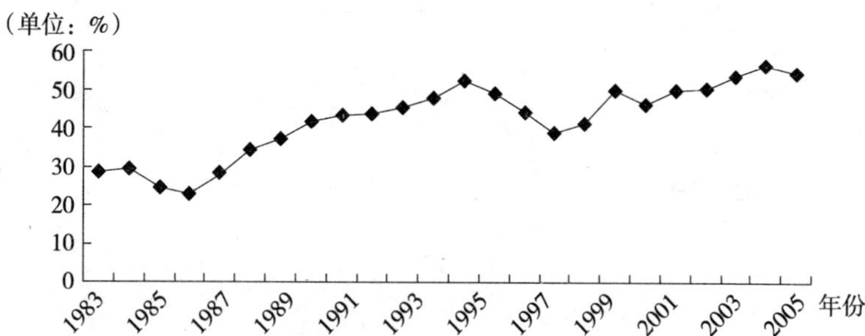

图附录-11　泰国商品和劳务进口占 GDP 的百分比

资料来源：IMF：International Financial Statistics。

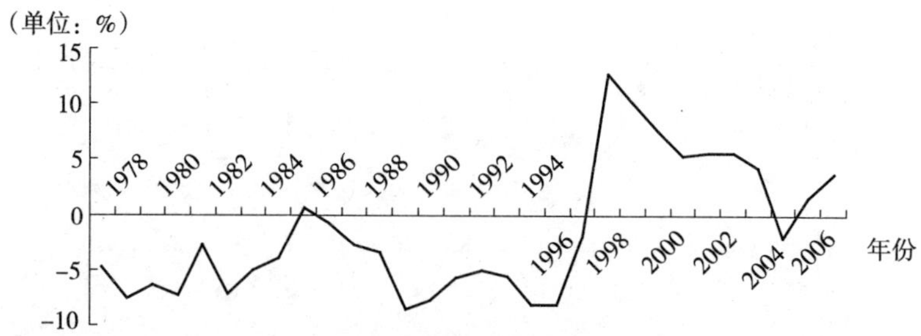

图附录-12　泰国经常账户余额

资料来源：IMF：International Financial Statistics。

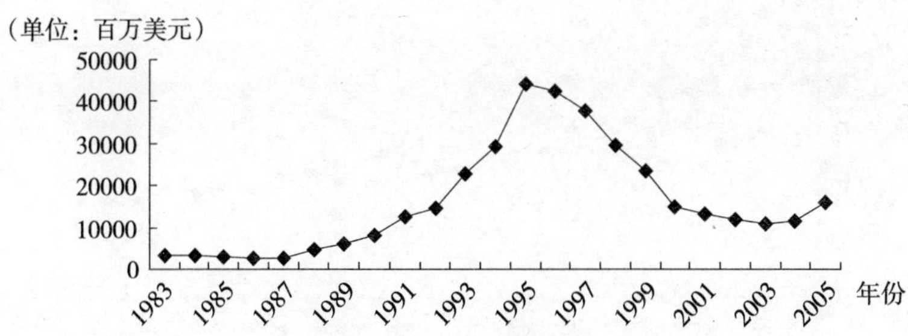

图附录－13 泰国短期外债

资料来源:Asian Development Bank (ADB)—Key Indicators 2003－2006。

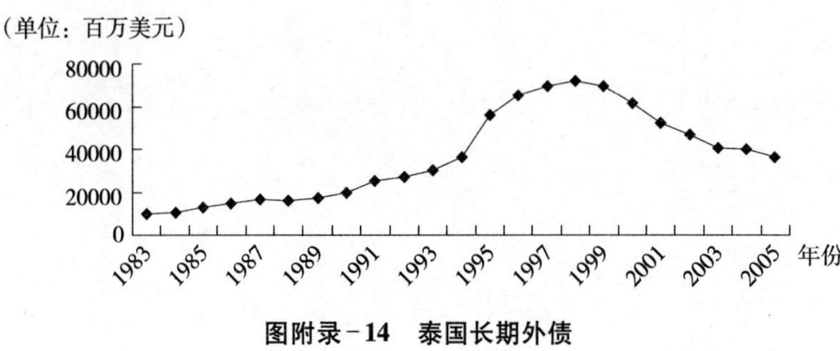

图附录－14 泰国长期外债

资料来源：Asian Development Bank (ADB)—Key Indicators 2003－2006。

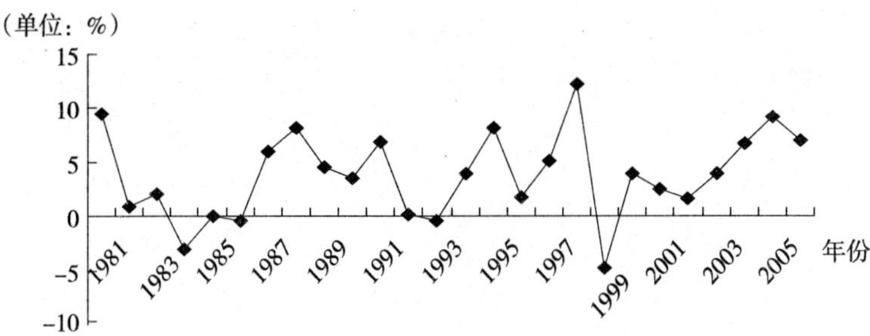

图附录－15 泰国生产者物价指数

资料来源:Asian Development Bank (ADB)—Key Indicators 2003－2006。

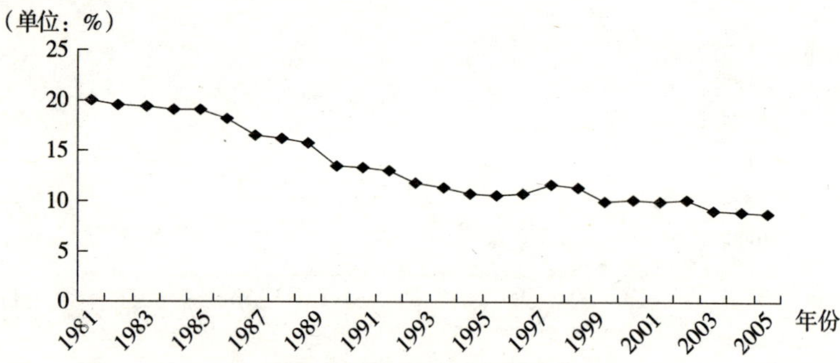

图附录-16　泰国农业占 GDP 的比重

资料来源：Asian Development Bank（ADB）—Key Indicators 2003-2006。

后　记

2005年的冬天，我有幸进入中国社会科学院金融研究所博士后流动站，师从著名经济学家李扬教授，开始了对大湄公河次区域货币金融问题的研究。三年多来，“大湄公河”这几个字正如她奔流不息的河水那般，始终萦绕在我的脑海，次区域金融合作问题成为我研究工作的全部，我和我的研究团队为此倾注了大量的心血，本书的完成即是对这些研究工作的一个阶段性的总结。

本书是集体智慧的结晶，由我提出总体思路，起草写作提纲，并撰写了主要章节的内容。与此同时，我的研究生们积极支持并认真参与了本书的写作。他们参与了以下章节初稿的写作：第1章：张强；第3章：卢鹏；第4章：高建波；第5章：王焱；第6章：高峻清；第7、8章：李海江。其中，王焱和李海江承担的写作任务最多；韩小羽完成了第9章第2节的资料收集与整理。在这些同学撰写的初稿的基础上，最后由我负责修改并定稿。

在本书付梓之际，我非常感谢李扬老师的悉心指导和启发，引我走入了一个广阔而深远的研究领域。同时，也要感谢钱德三老先生给予我的厚望和帮助。另外，我还要感谢云南财经大学胡列曲教授在讨论中提出的宝贵意见和富有启发性的见解。我想，不断推进这一领域的研究工作，并有所建树，应当是我对他们的关心与帮助的最好报答。

丁文丽

2008年7月于昆明

策划编辑:郑海燕
封扉设计:徐　晖

图书在版编目(CIP)数据

大湄公河次区域货币金融合作:理论、基础与对策/丁文丽 等著.
-北京:人民出版社,2009.2
ISBN 978-7-01-007579-2

Ⅰ.大…　Ⅱ.丁…　Ⅲ.①湄公河-流域-货币-国际合作:经济合作-研究②湄公河-流域-金融-国际合作:经济合作-研究
Ⅳ.F823.3

中国版本图书馆 CIP 数据核字(2008)第 203566 号

大湄公河次区域货币金融合作:理论、基础与对策
DA MEIGONGHE CIQUYU HUOBI JINRONG HEZUO:LILUN、JICHU YU DUICE

丁文丽　等著

人民出版社 出版发行
(100706　北京朝阳门内大街 166 号)

北京瑞古冠中印刷厂印刷　新华书店经销

2009 年 2 月第 1 版　2009 年 2 月北京第 1 次印刷
开本:880 毫米×1230 毫米 1/32　印张:10.875
字数:273 千字　印数:0,001-2,500 册

ISBN 978-7-01-007579-2　　定价:24.00 元

邮购地址 100706　北京朝阳门内大街 166 号
人民东方图书销售中心　电话 (010)65250042　65289539